# 信息化发展与当代高校
# 体育教学改革研究

邢强　著

吉林文史出版社

**图书在版编目（CIP）数据**

信息化发展与当代高校体育教学改革研究 / 邢强著
. — 长春 : 吉林文史出版社，2024.3
ISBN 978-7-5752-0126-1

Ⅰ.①信… Ⅱ.①邢… Ⅲ.①体育教学－教学改革－
研究－高等学校 Ⅳ.① G807.4

中国国家版本馆 CIP 数据核字 (2024) 第 066254 号

信息化发展与当代高校体育教学改革研究
XINXIHUA FAZHAN YU DANGDAI GAOXIAO TIYU JIAOXUE GAIGE YANJIU

著　　者：邢　强
责任编辑：梁丹丹
出版发行：吉林文史出版社
电　　话：0431-81629359
地　　址：长春市福祉大路 5788 号
邮　　编：130117
网　　址：www.jlws.com.cn
印　　刷：河北万卷印刷有限公司
开　　本：710mm×1000mm　1/16
印　　张：16.75
字　　数：216 千字
版　　次：2024 年 3 月第 1 版
印　　次：2024 年 3 月第 1 次印刷
书　　号：ISBN 978-7-5752-0126-1
定　　价：98.00 元

　　自 20 世纪 80 年代开始，信息技术的飞速发展和广泛应用，引发了全球范围内的新一轮产业变革。信息化已成为现代社会经济发展的主要趋势，其水平已成为衡量国家和地区现代化水平的关键指标。过去，教育主要局限于传统的面对面授课模式，地域限制和师资不足等问题造成了教育资源的不均衡分布。然而，信息技术的引入打破了诸多限制，实现了全球范围内的远程教育。教育信息化让学生可以随时随地获取知识，不再受时间和地点的束缚，为学生提供了更加灵活自主的学习方式。高等教育体育教育专业的课程，作为培养未来体育教育从业者的重要途径，同样受益于这一信息化浪潮。

　　目前，教育领域深受信息化影响。教育信息化借助网络技术和计算机技术，实现了跨时空的远程交互学习，使丰富的教育资源能够被广泛传播和共享。互联网高速发展的趋势改变了传统的课堂模式，并突破了地域的限制，有效地减少了因地区差异带来的教育不平等现象。教育信息化推动了教育的社会化、终身化和自主化，为建设学习型社会、构建终身教育体系提供了有力支持。教育信息化不仅仅是技术的应用，更是教育理念的革新。将信息技术融入高等教育体育教育专业课程，不仅可以丰富课程内容，还可以提升教学效果。通过多媒体、虚拟现实等技术手段，学生可以更直观地理解体育技能和理论知识，培养实际操作能力。将互联网技术与教学活动融合还有助于激发学生的学习兴趣，提高课堂的互动性和学生的参与度。

　　高等教育体育教育专业的课程不同于一般的大学体育课程，其目标是培养未来的体育教育从业者。将信息技术与体育教育专业课程相融合，是适应时代发展需求的重要方向，可使课程内容更加丰富多样，也可拓展教学方法和手段。通过信息技术的引入，体育教育专业的学生能够更加深入地理解课程内容，提升学习效果。本书在此背景下进行了深入研究，结合全国各体育院系在课程教学中对信息技术的应用情况，提出了信息技术与体育教育专业课程整合的理论构想，从教学结构到教学环境再到教学模式，都进行了系统性的探讨。本书还介绍了一个自主学习系统的开发和实验过程。在实际应用中，笔者团队迎难而上，尝试开发了运动技能计算机评价系统，并取得了一定的实验成果。

　　本书是笔者在多年的高校体育教学经验基础之上撰写而成，对有关人员具有一定的参考价值。由于笔者精力有限，本书难免存在着不足之处，敬请广大读者批评指正！

# 目录

# 第一章 高校体育教学的概述

高校体育教学是培养大学生全面素质的重要手段，旨在通过科学的体育锻炼和系统的体育教育，提升学生的身体素质，促进学生的健康发展，增强学生的体育素养。作为学校课程体系的重要组成部分，高校体育教学在培养学生的身心和谐发展，塑造学生积极的思想品德，传递丰富的科学文化知识方面发挥了重要作用。体育教学在高校课程体系中承载着丰富的内涵，其特征在于强调综合性、实践性和个性化。体育教学能使学生提升体能，能培养学生的团队合作精神、领导能力以及创新思维、实际操作能力。体育教学的原则包括因材施教、循序渐进、全面发展，旨在满足不同学生的需求，实现全面育人的目标。高校体育教学内容丰富多样，涵盖体育技能、体育理论、健康知识等方面，使学生能够获得关于身体、健康和运动的全面知识，增强自己的综合素质。

## 第一节 高校体育教学内涵

### 一、体育教学的定义

基于多位学者的研究和界定，本书对体育教学的概念进行综合总结。体育教学可以概括为一种以运动技能为核心内容的教育活动，然而，这样的定义可能会在一定程度上忽略体育教学中理论知识的重要性。在体育学习中，学生需要学习运动技能、技巧和战术，也需要掌握相关的理论知识。事实上，在体育学习过程中，理论知识的获取不仅仅局限于阅读教材、浏览网页、观看视频或参加室内的理论教学课程。更为关键的是，学生要将理论知识与实际体育活动相结合，应用于体育课堂的动作练习之中。体育教学的核心是将运动技能和理论知识融合起来，使学生通过实际练习来掌握运动技能，并在实践中理解背后的原理和概念。举例来说，在学习篮球运动时，学生不仅需要进行实际投篮、传球、防守等动作的练习，还需要了解身体力学、战术策略等篮球运动的理论知识，教师可通过在教学中对运动技能和理论知识进行有效融合，使学生能够更好地理解和应用所学的技能和知识。教师在教学过程中需要平衡实践和理论的关系，理论知识的传授不应该孤立于课堂之中，而是应该与实际体育活动相结合。如教师可以在体育课堂上进行案例分析、实际操作和模拟比赛等以实现实践和理论的融合。这能使学生在实际动作中感受理论的指导作用，进而更好地掌握和运用所学知识。

将体育教学置于更大的教学范畴之下不难发现，教学作为一个广泛的概念，涵盖了以课程内容为媒介的师生间共同的传授与学习活动。教与学的融合体现了知识的交流和传递，同时展示了师生之间的互动关系。教学不仅仅是知识传授的过程，更是师生双方在互动中共同发展的过程。基于此框架，体育教学作为一个重要分支，以传授体育课程内容为主旨，具有独特的特点和目标。体育教学所承载的使命是传授体育技能，以及通过各学科系统的知识和技能传递，促进学生身体和心理的全面发展。[①]其全面性地培养包含了对学生身体素质的提升，也关注了学生心理健康的培养。在体育课堂上，学生不仅能够掌握运动技能，还能够了解背后的科学原理，培养运动的智慧。因此，体育教学在教与学的共同活动中扮演着不可或缺的角色。而在更广泛的视角中，教学的上位概念是课程。课程的概念较为广泛，涵盖了各个学科领域（如语文、数学、物理、英语、体育等）内的师生双向互动。与此相比，教学的范围相对较窄，且

---

① 龚正伟. 体育教学论[M]. 北京：北京体育大学出版社，2004：1.

更为具体。体育教学作为课程中的一部分，更加专注于培养学生在体育领域的技能、知识和素养。因此，在整个教育体系中，体育教学具有其特定的职能和定位。

## 二、体育教学的含义

### （一）体育教学是一门学科

体育教学体系涵盖了多个重要构成要素，其中主要包括教学目标、教学内容、教学方法、教学模式以及教学评价等关键内容。[①] 多重要素交织在一起，共同塑造了体育教育的全貌。体育教学的目标紧密聚焦于学生的身体健康与全面素质的提升。相较于其他学科，体育教学具有特殊的课程目标追求，即学生体能的锻炼、身体素质的增强以及身心健康的促进。在体育课程中，体育教学与德、智、美、劳的多方面发展紧密融合，为学生的综合成长注入活力。体育教学的核心在于课程教学，其独特性在于为实现教学目标而设计的体育课程除了关注学生的体能提升，更注重学生德、智、美全面素质的培养。体育课程教学将学生的身心发展放在首要位置，注重培养学生对体育运动的理解与体验，以及情感表达和社会适应能力。然而，在现实教学中，教师对于学生的活动参与、体育运动体验以及情感表达等方面的关注仍相对有限，有待进一步加强。为使体育教学更加有效，教师需要建立明确的教学目标，并贯穿教学的始终。通过制定明确的目标，教师可以引导学生在课程中逐步培养出色的体能、积极的身心状态以及社会适应的能力。在教学过程中，合理的教学方法和模式也具有重要作用。教师可以借助多样化的教学方法，例如团体活动、个体练习等，激发学生的兴趣并提升学习效果。除此之外，教师应不断探索适合不同学生特点的教学模式，满足个体发展需求。

---

① 陈琦，苏肖晴，关文明．体育教学原理与方法 [M]．北京：长征出版社，2000：3．

## （二）体育是教育的组成部分

体育教学汲取了运动科学、生物学、教育学、运动心理学、运动保健学、社会学等多学科的精髓。跨学科的融合使得体育教学成为一门以身体练习为核心，同时结合多学科知识的活动。在体育与健康领域，体育教学以有计划、有组织、有明确目标的方式展开，并强调以身体锻炼为主要形式。体育教学不仅仅是简单的运动，更是与德、智、美、劳等多方面的培养相互交融，共同促进学生身心的全面发展。体育教学在知识的传递和培养方面具有重要作用，结合运动科学、生物学等学科的知识，体育教师能够有效指导学生进行身体锻炼，从而提升他们的运动能力和体质。不仅如此，运用教育学和运动心理学的原理，体育教师还能够激发学生的学习兴趣和学习动机。而从运动保健学的角度，体育教学还能够教育学生关注健康、培养健康的生活方式，促进他们身体和心理的健康发展。

体育教学的核心形式是以身体练习为主，通过体育活动、训练等形式，学生不仅能够提升自己的运动技能，还能够获得身心的锻炼和培养。体育教学与德、智、美、劳等综合培养目标相协调，共同助力学生实现身心的平衡发展。体育教学强调了体育运动的技能层面，还关注了学生的情感体验，是对素质教育的贯彻实施。然而，尽管体育教学在身体锻炼和培养方面有着显著优势，但在运动能力的要求上还需更为详尽，以确保体育教学在技能培养方面更具针对性，更出效果。体育教学所关注的除了体育运动和技能，还包括体育活动和训练等方面的教育。此种多维度的教育使得学生的身心得以全面锻炼和培养，这正是素质教育的重要内容和方法所在。

# 第二节　体育教学特征及原则

## 一、体育教学的特征

### （一）教学目标的科学化及多元化

当谈及现代体育教育不难察觉，教学多方面目标的综合达成正日益受到更多重视。认知、情感和技能等目标的协同实现，成为当下教育的关键追求。现代体育教育呼唤着知识、情感、意志和行动的有机融合，追求全面平衡的发展。基于此，教学被视为实现教学目标的基本手段，为达成综合目标提供了关键支持。在当今的教学环境下，体育教育更注重认知、情感和技能等多方面目标的统一。课堂不再仅仅追求学生的认知提升，也赋予了他们在学习过程中体验乐趣、满足生理和精神需求的机会。现在，体育教学被赋予了更广泛的意义，除了要传授知识，还要在学生心灵深处埋下种子，让他们从中获得愉悦感、充实感，激发对体育的热爱。

在当前学校体育教学改革中，教师在目标层面上强调了"健康第一"的指导思想。这一指导思想呼应了让学生身心全面发展的教育理念，强调体育教学应该以健康为导向。更为重要的是，教学的重点放在让学生真正体验到体育活动的乐趣上。创设积极、愉悦的教学环境能有效促使学生在体育中找到快乐，从而使学生愿意积极参与并坚持体育锻炼。积极体验也有利于培养学生形成终身体育的意识，使体育成为他们生活中不可或缺的一部分。然而，要实现这种综合的教学目标，需要教师采用多样化的教学策略。教师不能再单一地注重知识传递，而要更多地借助情感引导、体验激发和技能培养对学生进行全面培养。只有激发学生的兴趣，为他们提供丰富的体育体验，培养他们的体育技能，教师才能够更好地实现教学目标。

### （二）教学大纲的统一性与灵活性

为满足健康教育的要求，未来体育教学大纲将朝着更加多样化的方向发展。此种趋势意味着在全国性的统一体育教育指导思想的引领下，不同地区将编制适应本地特点的地方性大纲。地方性大纲将作为统一指导思想的有益补充和完善，凸显它们的针对性、指导性、适用性和灵活性，同时保持着权威性。多样化的体育教学大纲设计是对健康教育要求的回应，由于不同地区的教育环境、文化背景以及学生的需求存在差异，因此制定地方性大纲能够更好地适应这些差异。大纲在各自地区既承袭了全国性的体育教育指导思想，又因地制宜地融入了本地的特色。其灵活性有助于教师更好地实施体育教育，使体育教育更加符合学生的实际情况。地方性大纲的优势在于具有针对性，由于融入了不同地区的特点，地方性大纲能够更精准地引导当地的体育教育。同时，它们的指导性也是不可忽视的。地方性大纲为教师提供了具体的方向和目标，使得教学更具有指导性和可操作性。适用性也是这些大纲的一大特点，其能够更好地适应不同地区的教育环境和学生需求，达到体育教育的最佳效果。[①]

### （三）传承运动具备的操作性

体育运动所涵盖的知识与其他学科不同，是一种被称为"身体知识"的独特知识。身体知识在学生认识自我方面具有显著作用，其重要性不容小觑，其是代表了人类回归自身感觉的知识，虽然其价值一度被忽视，但其重要性日益凸显。身体知识是一种特殊的理论，在人类发展历程中占据着独特的地位，标志着人们从追寻自然外部知识转向了对人体内部

---

① 龚正伟. 体育教学论 [M]. 北京：北京体育大学出版社，2004：20.

知识的关注，是对人类自身、人体以及整体自身的一种探索。当前，教育领域正在极力强调发挥"学生主体性"，注重培养学生的个性和独立性。追求自我知识的回归不仅体现了体育教育的特殊性，也为体育教育的知识传承赋予了独特的目标和意义。体育运动的身体知识不仅仅局限于技能和运动本身，更关注学生对自身身体状态的认知，以及通过运动达到身心和谐的愿景。在这一背景下，体育教育的使命被拓展为引导学生理解自身身体的需求，关注个体在运动中的感受，促进身体与精神的协调发展。可以预见，在未来，这类身体知识将得到更多教师的认可和重视，将在教育实践中为培养学生的身心健康、个性养成以及全面发展提供支持。随着人们对自身认知重视的加强，体育教育的价值也将不断被肯定。体育知识不仅在体育领域内得到应用，还将广泛地融入人类身心健康研究之中，推动科学界对于人体、健康和自我认知的更深层次探索。

### （四）教学内容的时代性

我国教育改革的焦点之一，是课程体系和教学内容的全面革新，而改革的核心思想是确保教学内容具有先进性和与时俱进的特质。在当今的素质教育改革中，塑造全新的教育思想观念显得尤为重要。为适应不断变化的教育观念，教师在选择教材时，必须明确不同年龄段和心理特征的学生所需，确保教材具有递进性和层次性，保障学生在学习过程中能够平稳过渡，深入理解和吸收所学内容。教师需要赋予教材内容一定的弹性和可变性，以适应多样化的区域性和文化特点。

教育并不能"一刀切"，而需要根据地域差异和文化传承进行调整。将地方特色和文化元素融入教材，能够使教育更加贴近学生的生活，增强学习的吸引力和可持续性。另外，教师应当关注社会上最为需要、最受欢迎以及最具价值的体育锻炼手段，将其有机地引入课堂教学中。学校体育应当真正紧跟时代的步伐，在关注传统体育项目的基础之上，还要加强关注当下社会对健康和活动所需求的力度，适当将现代健康锻炼方法融入课堂，使学生更好地适应当今的生活方式，提升学校体育的时代特性。

### （五）教法运用的综合性特点

现代体育教育与传统体育教学相比，呈现出更加系统性的观点，并且教学目标的多元性也更加凸显，而多元性的教学目标必然引发教学方法的多样性。在现代体育教育中，教学方法的选择已经突破了过去的单一模式，开始强调不同方法的综合运用、交叉安排，以期获得最佳的教学效果。体育教学作为一个极具复杂性的过程，其涵盖的教学内容也极为丰富多样，所要达成的任务和目标更是多方面的。因此，在教学过程中，教师在选择教学方法需要兼顾不同年龄学生的生理和心理特征，还需把握学生身心发展的规律，适应体育教学改革的需要。单一的教学模式和教学方法已无法满足现代体育教学发展的要求，因此，引入多种多样的教学方法，以适应不同教育阶段和目标，成为当今体育教学的必然趋势。

现代体育教育注重整体性，采用系统论的观点看待教学。所以，教师不再孤立地应用教学方法，而是更多地考虑方法之间的互补与协调，将不同方法有机地结合，以更好地满足学生多元化的学习需求。例如，可以将传统的课堂教学与实践性活动相结合，以增强学生的动手能力和实际运用能力。综合性的教学方法选择将持续推动现代体育教学的发展，不同的方法之间相互促进，弥补了单一方法的局限性，有助于提升教学效果。对此，要求教师具备更加丰富的教学技能和经验，能够根据实际情况灵活调整教学策略。

### （六）教学评价的参照性特征

现代体育教学评价正逐渐走向全面、整体、积极和具有特点的方向，在评价学生学习成果方面，既要考核知识，也要评估技术和能力。评价不仅仅关注学习结果，而是更加注重学生在学习过程中的表现。评价方法也呈现多元化，有主观和客观评价，并结合了定性和定量评价，教师评价与学生自评、互评相结合。特别值得关注的是，学生学习成绩的评价正逐渐引入准则，将学生的表现与事先设定的目标和标准进行比较。这充分考虑了学生的起点基础，着重关注学生的进步，呼应了"不求人人成功，但求人人进步"的理念。摆脱"千人一面、万人一项"的评价模式，实现因材施教，使每个学生都能够"各有所得"。现代体育教学的目标是多元化和全面性的，因此，学习评价应当与之相适应。全面、整体、积极和具有特点的评价方式，正是现代体育教学理念的具体体现。学生的学习过程不仅仅是获取知识的过程，更是培养技能、能力和全面素质的过程。因此，评价需要关注学生的多个方面，以全面地呈现学生的学习成果。

在评价学生的学习成绩时，使用准则可以有效地引导学生的学习方向。将学生的成绩与预先制定的目标和标准相比较，可真实地反映学生的进步情况，关注学生的学习结果，注重学生在学习过程中的发展轨迹。这样一来，有助于激发学生的学习动力，也能够让学生对自己的学习有更清晰的认知。这种全面、整体、积极、有特点的评价方式在现代体育教育中具有引导作用。体育教学目标多样性的决定了评价方法需要兼顾学生不同方面的表现，以准确判断学生的学习效果。教师可以通过考察技能、能力、进步以及学习态度等多个维度，更好地进行因材施教，使每位学生都能在体育教育中获得充分的发展。

### （七）师生身体活动的频繁性

体育教学过程中所涵盖的"身体知识"是一种源自人体思考后的实践与操作，因此在体育教育中，教师的角色不仅仅是知识的传授者，更是技术动作的示范者、反馈者和指导者。而学生则需要专注地观看教师的示范，之后通过身体操作与体验来逐步习得相关技术与技能。在这个过程中，身体的实践与操练是不可或缺的。只有通过实际的动作练习，学生才能真正掌握体育技能的精髓。因此，在体育课的教学过程中，教师身体示范与学生的身体练习是很常见的，与其他学科教学具有显著区别。与其他文化课程不同，体育教学的特殊之处在于其活跃的实践性。其他学科的学习通常在安静的室内环境中进行，要求相对安静的课堂氛围，以提高学生的思维和学习效果。然而，体育教学恰恰相反，在活动过程中包含强烈的身体运动和情绪表达。学生在体育课堂上要进行技能练习，通过身体的活动来体验运动的乐趣和挑战。此类外显的行为表现形成了独特的体育文化氛围，直观地展示了体育运动的积极性和活力。体育教学的师生身体活动频繁性特质也反映出了学生在课堂中的角色转变，他们从单纯的知识接受者转变为参与者和实践者。在观看教师示范的同时，学生需要积极地实践，不断进行尝试和练习来逐步提升自己的技能水平。实践性的学习方式能够激发学生的学习兴趣，培养他们的创新能力和解决问题的能力。

## 二、体育教学的原则

### （一）身心综合发展原则

体育教学在学校教育中是对学生身体和心理进行有效教育的途径之一。为了培养适应时代需求的全面发展人才，确保学生身心的健康成长，教师在教学过程中需要选择多样的内容和手段，确保学生的身体得到全面的锻炼，各个器官系统得到协调发展，使学生能塑造正确的体态，培养健康的心理状态。也因此，在体育教学中，坚持身心全面发展的原则显得尤为重要，教师在体育教学过程中应通过多样的教学内容和方法，使学生在各个方面都得到全面的成长。在如今迅猛发展的社会环境下，培养学生的全面素质已经成为教育的迫切需求，体育课程正是为了达到这一目标而设计的。通过选择多样的教学材料，涵盖多样的教学类型，体育教学不仅可以帮助学生在身体上得到锻炼，还可以让他们在心理层面获得培养。学生将会逐步形成正确的生活态度，培养积极向上的情感，增强应对挑战和困难的能力。身心全面发展的原则是体育教学的核心，旨在确保学生在身体和心理上都能够得到充分的关注和发展。结合采用多样的教学手段，体育教学能够在课堂内外为学生创造各种锻炼和实践的机会，让他们能够全方位地成长。

（二）循序渐进原则

循序渐进原则涉及教学目标、内容、方法、手段等方面的设计，要求将它们有机地串联起来，以符合学生的年龄、基础能力等特点，充分考虑学生之间的差异，从而更好地实现教学目标。在体育教学中，循序渐进原则的应用是必不可少的，应用这一原则有助于稳步推进学生的知识、技术和技能等方面的发展。循序渐进原则体现了教学的有序性和系统性，体育教学的目标、内容、方法以及教学手段之间的安排必须呈现出逻辑上的连接与连贯性，以确保学生能够逐步地理解和掌握所学内容。系统性的设计有助于避免学习中的断层，使学生能够更好地将前期所学与后期知识衔接起来。针对学生的特点和差异，循序渐进原则强调个性化教学。学生在年龄、基础能力等方面存在差异，因此教学应当因材施教，考虑到每位学生的学习需求，以适当的分层设置和教学调整，确保每位学生都能够在适宜的学习环境中逐步发展。[①]循序渐进原则讲究的是难易度的递进，体育教学需要遵循从简单到复杂、从容易到困难、从浅显到深入的原则，逐步提高难度，令学生在稳定的基础上挑战更高水平的学习内容，以达到更深入的理解和掌握。

### （三）负荷适量原则

体育教学的一个重要原则是负荷适量，指的是在教学过程中，根据学生的生理和心理特点，科学地安排运动负荷，合理地控制练习与休息的交替，以确保学生的身心健康。运动负荷是衡量运动效果的重要标志，然而，学生在成长发育的各个阶段都有其生理机能的限制，过大的负荷可能会对身体造成伤害。因此，在学生练习中，负荷的大小至关重要。如果负荷过大，超过了学生的生理和心理极限，可能会引发身体的不适甚至受伤，而负荷过小则无法激发身体机能的变化，从而无法达到提升体能的目标。因此，教师在制订教学计划时，需要根据学生的年龄、体质和训练水平等因素，合理地调整负荷的大小，确保学生在安全的范围内进行训练。

除了适当的负荷，适当的休息也同样重要。间歇是体育教学中不可或缺的环节，有助于调节课程的节奏，消除学生的疲劳，提高学习效率。恰当的间歇可以使学生在练习过程中更好地恢复体力，保持专注度，从而更好地吸收教学内容。

负荷与休息是体育教学的两个基本方面，其安排直接影响着教学效果。适量的负荷和适时的休息可以使学生在体育课程中取得更好的成绩，过度的负荷和不足的休息都可能导致学生的身体和心理出现问题，适得其反。

---

① 吴志超，刘绍曾. 现代教学论与体育教学 [M]. 北京：人民体育出版社，1993：135.

### （四）精讲多练原则

"精讲多练"被认为是体育教学的基本原则之一，也是一项相对特殊的教学策略。该原则强调了在体育教学中，精细讲解和充分练习的重要性。在该原则的指导下，体育教师应当在深入了解学生和教材的基础上，以简洁明了的语言，在较短的时间内，将体育教学的核心内容、特点、动作技巧和技能要点向学生传达得清晰而完整。

"精讲"体现了教学的基础和前提，教师只有清晰准确地"精讲"，才能让学生在最短的时间内理解所学内容和方法，从而为后续的"多练"打下坚实的基础。教师可通过精心的讲解，帮助学生更快地掌握理论知识和动作技能，从而为他们留出更多的时间去实际练习，将理论与实践紧密结合。

"多练"则强调在教师的指导下，学生要充分利用时间，争取更多的机会参与体育运动，以积极的练习加深对所学内容的理解和运用。在实际操作中，学生通过不断的练习，巩固所学知识和技能，培养出更高的运动素养和自信心。

"精讲多练"的实施需要注意两者之间的平衡。精讲是确保学生理解的基础，而多练是巩固和实践的关键。在实际教学中，教师要保证精讲的作用，同时要确保有足够的时间和机会供学生进行充分的练习。讲和练相结合，能够激发师生双方的积极性，增强教学的实效性。

### （五）实效性与发展性相结合原则

实效性和发展性相结合的原则是体育教学中的重要指导思想，其建立在学生已经掌握实用的体育知识、技术和技能的基础之上，旨在为实现体育教学目标提供必要的手段。

体育教学的核心对象是学生，因此，教学活动需要与学生身心发展的规律密切结合。在学生进行体育学习的过程中，技能的培养和体质的增强是相互交织、相互促进的过程。学生的技能形成与体质提升之间存在着紧密的关联，每个学生在体育学习中都要逐步掌握各种体育技能。一方面，有关体育技能的熟练应用能够增强体育竞技的表现，培养学生的自信心和团队协作能力。如果学生缺乏相关的体育技能，则难以在体育运动中取得出色的成绩。换句话说，技能的获得与体质的健康密不可分，二者相互依赖、相互支撑。另一方面，强健的体质也为学生掌握体育技能提供了有力的基础。身体素质的增强能够提高学生的运动耐力、力量和灵活性，使他们更有能力去学习和掌握各类体育技能。一个身体素质较差的学生在技能训练中可能受到限制，难以达到预期的教学效果。因此，在体育教学中，将技能的培养与体质的提升相结合，能够更好地促进学生的全面发展。

# 第三节　体育教学的内容与规律

## 一、体育教学内容

### （一）体育教学的基本内容

1. 体育、保健的基本原理与知识

体育和保健的基本原理与知识在教育中的传授，旨在引导学生深刻理解其对个人未来生活和职业、国家以及人类社会的重要意义，利于培养学生更为理性、自觉地进行身体锻炼，还能够使他们更加科学、合理地参与各类体育活动。体育作为一门学科，不仅是最基本的运动技能的传授课程，更是培养学生全面发展的手段。教师向学生传授体育的基本原理和知识，旨在让学生认识到体育对于个人和社会的价值。鼓励学生更加主动、有意识地投入体育活动中，从而提升他们的身体素质，培养团队合作精神以及良好的自我管理能力。同样重要的是，保健领域的知识也需要在教育中得以传承。教师教授保健和卫生等知识，可使学生认识到保持健康的重要性，以及维护身体健康所需的环境条件，帮助学生掌握一些实用的健康保健方法，使他们能够更好地照顾自己的身体，预防疾病的发生。[①] 这些知识还能够引导学生更加关注环境保护，以及如何通过个人行为来维护环境健康，从而为提升整个社会的健康水平做出贡献。

2. 田径

田径运动涵盖了跑步、跳跃和投掷等多个项目。教师的任务是通过向学生传授这些知识，让他们对田径运动有一个整体的认识。学生将理解田径运动在锻炼身体方面的重要性，掌握跑步、跳跃、投掷等项目的基本原理和特点，并获得实用的田径运动技能，了解如何通过田径运动提升体能，掌握基本的裁判规则和比赛技能。教师的职责在于向学生传递关于田径运动的综合性知识，使学生更好地理解田径运动的综合性特点，从而认识到它在身体锻炼中的重要作用。学生能充分了解各项运动的基本原理，并深入理解运动的技术特点，为他们未来的实践打下坚实基础。学生将通过教师的引导，掌握实用的田径技能，学会正确的跑步姿势、跳跃动作和投掷方法，这对于学生的体育活动有帮助，并能有效提升学生的身体协调性和灵活性。教师还会向学生介绍如何通过田径运动来提升自身的体能，包括运动前的热身准备，以及运动中需要注意的细节，使学生更加全面地理解田径运动的训练效果，以及如何在锻炼中保持安全和有效。教师还会让学生了解基本的田径裁判规则和比赛技巧，为学生参与田径比赛提供有益的指导，帮助他们更好地理解比赛过程，使其在比赛中表现更出色。

---

① 毛振明. 体育教学科学化探索 [M]. 北京：高等教育出版社，1999：36.

### 3. 体操

体操涵盖了技巧、支撑跳跃、单杠和双杠等多个项目，教师的任务是通过传授这些内容，使学生深入了解体操运动的丰富文化内涵。学生通过体操学习将认识到体操运动在身体锻炼中的重要价值，理解其对身体的积极作用，还将掌握基本的体操运动原理和特点，掌握典型而实用的体操技能，学会如何通过体操技能进行身体锻炼、娱乐以及竞赛，并了解在此过程中需要注意的安全事项。学会如何运用保护和协助的技巧，以安全地从事体操运动，掌握一些体操裁判和比赛的基本知识和技能。在教学中，教师传授体操的内容旨在向学生展示体操运动的多样性。学生了解不同方面的体操技能，可以更好地体会到体操所蕴含的丰富文化。教师还将强调体操在锻炼身体方面的价值，帮助学生理解体操运动如何提升肌肉协调性和柔韧性，以及如何对身体产生积极影响。学生还能够深入了解体操技能的核心要点，从而更好地运用其来进行身体锻炼、娱乐和竞赛。教师还会引导学生在体操运动中注意安全问题，培养和提高他们正确的安全意识和自我保护能力。在学习过程中，学生除了获得技能，还将获得对体操运动的深入理解。实践可以使学生学会如何以安全的方式从事体操运动，了解一些体操裁判和比赛的基本规则，利于他们更好地参与竞技比赛，展示所学的体操技能。

### 4. 球类运动

球类运动涵盖了多个项目，如足球、篮球、排球、羽毛球、乒乓球、网球以及橄榄球等。此类运动往往具有高度的竞技性和趣味性，是学生们热爱的运动。在球类运动的学习过程中，学生应当深入了解这些运动的基本概况和比赛特点，并掌握其中一两项运动的基本技术和战术，以便能够积极参与运动比赛。球类运动不仅是体育活动，更是培养学生团队合作和竞技精神的有效方式。开展有关教学活动，能促使学生了解不同球类运动的基本规则和玩法，进而理解比赛的本质。通常来说，这些运动具有高度的团队合作要求，学生将从中培养出团队协作和沟通的能力。学生掌握一两项球类运动的基本技术和战术，可以更好地投入比赛中，展示个人才华和团队协作。掌握运动技能不仅可以使学生更好地进行竞技，更有助于学生身体素质的提升。学生也可以通过参与比赛体验到胜负的喜悦和挑战，培养坚持和坚毅的品质。培养学生成为裁判员和比赛组织者也是体育教育的一部分，培养学生了解运动规则、判断比赛情况、组织比赛流程等能力，能为学生提供参与运动比赛的机会，并进一步培养他们的责任感和组织能力。

5. 健美运动

健美运动包括民间舞蹈、健美操、韵律操、体育舞蹈、艺术体操等多个项目，这些项目在教学中有一个共同特点，即将舞蹈、表现和运动融为一体。在教学中，教师需要确保学生通过学习了解不同健美运动的基本特点，理解从事有关运动的原理和规律，掌握基本的健美运动技能和套路，甚至能够自行编排简单的运动动作和套路。健美运动的多样性在教学中得以展现，舞蹈、表演和运动的结合，利于学生全面感受健美运动的独特魅力。在教学中，教师将引导学生了解每个项目的特点，从而理解其对身体健康的作用，培养学生对健美运动的热爱。在技能培养方面，教师需要确保学生能够掌握健美运动的基本技能和套路，使他们更好地参与健美运动，更好地进行个人锻炼，并且在演绎过程中体验艺术的乐趣。教师还应重视通过健美运动改变学生的体态，结合有计划的锻炼帮助学生塑造健康的身体形态，增强学生的自信心，培养学生的节奏感和身体表现力，提升他们的自我表达能力，使其更好地与他人交流和合作。

6. 民间传统体育

民间传统体育的教学内容涵盖武术、气功、导引以及各个民族的传统体育项目。其中，武术作为中国优秀的传统健身运动，在高中生中深受欢迎。学生学习武术不仅可以锻炼身体，还可以感受其悠久的历史文化底蕴。传统体育的教学既能因地制宜地进行体育教育，又能在无形中传承和弘扬民族传统体育文化。因此，民间传统体育的教学是技能传授，更是一种文化传承。教师应当通过教授有关内容，让学生对中国的民族传统有所了解，并认识到这些运动可以作为健身和自卫的手段。学生学习这些传统体育项目，可以更深刻地体验中国的民族精神和文化底蕴。教师在传授技能的同时，还应引导学生理解中国的"武德"精神。教师不仅要注重学生武术技巧的掌握，还要培养学生在实践中体现出尊重和礼貌，注重自身修养。而提升学生的自身修养不仅应体现在教授学生武术技能上，更应与爱国情怀、民族自尊心的培养相结合。民间传统体育的教学是帮助学生涵养身体和精神的一种方式，潜移默化中促使学生在健康的体魄基础上培养品德，展现中国文化的独特魅力。教师应当在教学中注重学生综合素质的培养，使学生具备运动技能，并在运动中汲取文化的精髓。

## （二）体育教学内容的基本特性

### 1. 实践性

体育教学的特点是众所周知的。体育教学主要涵盖一些具有教育意义的运动项目，而这些项目需要学生的肢体协同和大肌肉群的协调配合才能完成。因此，实践性是体育教学的显著特征。体育教学的实践性凸显了学生在教学中动态参与的价值，体育内容的特殊性决定了学生仅仅依靠静态方式如听、说、读、写无法满足要求。体育教学需要学生身体的实际动作，需要教师带领学生在运动场地上进行特定的体育运动，从而达到教育目标。国家规定体育教学目标中涵盖的心理健康的教育，往往通过特定的体育活动来实现。因此，体育教学的实践性是其鲜明特点之一。学生能够通过亲身实践更深入地体验体育活动的乐趣和意义。教师应在引导学生在锻炼身体的基础之上，培养其合作精神、团队协作和领导能力。

2. 娱乐性

在体育教学中，各种适当的运动和竞赛活动都能为参与者带来身心的放松与改变。如篮球、足球、乒乓球等既丰富了学生的课余生活，又促进了学生之间的交流和合作。参与者在运动中体验到身体的活力与快感，这种愉悦感正是体育教学内容娱乐性的体现之一。体育教学的娱乐性不仅在于运动的乐趣，还在于其中蕴含的社交和心理层面的愉悦。组织学生参与各类运动和竞赛，能够使其结交朋友、加深友情，并能使其在团队协作中养成领导能力和合作精神。积极的社交体验可以让学生享受到运动的快乐，并能为他们未来的社会交往奠定基础。

3. 非逻辑性

体育教学与一般学科教学在内容结构上呈现出明显的差异。一般学科的教材通常按照一定的知识体系和逻辑顺序组织，学生需要先掌握基础概念和原理，然后才能理解更高级的内容。然而，在体育教学中，逻辑结构体系并不清晰。相反，体育教学内容呈现出一种复合螺旋式的结构。这意味着体育教学内容主要由众多的相互平行的、可以替代的运动项目和身体练习组成，学生可以根据自己的兴趣和能力选择不同的运动项目，不必按照固定的递进顺序学习。这种特性增强了体育教学内容选择的灵活性，使学生能够更自由地参与体育活动。体育教学内容还包含了丰富的体育与健康的理论知识，涉及运动的技巧和规则，还有身体健康、营养、心理健康等方面的内容。

4. 健身性

体育教学的一个主要目标是提高学生的身体素质，确保每个学生都能拥有健康的体魄。体育教学内容的很大一部分涉及以大肌肉群运动为形式的技能传授和练习，可以锻炼学生的肌肉，增加他们身体的运动负荷。适度的体育活动可以使学生的身体得以更好地发展，使其肺活量和身体承重力不断提高，激发他们身体内部的潜能，进而有效实现强身健体的目标。体育教育在培养学生健康的体魄方面起到了至关重要的作用，不同形式的体育活动可以促使学生锻炼各个肌肉群，增强体力和耐力，有益于他们的身体健康，提高免疫力，减少疾病的风险。体育活动也有助于学生维持适当的体重，预防肥胖问题，促进心血管健康。不仅如此，体育运动可以促进学生的身体成长。[①]在青春期，学生参加合适的体育活动可以促使骨骼和肌肉发育更健全，有助于其形成正确的体态。

5. 开放性

与一般学科不同，体育教学更注重学生的人际交流和团队合作能力的培养，这一特点在体育教育中具有重要的教育意义，有助于学生在社会生活中更好地融入和交往。体育教学内容中的运动项目常常需要小组或集体的协同合作才能成功完成，无论是在篮球运动中，足球运动中，还是其他集体体育运动中，团队合作都是成功的关键。[②]每个队员必须理解自己的角色和职责，与队友协同工作，共同追求胜利。协作精神有助于提高学生的团队合作能力，并培养他们的领导能力和沟通技巧。

6. 系统性

体育教学内容的系统性表现在两个方面，即体育教学内容本身的系统性和教师在教育目标、学生成长发育、教学环境等多重因素下对内容的系统安排。体育教学内容必须具有内在的系统性，尽管这种系统性与其他学科有所不同，但它仍然存在于体育运动的内在规律中。不同的体育项目之间存在相关性和制约因素，技术和技术之间也有着一定的联系。内在联系形成了体育教学内容的结构框架，是编制体育教学内容的基础。

---

① 邱伟民，张悦华，李坤坤．体育教学内容与方法 [M]．长春：吉林人民出版社，2017：35.

② 曹宏俊．现代高校体育教学内容与方法探索 [M]．哈尔滨：东北林业大学出版社，2018：23.

例如，在足球运动中，掌握基本的运球技巧是必不可少的，而这些技能又与传球、射门等其他技术密切相关，构成了足球运动的内在系统性。此外，体育教学的系统性还体现在教师根据教育目标、学生的生长发育特点、教学环境等因素来安排内容，由此可见，体育教学内容不是僵化的，而是需要根据不同学校、不同年级和不同学生的特点进行灵活调整和适应的。例如，在小学阶段，体育教学内容可以更加注重基本技能的培养，因为学生的身体素质和运动技能还在发展中。而在高中阶段，可以引入更复杂的战术和战略，以提高学生的竞技水平。教学环境和条件也会影响体育教学内容的系统性，学校设施和资源的不同，可能会影响到体育项目和活动的开展。因此，教师需要根据实际情况来调整教学内容，确保学生能够在现有条件下充分参与体育活动。

## 二、体育教学的规律

### （一）一般规律

#### 1. 社会制约性规律

体育教学作为一项具有社会性质的活动，受到社会各种因素的深刻影响，此现象在全球范围内都广泛存在，主要包括社会物质条件、文化特征、社会发展趋势、政治经济背景等多方面因素。正因如此，不同国家和地区的体育教学在目标和内容上呈现多样性，体育教学的条件和手段也与社会经济状况、科技水平和文化水平密切相关。发达国家通常拥有更多的体育场馆、器材和资源，供人们开展更丰富多彩的体育项目和活动，有助于学生获得更全面的体育教育。而一些发展中国家可能由于资源匮乏而难以提供高质量的体育教学，影响了学生的体育素质培养。不同文化背景下，人们对体育的理解和重视程度各不相同。一些国家的文化传统强调体育的重要性，将其视为培养品德和团队精神的重要途径，因此在教育体系中给予较高地位。而在有些国家，文化对体育的认知可能较低，从而导致体育教学受到轻视。文化差异直接影响了体育教学目标和内容的设定。此外，社会发展趋势和需求也塑造了体育教学的发展方向。随着现代社会对健康和生活质量的关注的不断增加，体育教学越来越强调身体健康和全面素质的培养。社会需求也在推动体育教学更加注重团队合作、领导力和社交技能的培养，以满足学生未来职业和社会生活的要求。

2. 认知事物的规律

体育教学是一个旨在使学生掌握体育相关知识、技术和技能的复杂过程，此过程依赖于学生的积极参与，并需要经验丰富的体育教师加以正确引导和教导，以确保教学目标的达成。在体育教学中，了解和遵循学生认知活动的规律尤为重要，教师需使学生将感觉、思维和实践三个环节有机结合起来，促进全面的学习和发展。在学生接收体育知识和技能的过程中，感知起到了关键作用。感知是认识事物的起点，是学生对外部世界进行直接观察和感受的过程。然而，需要注意的是，不同学生具备不同的感知能力。某些学生或能更加敏锐地感知运动细节，而有些学生可能需要更多的时间来理解和掌握。体育教师应该敏感地察觉学生的感知差异，采用不同的教学方法和示范来满足不同学生的需求，以便每个学生都能在感知阶段打下良好的基础。思维是学生对所学事物进行理性认识的环节，学生思维能力的发展具有一定的顺序性和阶段性，因此教师开展体育教育需要根据学生的认知水平和发展阶段来设计教学内容和方法。初学者可能更注重具体的动作细节，而进阶学生则可以更深入地理解战术和战略。在教学过程中，体育教师应提供具体而明确的指导，以引导学生逐步提高思维水平，并培养他们分析和解决问题的能力。实践是巩固和发展体育知识和技能的重要方式，结合反复练习和实践，学生能够将所学运动技能内化为自己的能力，并逐渐提高自己的运动水平。实践也是增强体质和完成体育教学目标的关键途径，学生参与各种体育活动，可以锻炼身体、提高耐力，培养团队合作精神。体育教师应鼓励学生积极参与实践活动，并提供指导和反馈，以帮助他们不断提高自己的运动技能和体能水平。

### 3. 教与学相统一的规律

教学是一个动态的、相互作用的过程，既涉及教师的教育工作，也涉及学生的学习活动。要想提高教学质量，教师必须正确理解和把握教学的本质，要意识到在教育领域，教师的引导和学生的主体作用都是不可或缺的。教师的教和学生的学紧密相连，两者相辅相成，互相影响，形成了教学的完整过程。教学的过程中，教师作为课堂的组织者和引导者，应具备丰富的专业知识和教育技巧，以便有效地传授知识和技能。教师制订教学计划、设计教材、解释概念、演示技能，起到教育过程中的外因作用。需要注意的是，教师的作用不仅仅是传授知识，而更应是激发学生的兴趣、激情和求知欲。教师应该创造积极、互动的教育环境，鼓励学生积极参与，引导他们思考、讨论、提出问题，从而促进学生的深层次学习。学生作为教育过程的内因，需要积极参与学习，主动追求知识和技能的掌握，应该保持好奇心，提出问题，并努力解决问题。学生应该发展自主学习的能力，学会自我管理和自我评价。学生之间可以相互学习、交流经验，形成学习社群，促进共同进步。教与学的相互关系是不可分割的，教师的教导只有在学生的学习活动中才能够产生作用。教育是一种相互作用的过程，教师的指导需要根据学生的学习状态和需求进行调整和优化。教师应该关注学生的反馈，根据学生的表现来调整教学策略，以确保每位学生都能够有效地学习和进步。

### 4. 教学基本要素合力的规律决定了教学效果

体育教学的成功与教学效果的提高是一个复杂的过程，受到多个基本要素的影响。诸多要素之间相互交织、相互关联，形成一种动态的"合力"，决定最终的教学效果。在体育教学中，了解和处理这些要素之间的关系至关重要，教师同时需要考虑学生的年龄、个性、心理、生理特征以及他们的知识、经验、动机、兴趣和学习方法等因素，以得到最佳的教育成果。教师是体育教学的中心要素，教师的知识水平、教学方法和组织能力直接影响着教学效果。然而，教师并不是独立于其他要素的，需要与其他要素协调工作。例如，在选择教学内容时，教师应根据学生的年龄和兴趣来确定，以确保内容具有吸引力和实用性。教师还需要创建良好的教学环境，提供必要的资源和支持，以促进学生的积极参与和学习。学生是另一个关键要素，他们是教育的受益者和参与者，学生的年龄、个性、心理和生理特征对教学效果产生重要影响。因此，教师应该根据学生的特点来调整教学方法和内容。例如，对于年龄较小的学生，教师可能需要更多的游戏和趣味性元素来吸引他们的注意力，而对于年龄较大的学生，教师则可以引入更复杂的战术和策略。教学方法和组织形式是体育教学过程中的关键要素之一，不同的教学方法和组织形式适用于不同的教育目标和学生群体。例如，在教授基本技能时，可以采用示范和模仿的方法，而在培养团队合作和战略思维时，可以开展小组活动和比赛。教师应根据教学目标和学生的需求来选择适当的方法，并确保方法的多样性和灵活性，以满足不同学生的学习风格和能力水平。教学环境和资源也是影响教学效果的重要因素，室内布局、体育设施、器材和技术支持都会影响学生的学习体验。为了获得最佳教学效果，教师应确保教学环境安全、舒适，并具备必要的教学资源，包括适当的器材和设施，以及技术支持，如视频教学材料或计算机辅助教学。

（二）特殊规律

1. 动作技能形成的规律

体育教学主要是引导学生掌握有关的运动技能，而运动技能的获得则需要经历由不会到会、由不熟练到熟练、由不巩固到巩固的发展过程。通常来说，体育动作技能的获得分成了三个阶段，即粗略掌握动作阶段、改进及提升动作阶段以及巩固与运用自如阶段。

（1）粗略掌握动作阶段

粗略掌握动作的阶段是学习新动作的初始阶段，具有其独特的特点和任务，需要教师使用特定的教学方法和策略，以帮助学生克服困难，建立正确的动作表象和概念。在第一阶段，学生面临着新动作的学习挑战。他们的大脑皮层经历了兴奋与抑制的扩散，处于泛化阶段，导致了条件反射联系的不稳定性，内部抑制不足，学生可能会感到做动作困难、紧张、不协调，并且可能出现多余的动作和不必要的错觉。这是一个充满挑战的时期，教师需要给予足够的耐心和认真的指导，以帮助学生逐渐适应新的动作要求。教师在该阶段的主要任务是帮助学生建立正确的动作表象和概念，所以教师需要明确和简化动作的关键环节，将重点放在主要的运动要素上，而不要过多地强调细节和规格要求，教师可以通过示范、解释和引导来帮助学生理解动作的基本原理和要点，教师还应该注意防止和纠正学生可能出现的多余动作和错误动作，以确保他们在建立动作表象的过程中不会养成不良习惯。

（2）改进及提升动作阶段

改进与提升动作阶段，标志着学生在掌握新动作方面取得了一定的进展。该阶段的特点是大脑皮层的兴奋与抑制过程处于分化阶段，兴奋相对集中，内抑制逐步发展巩固，初步建立了动作的动力定型。在这个阶段，学生能够相对精确地分析和完成动作，大部分错误动作得到了纠正，可以比较顺利和连贯地执行完整的动作技术。然而，尽管进步明显，他们仍然可能不够熟练，新的刺激可能会导致多余和错误的动作重新出现。教师在该阶段的主要任务是在学生粗略掌握动作的基础上进一步完善学生的技能，包括消除牵强、紧张和错误的动作，加深学生对动作各部分之间内在联系的理解，帮助学生逐步建立动作的动力定型，提高动作的协调性与节奏性，并发展学生的体力。为了达到这些目标，教师需要采取特定的教学方法和策略。

教师应该引导学生在反复练习中启发思维，但这并非要求学生机械地重复动作，而是让学生理解动作的原理和内在联系，比较和分析不同动作之间的相似性和差异性，促使学生更好地掌握动作的要领。如教师可适当提供问题和提示，鼓励学生主动思考和发现。再如，教师可以加大运动负荷，以促进学生动作的改进和提高，具体做法是在练习过程中逐渐增加难度，使学生不断面对新的挑战，逐渐增加运动负荷，引导学生逐渐提高自己的技能水平，增强体能素质，进一步完善动作。此外，教师还应该注重动作的质量，虽然在这一阶段学生可以比较顺利地完成动作，但他们仍然需要关注细节和规范要求。教师可以通过提供精确的指导，确保学生的动作达到标准，以提高学生动作的协调性和正确性。

（3）巩固与运用自如阶段

巩固与运用自如阶段，标志着学生在学习新动作方面已经取得了显著的进展。该阶段的特点是大脑皮层兴奋，过程高度集中，内抑制相当牢固，形成了牢固的动力定型。学生能够准确、熟练、省力、轻快地完成动作，并能够灵活自如地运用，达到自动化的程度。然而，值得注意的是，虽然动作的准确度、熟练度和自动化程度已经很高，但如果长期中断练习，已形成的动力定型仍可能逐渐消退。教师在该阶段的主要任务是巩固和进一步发展学生已经形成的动力定型，帮助学生实现更高水平的技能掌握，以便他们能够在各种复杂和变化的情况下灵活自如地应用所学。

教师应鼓励学生进行反复练习，尽管学生已经具备了一定的动作技能，但通过持续的练习，他们可以进一步提高动作的准确性和熟练度，反复练习有助于巩固已经形成的动力定型，确保学生在需要时能够轻松自如地完成动作。教师可以引导学生到不同的情境中应用动作，这样有助于学生将所学运用到实际生活和比赛中，提高他们的应变能力。教师可以设计各种练习和活动，模拟不同的比赛和情境，让学生在不同环境下运用所学的动作技能。教师还应该关注动作的细节和精确度，即使学生动作已经熟练，教师仍然需要不断关注细节，确保每一个动作都是准确和规范的。如教师可以提供详细的指导和反馈，帮助学生不断改进和完善动作。

上述动作技能形成规律的三个阶段构成了一个连续的、有机联系的过程，在体育教学实践中具有重要的指导意义。三个阶段的划分，虽然没有严格明显的界限，但却反映了学生在学习新动作时的发展轨迹，以及不同阶段所需的教学策略和方法。

2. 人体机能适应性规律

（1）体育教学中学生人体生理机能活动变化规律

人的机体在进行身体练习时经历着一个复杂的生理过程，其中机能表现出不同的特点。此过程可以划分为几个阶段，每个阶段都对体育教学产生着重要的影响。首先，在开始练习时，机体需要从静止状态逐渐切换到活动状态，这里过程涉及克服生理机能的惰性。因为在静止状态下，体内各器官系统的机能处于相对较低的水平，而当人开始运动时，心率、呼吸率和血流速度逐渐增加，以提供人体运动所需的能量和氧气，然后肌肉开始收缩，关节开始活动，身体逐渐适应运动的需求。此阶段需要适当的热身和准备活动，以帮助机体平稳过渡到高强度的运动状态。其次，随着运动的持续，机体的机能活动能力逐渐稳定在一个较高的水平。该阶段的特点是机体各项机能活动相对稳定，波动不大。心血管系统、呼吸系统、肌肉系统等各个器官系统协同工作，以维持运动状态。此时，人体达到了相对稳定的运动状态，能够在一定的时间内保持高效的机能表现。在这个阶段，人体的机能活动能力处于相对平稳的状态，适合进行长时间的体育活动，例如有氧运动。再次，随着运动时间的延长，人体会感到疲劳，机体的机能活动能力开始下降。该阶段通常发生在运动持续一段时间后，由于能量耗竭和体内废物积累，机体逐渐失去了高效的机能表现。心率可能逐渐减慢，呼吸变得更加困难，肌肉疲劳感增加。这时人体需要休息和调整，以恢复机能状态。最后，机体会逐渐恢复到安静时的机能状态。该阶段是运动后的恢复期，机体的各项机能逐渐回归到静止状态下的水平。心率、呼吸率逐渐降低，肌肉逐渐松弛，体温逐渐下降。此时，适当的休息、饮水和营养摄入有助于加速恢复过程。

（2）体育教学与学生身体发展非线性关系规律

学生正处于生长发育的关键阶段，而生长发育在很大程度上受到学生的先天遗传因素的影响。基于此，可以提出一个假设，即使学生不积极参加体育活动或进行运动锻炼，根据人体生理规律，身体也会自然地经历生长发育。因此，运动锻炼因素只是影响学生身体发展的外部因素之一，而非唯一因素。但需要强调的是出，积极参加体育活动和认真锻炼对学生的身体发育有积极的促进作用，这一观点得到广泛认可。运动锻炼可以增强肌肉和骨骼的强度，提高心肺功能，促进代谢和体重控制，有助于发育期学生获得更健康、更强壮的体魄。运动也有助于培养学生的协调性、灵活性和运动技能，提高他们的运动技巧和体育素养。

运动锻炼对学生的身体发展影响是复杂的，不是线性的，意味着运动负荷与学生身体变化之间的关系并非简单的一一对应，学生的个体差异，锻炼的频率、强度和种类等因素都会影响运动对身体发展的影响程度。因此，无法简单地将运动负荷的增加与学生的身体发展变化进行直接的线性关联。相反，运动锻炼与学生身体变化之间存在一种指向性关系。适度的运动负荷可以对学生的身体发展产生积极的影响，但并不是负荷越大，身体变化就越显著。过度的运动或不合适的负荷反而可能对身体造成损害，例如过度疲劳、运动伤害等。因此，运动锻炼应该根据学生的年龄、健康状况和运动能力量身定制，以确保其对身体的促进作用最大化。

3. 人体生理、心理活动起伏变化规律

体育教学的目标远不仅局限于增强学生的体质和提高学生的运动能力，而是更强调学生身心的共同发展，这正适应当前体育教育所倡导的"促进学生全面发展"的核心目标，体现了体育教育的独特性。体育教育融合了身体运动与心理发展，以运动的过程促进学生的身心协调发展，进一步为学生的综合成长打下坚实的基础。从体育教学的特点来看，运动本身就是一个涵盖身心的整体过程。在运动过程中，学生锻炼了肌肉、提高了心肺功能，并培养了团队合作、自我管理和意志力等心理素养，身心共同参与的综合性特点使得体育教育成为促进学生全面发展的理想平台。学生的生理机能变化具有一定的规律性，这是体育教学的基础。不同年龄段的学生，由于生理机能的差异，对运动的适应性也各不相同。[①] 例如，少年儿童的机体活动能力通常上升较快但维持时间较短，这对于教师来说是需要考虑的因素。教师应该根据学生的年龄和身体状况，选择适当的教材和合适的教学方法，以便更好地满足学生的需求和发展。与此同时，学生的心理活动与身体活动相互关联，呈现出一定的发展趋势，教师对此加以关注。

4. 体验运动乐趣规律

在体育教学中，学生持续体验运动的乐趣能有效培养他们对体育的兴趣并形成运动爱好与专长。这是学生掌握运动技能和强身健体的前提，

---

① 陈琦，苏肖晴，关文明. 体育教学原理与方法 [M]. 北京：长征出版社，2000：33.

更是体育教育中教师需要时刻关注的客观规律。让学生在体育活动中感受到愉悦和挑战，他们将更有动力去探索、学习和精进各种运动技能。此过程培养了学生对运动的热情，激发了他们对体育的浓厚兴趣，有助于他们发展特长和才能。因此，教师在体育教学中的任务之一是通过巧妙的教学方法和积极的鼓励，不断激发学生内在的动力，使他们乐于参与运动，享受体育活动的乐趣，并最终受益于体育带来的全面发展。学生在参与体育学习过程中的乐趣体验过程具体如图1-1所示。

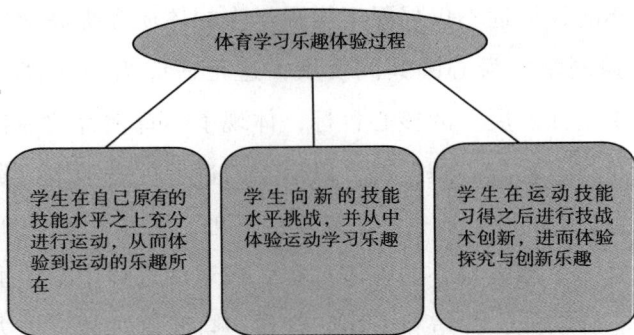

图1-1　体育学习乐趣体验过程

# 第四节　高校体育教学的过程及教学管理

## 一、高校体育教学的过程

### （一）高校体育教学过程的内涵及性质

#### 1. 高校体育教学过程的内涵

高校体育教学过程既是一种特殊的认知过程，又是促进大学生全面发展的关键阶段。在此过程中，教师需要有针对性和计划性地引导大学生积极参与认知活动，包括传授科学文化知识和基本技能，及培养大学生的智力、体力、品德和审美情趣，以及帮助学生树立科学的世界观。

教师应该巧妙设计课程，使学生在体育教育中能够自发地展开认知活动。教师应实施有计划的教学，引导学生逐渐领悟到体育的科学性和文化内涵，从而培养出对体育的深刻理解。此外，教师的引导也有助于学生自我调节，使其志趣、情感与体育活动相协调，体验到学习体育的愉悦。使学生逐步掌握科学文化知识和基本技能是高校体育教学的核心任务。结合系统的学习和实践，大学生能够提高体育技能水平，并获得与体育相关的科学知识，这将为他们的未来发展提供坚实的知识基础。高校体育教学还应该着力培养大学生的智力、体力、品德和审美情趣，引导学生参与各类体育活动，提高其智力和体力水平，同时培养出团队协作、坚韧不拔、公平竞争等品德品质。体育艺术能够激发学生的审美情趣，使他们更好地欣赏和理解体育艺术的魅力。高校体育教学可以帮助大学生建立科学的世界观，因为学生深入了解体育领域的知识，可以培养批判性思维和科学态度，这可有效促进其建立科学的世界观。

2. 高校体育教学过程的性质

体育教学过程代表着体育教学活动的实际展开，承载了学生和教师之间的互动与合作，是体育教学不可或缺的一部分。学生通过参与体育活动，可有效提高自己的体育水平，培养自身的品德和团队合作能力。基于此，教师应有计划地组织教学活动，传授知识和技能，激发学生的兴趣和潜力。此环节的复杂性在于它涉及众多因素的相互影响，包括教师的教学方法、学生的学习态度、教材的选择、课程的设计等。因此，每一位从事体育教育的教学工作者都应该高度重视这一过程，除了关注学生的个体差异，还要不断探索适合不同年龄和水平的教学方法，以达到促进学生全面发展的目标。

（1）体育教学过程即学生掌握运动技能的过程

每一门知识和技能的教授都是一个经过精心设计的教学过程，旨在帮助学生有效地掌握相关内容并发展各自的能力。教学过程在不同学科和领域中具有特殊的意义和目标。知识类学科的教学着重于学生对概念的识记和逻辑思维运用，旨在培养学生的智力。而体育教学则是通过引导学生进行身体练习，帮助他们在掌握运动技能的同时促进身心健康的全面发展。在体育教学过程中，教师可通过反复的指导和练习，使学生逐渐掌握不同体育项目的规则、技巧和战术。例如，教师可以在篮球教学中引导学生理解比赛规则，练习投篮技巧，培养团队合作意识等。此过程强调实践和体验，使学生能够在实际运动中逐步提高技能水平。

（2）体育教学过程是提升教育运动素质的过程

运动技能的获得和运动素质是相辅相成、相互促进的，共同构成了学生全面体育素养的基础。体育教学是一个不断提高肌体运动素质和技能水平的过程，而运动技能的获得需要依赖于良好的运动素质。无论是篮球的投篮技巧、足球的控球技能还是游泳的姿势掌握，都需要运动员的身体在运动中具备一定的柔韧性、力量、耐力和协调性等基本素质，这构成了学生在进行特定运动时所需的身体基础。例如，在进行篮球投篮时，学生需要具备足够的上肢力量和协调性，以确保准确投篮。因此，提高运动素质是为了更好地掌握和应用运动技能。而运动技能的练习和提高也有助于提高运动素质，不断地进行练习和反复巩固的动作，肌肉群会逐渐适应特定的运动负荷，提高力量、耐力和协调性等运动素质。以跳远为例，刚开始练习时，学生的肌肉可能会感到紧张和疼痛，但随着练习的进行，肌肉逐渐适应了跳远的运动要求，从而提高弹跳力和协调性，最终实现技能水平的提高。运动素质和运动技能的相互促进的关系使得体育教学成为综合性的过程。在体育教学中，教师的任务不仅仅是传授运动技能，还包括培养学生的运动素质。为了实现这一目标，教师需要精心设计教学计划如选择合理的教学方法、练习计划和体育活动，确保在教学过程中既注重技能的练习和提高，又关注学生身体素质的培养。例如，可以安排不同难度和强度的训练，以满足学生在技能和素质方面的需求。

（3）体育教学过程是学习知识以及形成运动认知的过程

体育教学作为一门综合性学科，涵盖了广泛的内容，既包括了运动技能的掌握，也包括了与运动相关的知识和运动认知的获得。这个多元化的学科特性使体育教学成为人文学科和自然学科的综合体，要求学生掌握运动技能，并实现认知、智力和身体素质等多个方面的发展。体育教学注重学生的运动技能，包括各种体育项目中的具体动作和技巧的学习。这方面的教学不仅需要教师具备丰富的运动知识和经验，还需要教师能够将这些知识有效地传授给学生。因此，体育教学的一部分涉及了教师传授过程和学生掌握特定技能的学习过程。体育教学也涵盖了与运动相关的理论知识和认知过程，学生需要知道如何进行某项运动，还需要理解运动的原理、规则和战略等相关知识。例如，在篮球比赛中，学生不仅需要掌握投篮的技巧，还需要了解比赛规则、进攻和防守策略等方面的知识。理论知识的学习可以提高学生对运动的认知水平，使他们在实际运动中更加聪明和灵活。体育教学对学生的智力发展也有积极的促进作用，在体育运动中，学生需要分析情况、做出决策、快速反应，这些过程都需要智力的参与。通过体育学习，学生可以提高思维敏捷性、判断能力和问题解决能力，以上均为学生在运动认知中培养出来的智力特质。

（4）体育教学过程是集体学习以及集体思考的过程

体育教学的主要形式是集体教学，这是建立在体育运动的特点之上的。体育运动通常是集体性活动，要求运动员之间密切合作，协同完成任务。因此，体育教学也借助集体教学的方式来培养学生的团队合作能力、社交技能，以及体育运动所需的集体协作意识。在体育教学过程中，学生往往需要与同学一起参与各种体育活动，如团队比赛、集体训练等。集体性的教学活动有助于培养学生的团队协作精神，并增进同学之间的交流和互动。学生在集体教学中可以相互协助，分享经验，互相鼓励，建立积极向上的学习氛围，提高学习的主动性和积极性。体育教学的集体性质还能有效培养学生的社交能力，学生在集体教学中需要与不同背景和特点的同学一起合作，这可以而锻炼他们的社交技能，使他们更好地适应社会和团体生活。在这一过程中，学生可以学会倾听他人意见，尊重他人，解决分歧，这对于他们的未来发展具有重要意义。集体教学有助于提高教学质量和实现教学目标，教师在集体教学中能够更好地监督和指导学生，及时纠正他们的错误，更有效地传授技能和知识。而且，学生之间的互动能够促进信息的流动，这有利于学生更全面地理解和掌握教学内容。

（5）体育教学过程是体验运动乐趣的过程

体育运动与学生的身体和心理密切相关，从生物学的角度来看，运动不仅仅是一种身体活动，实际上也是身体经历生物学改变的过程。运动是一种身体和心理上的乐趣体验，这种乐趣既源于运动本身的特性，又是学习体育课程的基础和条件，更是培养学生终生体育意识的基石。在进行体育运动的过程中，学生的身体经历着生物学上的变化。运动能够促进血液循环，提高心肺功能，增强肌肉力量，相关生理变化对于学生的身体健康和体能素质提升具有积极作用。运动除了能产生生物学上的变化，还能带来身体和心理上的愉悦感受。在体育课堂上，学生能够充分地体验身体自由的乐趣，感受自由交流的愉悦感，享受放松和解压的时刻。在体育运动过程中，学生可以发泄压力，释放负面情绪，增加自信心，培养积极心态，这对于缓解学习压力和维护心理健康非常重要。体育教学也强调学生的成就感，当学生刚开始接触某项运动时，可能会感到困难和焦虑，但随着不断的练习和进步，他们会逐渐掌握技能，取得成就。成就感能够激发学生的学习兴趣，增强学习动力，培养积极向上的学习态度。[①]

---

① 毛振明. 体育教学科学化探索 [M]. 北京：高等教育出版社，1999：109.

### （二）当代高校体育教学过程的优化

1. 体育教师方面

在体育教学过程中，教师发挥了主导作用。有关实践证明，教师主导作用主要体现在三个阶段，即体育教学活动的准备阶段、体育教学活动的实施阶段以及体育教学活动的反思阶段。对此，在对当代体育教师方面进行优化的过程中，应立足于这三个阶段进行分析。

（1）体育教学活动的准备阶段

第一，在体育教学的准备阶段，体育教学方案的设计是基础。教师在设计教学方案时，可根据体育教学的理论基础和实际条件，有计划地安排、规划和确定体育教学的过程、目标以及评价方法等方面的内容。第二，优化设计体育教学方案是确保整个体育教学过程顺利进行和取得最佳效果的关键步骤。体育教学方案的优化设计要考虑学生的年龄、体能水平、兴趣和特殊需求，以确保教学内容和方法的针对性和适切性。第三，还要结合教学资源和场地设施的实际情况，合理规划教学计划，确保教学过程的顺利进行。第四，同时充分考虑教学时间的分配，利用有限的教学时间，达到教学目标。第五，体育教学方案还应包括明确的教学目标和评价方法，教学目标应该明确具体，有助于学生的全面发展。第六，还要考虑到不同学生的差异性，评价方法应该能够客观地反映学生的学习成绩和进步，以便及时调整教学策略和方法。

（2）体育教学活动的实施阶段

体育教学的实施阶段是整个教学过程的核心，要求教师具备丰富的专业知识和教育经验，并应体现出高效的管理、组织和指导能力。在此关键阶段，体育教师需要履行多重职责，以确保体育教学的顺利进行和学生的全面发展。第一，体育教师需要激发学生的学习动机，吸引学生的兴趣，展示体育活动的吸引力，并制定有趣的教学内容。体育教师可以激发学生积极参与体育教学的热情，使学生更好地投入学习中，提高学习效率。第二，体育教师需要指导和组织学生的学习过程，包括向学生传授体育知识和技能，引导他们进行反复的练习，监督他们的学习进展。第三，体育教师应该根据学生的不同需求和水平，采用不同的教学方法和策略，确保每个学生都能够获得个性化的指导和支持。第四，体育教师还需要创造良好的教学环境，包括提供安全的体育场地和设施，确保学生的身体健康和安全，营造积极的学习氛围，鼓励学生相互合作和竞争。

（3）体育教学活动的反思阶段

体育教学的反思阶段是对教学过程的总结和评估，还是为未来的教学活动提供有力指导的环节。在这个阶段，教师和学生都需要积极参与，以确保体育教学不断优化和改进。一方面，体育教师需要进行教学效果的检查与评估，包括对学生的学习成绩、技能掌握程度以及身体素质的变化进行客观的评价。教师可以使用各种评价工具和方法，如考试、测试、观察、记录等，来获取关于学生表现的信息。教师可以通过这些数据判断教学目标是否达到，哪些方面需要改进，并为下一次教学做好准备。另一方面，反思阶段也包括学生的自我评价和反馈，教师应该让学生参与对教学效果的评估，让他们对自己的学习成果和体育表现进行反思和评价，从而培养学生的自我意识和自我管理能力，激发他们的学习动力，优化他们的学习效果。除此之外，反思阶段还需要教师和学生之间的互动与沟通，教师应该与学生进行积极的反馈交流，鼓励他们提出问题、建议和意见，以便更好地满足学生的需求。教师还可以分享自己的教学经验和反思，与学生一起讨论如何提高教学质量。需要注意的，反思阶段为教师提供了调整和优化教学方案的机会，根据评估结果和反馈信息，教师可以对教学内容、方法和资源进行适当的调整，以提高教学效果，持续的改进和优化是体育教学不断进步的关键。

2. 学生方面优化

体育教学是一个强调学生主体性的过程，在这个过程中，学生不仅是知识的接收者，更是积极的参与者和体验者，学生的主体性在体育教学中应得到充分发挥。学生的主体性体现在他们对体育教学内容的选择和参与中，教师应该鼓励学生积极参与体育活动的规划和决策，例如选择感兴趣的运动项目、制订锻炼计划等，从而激发学生的学习动机和兴趣，使他们更有动力去探索和实践体育知识和技能。学生的主体性还表现在他们的动机、兴趣和愿望，体育教学应该关注学生的个性和需求，鼓励他们根据自己的兴趣选择适合的体育项目，增强学生的自主性，提高他们的参与度和投入度，从而更好地实现体育教学的预期效果。体育练习活动的开展是学生主体性得以发挥的重要机会，通过积极参与各种体育活动，学生可以不断发展自己的运动能力、积累经验、增强技能储备。实践性的体验有助于培养学生的实际操作能力，增强他们的自信心和自我管理能力。更为重要的是，学生的主动性、创造性和独立性的全面发展，有助于形成合理的主体结构。

3. 体育教学内容方面优化

在对高校体育教材进行优化（对体育教学内容进行优化）的时候，应注意以下几点。

（1）确保全面性的体育教学内容

体育教学的主要目标是促进学生的全面发展，为他们将来接受更高层次的教育提供坚实的基础。要实现这一目标，体育教学应该综合各个方面的内容，包括体育锻炼方法、体育科学知识和体育价值观念等，将这些内容紧密联系在一起，以确保内容的全面性。体育教学应该涵盖多个方面的运动项目和技能，学生在体育课上应该有机会接触不同类型的运动，如球类运动、田径、游泳等，以便全面培养他们的身体素质和运动技能。这利于学生在多个领域都能够有所表现，并可增加他们未来选择运动项目的多样性。体育教学应该传授体育科学知识，学生除了掌握运动技能，还需要了解背后的科学原理，包括了解运动对身体的生理和心理的影响，学习如何进行适当的锻炼和康复，了解运动训练的原则等。这可以使学生更好地认识到体育的重要性，并能够在运动中更加明智地选择和规划。体育教学还应注重培养体育价值观念，学生需要了解体育的道德和伦理原则。教师可以借此塑造学生的品格，使他们不仅在竞技场上表现出色，还在生活中展现出良好的行为和价值观。

（2）确保基础性的体育教学内容

体育教学可促进学生的正常生长发育。在学生的成长过程中，体育锻炼对骨骼、肌肉和心血管系统的健康发育至关重要。有针对性的体育活动能使学生的骨骼更加强壮，肌肉更加灵活，心血管系统更加健康，从而可以保障他们的正常生长和发育。体育教学利于学生身体素质与运动能力的全面发展，不同类型的运动项目可以锻炼不同的身体素质，如耐力、力量、速度、灵敏性等，体育教学的内容应包括多样化的运动，以确保学生在各方面都能够得到全面的锻炼，从而提高他们的综合运动能力。体育教学应确保学生获得扎实的体育知识与体育技能，除了身体素质的提高，学生还需要掌握各种运动的规则、技巧和战术，体育课程应该为学生提供这些知识和技能的培训，使他们在运动竞技中能够表现出色。体育教学可促进良好的体育锻炼习惯的养成，定期的体育课程将促使学生养成锻炼的良好习惯，这对维护身体健康和保持健康的生活方式至关重要。且良好的锻炼习惯将伴随他们一生，有助于预防慢性疾病，保持良好的健康状态。体育教学为学生创造了终身进行体育运动的重要条件，培养了学生对体育的兴趣和热爱，使他们能够终身享受运动的乐趣，保持健康的生活方式，这是体育教学内容的长期目标之一。

（3）确保活动性的体育教学内容

合理设计体育教学内容可以有效培养学生综合素质和体育技能，教学内容应以学生的参与和主动性为中心，通过思考、观察、体验、互动和探索等方式，激发他们的学习兴趣和动力。教师结合多样化的内容，包括不同类型的体育运动和活动，可以满足学生的兴趣和需求，帮助他们全面发展。体育教学内容的整体性规划有助于学生理解体育知识和技能之间的关联性，使他们能够综合运用这些知识和技能。

4.体育教学过程的控制、管理及评价

体育教学的控制、管理与评价能有效确保教学效率的提高和教学目标的达成。教师对体育教学进行控制、管理与评价需要从教学目标的明确性、教学效果的评估等多个方面出发。首先，教学目标应该明确，应该具体反映学生需要获得的技能和素质，目标应该符合学生的年龄、水平和需求，以便能够有针对性地进行控制和评价。其次，控制和管理应该有组织、有目的、有计划地进行，教师应该制订合理的教学计划，确保教学内容按照一定的步骤和进度展开。再次，需要不断监测学生的学习进展，根据需要进行适时的调整和反馈。最后，体育教学的速度和时间也需要综合考虑，教师应该根据学生的学习能力和体验，合理安排教学进度，以确保学生能够充分理解和掌握教学内容，且不过多消耗时间和精力。

## 二、当代高校体育课程与教学管理

### （一）高校体育课程解读

高校体育课程作为高等教育的基础课程之一，在实现高等教育目标和培养人才方面承担着不可或缺的作用。它不仅仅是一门课程，更是一项涵盖全方位发展的教育性计划，旨在培养学生的身体素质、心理素质、思想道德素质、科学文化素质以及专业素质等。高校体育课程的制定是依据高等教育的目标来规划的，包括了课程的指导思想、目标设定、具体课程设置等多个方面，与其他课程相辅相成。高校体育课程的存在旨在协助学生在身体、心理和学术等多个层面实现全面发展。虽然课程的核心是培养体能和提升体育技能，但它不仅仅局限于此，还涵盖了培养学生的协作能力、领导才华和创新思维等综合素养。高校体育课程不同于传统的体育教学过程，传统的体育教学侧重于传授体育知识和技能，而高校体育课程则追求更广泛的目标，旨在使学生从整体上获益。在高校体育课程中，体育活动被视为一种教育工具，可以帮助学生培养自律、团队合作和应对挑战的能力。体育锻炼能培养学生坚强的意志力和积极的生活态度，使学生可以更好地适应未来的职业和生活的挑战。随着社会的不断发展，高校体育课程也在不断演变。教育改革和社会需求的变化催生了体育课程功能的拓展与延伸。体育课程不再是简单的体育锻炼，而是融合了更多教育元素一门课程，教师可以通过体育教学培养学生的综合素质，帮助他们在多元化的社会环境中脱颖而出。

为了全面推进素质教育，并体现现代体育教育理念中"健康第一""以人为本"的精神，以及终身体育等指导思想，培养具备创新精神和能力的高素质复合型人才，必须对高校体育课程体系进行深化改革。改革是为了构建适应21世纪社会发展的高校体育课程体系，让体育教育的内容、课程和方法更加贴合时代需求，实现从单一的体质和技能教育向综合素质教育的转变，从强调体育知识和技术传授转向知识、能力和素质并重，注重培养学生的创新精神和能力，重视个性化的发展，强调因材施教。体育教育的思想和观念改革是一个长期的过程，贯穿教育活动和教学改革的全过程。在推动高校体育教育改革与实践的过程中，全国高校经历了多个发展阶段，初步形成了各具特色的体育课程教学模式。在此过程之中，体育教育的目标已经不再局限于传授体育知识和技能，而更强调培养学生的多方面能力。高校体育课程体系的深化改革，鼓励学生在体育锻炼中发展综合素质，培养创新思维和能力，以适应日益复杂的社会挑战，鼓励学生在课程中获得全面的体验，在课内外都能够积极参与体育活动，形成全面的体育大课程教育观。高校体育课程改革的另一个重要方面是个性化的教学方法，将关注点从统一的教学模式转变到因材施教的教育模式，满足每个学生不同的需求和潜力。此种教育方式可以更好地激发学生的兴趣，激发其参与体育活动的积极性，从而帮助其更好地实现个性化发展。

### （二）高校体育课程教学的管理

1. 高校体育课程教学管理的基本原则

（1）以学生发展为基本原则

体育课程的核心在于为学生的综合发展提供服务，在此背景下，对体育课程的管理不应仅仅将手段视为目的，素质教育的目标是使每位学生都能在各个方面全面而自发地成长。因此，高校体育课程的管理应当始终以学生的发展为首要考量，全面满足学生个体发展的需求。高校体育课程管理的关键是关注学生的整体成长，教师除了传授体育知识和技能，更要重视培养学生的身体素质、心理素质、社会交往能力等多方面的素养。管理体育课程时，教师必须时刻将学生的全面发展放在首位，确保每个学生都能够在体育课程中找到适合自己的成长路径。教师在高校体育课程管理中，需要注重个性化的关怀。学生在身体状况、兴趣爱好等方面存在差异，因此，课程管理应当灵活，因材施教，从而更好地推动他们的发展。

（2）自主性原则

高校体育课程管理作为学校课程管理体系的重要组成部分，在权责分配上发挥着关键作用。体育部在此背景下，积极引导国家体育课程教学指导纲要的实施，并独立主导学校体育课程的整体开发，实现了权力与责任的有机统一。作为培养学生全面素质的重要途径，体育课程的规划和实施需要有系统的管理。体育部在此过程中充当了引领者的角色，确保了国家体育课程指导纲要的有效贯彻，同时还承担了开发学校体育课程的任务，从整体上提升了体育教育的质量和水平。体育部的自主权使其能够根据学校的实际情况对体育课程进行灵活调整，从而为体育课程的有效实施提供了保障。对体育课程的整体开发能更好地满足学生的多样化需求，推动体育教育更好地为学生成长服务。

（3）针对性原则

与其他课程相比，体育课程具有独特的目标和价值。因此，高校体育课程的管理需要根据其独特特点，提出相应的要求，以确保体育课程能够得到更好的实施。体育课程的独特性在于其不仅仅关注知识传授，更注重身心健康的培养和全面素质的提升。体育活动可以培养学生团队合作、领导能力等社会交往技能，增强学生的体魄和意志品质。因此，高校体育课程管理要着眼于这些特点，重点培养学生的身体素质、心理素质和社交能力。与此同时，高校体育课程管理也需要关注学生的兴趣和个性需求。因为，每位学生都有不同的爱好和特长，所以，体育课程管理者要灵活调整课程内容，满足学生多样化的发展需求。个性化的管理方法有助于激发学生的学习热情，提高他们的参与度和学习效果。

（4）全员参与原则

高校体育课程的管理是一个多方面合作的过程，需要各方人员的积极参与。在这个过程中，教师是关键的力量，他们不仅在课程开发和实施中发挥着主导作用，还拥有课程的专业自主权，能够有效实施课程，评估学生学习的质量。教师们承担着课程目标实现和学生发展的主要责任，应成为课程管理的主体。他们的专业知识和教育经验为课程的顺利推进提供了保障。作为学习的主体，学生有权选择适合自己的体育课程项目，并有权对课程内容进行评价和提出改进建议。学生的反馈是课程改进的重要依据，他们的意见和需求应得到尊重和关注。学生主动参与有助于提升课程的针对性和实效性，有利于形成自主学习意识。从更广泛的角度看，与体育课程有关的各方人员都应当参与课程管理。家长、教育管理者、体育专家等都对体育课程的发展和实施有影响力，他们的观点和建议都应被纳入课程管理的考虑之中。只有通过多方参与，才能确保课程管理体系的建设更加全面和有效。在高校体育课程管理的建设中，各方人员的广泛参与能确保体育课程的质量和实施效果，还能够创造更加开放、民主的教育环境。通过教师、学生、家长、专家等多方的协同努力，高校体育课程的管理能够更好地服务于学生的发展，推动素质教育的实施。

（5）系统性原则

高校体育课程是一个综合性的系统工程，涵盖了诸多要素，如教师、学生、教学设施、设备和教材等。除此之外，体育课程还与学校的定位、培养目标以及管理等方面紧密相关。在这个复杂的背景下，体育课程的有效管理需要考虑诸多因素的协调。在高校体育课程中，教师作为关键的推动力量，不仅负责教学实施，还在课程开发和内容设计中发挥着重要作用，教师的专业素养和教学经验对体育课程的质量和效果具有直接影响。与教师相对应的是学生，他们是课程的主体。体育课程应当根据学生的特点和需求来设计，以促进他们全面发展。学生的主动参与和反馈是体育课程管理的重要依据，有助于课程目标的达成。教学设备和教材也是体育课程的重要组成部分，合适的设备和教材能够提升教学效果，使学生更好地理解和运用所学知识和技能。高校体育课程的管理还需要考虑学校的定位和培养目标，并需认识到体育课程应当与学校的整体教育理念契合，要有助于培养学生的综合素质和创新能力。此外，管理体系也必须灵活适应学校的不同特点和需求。做好以上工作，高校体育课程管理者就可构建一个多层次、纵横交叉的网络。学校、职能部门、教研室以及班级等各方共同构成了一个完整的体育课程教学管理系统。该系统促进了信息和资源的流动，保障了课程的有序开展。

2.高校体育课程教学管理体系的有效构建

由于高校体育课程教学过程涉及的面广、量大，且管理活动十分复杂，对此，体育部门需要建立一个科学有效的课程管理有机体系，该体系主要由六个子系统组合而成。

（1）高校体育课程的决策系统

主要负责体育课程管理的是体育部教学委员会，其通常在体育部主任的领导下运作。该委员会根据学校课程管理政策和要求，对学校体育发展状况进行分析，结合本校实际情况，制定体育的培养目标、确定体育课程设置，并制定相应的课程标准。该委员会还审查重大的课程管理活动，为学校课程管理的重要决策提供意见，为体育课程的建设出谋划策。在体育课程管理中，体育部教学委员会制定了一系列制度，以确保课程管理的有效运行。其中，课程审议制度用于对课程进行审查，保证其质量和适用性。教学管理条例规范了教学过程中的各项管理事项，为的是确保教学的有序进行。课程评价制度用于对课程效果和学生学习情况进行评估，为课程改进提供依据。教师教育制度致力于提升教师的教育水平和教学质量，确保他们能够胜任课程教学工作。课程管理岗位职责及激励制度则明确了各个岗位的职责和激励机制，以保障管理人员的积极性和责任心。体育部教学委员会的运作是高效体育课程管理的基础，以合理的决策和制度建设，确保体育课程的设计、实施和评价都能够按照既定目标进行。委员会的领导者和成员都积极地参与体育课程的管理和建设中，为整个体育教育体系的健康发展提供了强有力的支持。

（2）高校体育课程的开发系统

课程开发以国家体育课程教学指导纲要为基础，在学校层面实施。课程开发的主体是教师群体，并且应积极引入学生的广泛参与。为了确保课程的质量和发展，应以教师为核心，根据新课程改革的目标和要求，结合本校的培养目标和课程资源，深入了解学生多样化发展的需求，推动开发出具有学校特色的体育课程。在课程开发中，教师是关键的推动者。他们拥有丰富的教育经验和专业知识，能够将国家体育课程教学指导纲要转化为具体的教学实践。教师们在课程开发过程中，应根据学校的特点和发展目标，合理安排课程内容，使之更贴近学生的需求和实际。学生的参与也是课程开发不可或缺的部分，学生了解自己的兴趣和需求，能够为课程开发提供宝贵的参考意见。听取学生的建议和反馈，课程开发可以更加贴近学生的实际需求，从而可以提高课程的吸引力和实用性。为了确保课程的建设和发展更加有针对性，广大教师需要在其中发挥主体作用。[①] 他们应当根据新课程改革的理念，结合学校的独特定位和资源优势，积极创新体育课程内容和形式。引入多元化的教学方法和活动，培养学生的创新思维和综合素质，使体育课程真正贴合时代需求。

（3）高校体育课程的实施系统

高校体育课程的实施系统主要由课程管理办公室、教研室等部门协同合作构建而成，在通常情况下，这些部门在体育部主任的领导下，共同发挥作用。课程管理办公室作为协调机构，负责整体规划和组织，而各个教研室则在其指导下分工负责具体实施。在这种分工合作的方式下，高校体育课程得以有序推进。课程管理办公室承担着协调和控制的职责，其应遵循学校的政策，对日常教学活动进行组织、协调和监督。在授权范围内，确保教学活动的顺利进行，为教师提供必要的支持与协助，以保证课程管理的有效实施。而教研室在实际的教学活动中，根据整体安排制定学年和学期的教学进度计划、教学研究活动计划以及学生活动计划。教研室对教师的教学活动进行指导，确保教学内容的准确传达和课程的顺利实施。同时随时关注课程实施中出现的问题和教师的需求，帮

---

① 欧枝华. 新时期高校体育教学及其课程体系改革研究 [M]. 北京：中国纺织出版社，2020：115.

助教师解决问题，为教师提供支持。教研室也应积极研究学生的实际情况，为课程管理提供参考依据，推进课程的优化，确保教学内容更贴近学生需求和现实。通过优化、整合课程目标，教研室应充分而有效地利用学校的资源，如时间、空间、人力和财力，以获得最佳的教学效果。

（4）高校体育课程信息的收集系统

高校体育课程信息的收集系统主要由专门指定的"信息员"组成，由课程管理办公室具体负责协调。该系统与日常的教学管理活动紧密结合，旨在为课程评价提供客观的信息支持。在该系统中，"信息员"通常由部分教师和学生组成，他们的主要职责是收集来自各个方面的课程和教学活动的客观信息，并及时将这些信息反馈给管理办公室和评价组，以便为课程的改进和正确评价提供有力支持。"信息员"充当了信息收集与传递的桥梁，在指定范围内，他们密切关注教学活动的各个环节，从教师和学生的角度，收集涵盖教学内容、教学方法、学生反馈等方面的信息。这些信息有助于管理办公室和评价组全面了解课程实施的状况，能为课程管理和优化提供实际数据依据。信息收集系统的运作需要与日常的教学管理活动相结合，定期汇总信息可以使管理办公室对课程实施情况进行全面监控，及时发现问题并调整。而评价组能够基于以上真实的数据，进行准确的课程评价，为课程改进提出实质性的建议。

（5）高校体育课程的条件保障系统

高校体育课程的条件保障系统尤为重要，在体育课程的管理中，设备和经费的支持是必不可少的。课程管理在实施时需要确保有充足的经费和适用的设备，这两者是体育课程有效实施的基础。因此，为了确保体育课程的成功实施，合理配置各种教学设备是必不可少的，这为体育课程的实施提供了必要的物质保障。另一方面，体育部应根据实际需求，制定科学且可行的管理制度和操作规程，以确保课程活动的有序进行。有关的制度和规程应该涵盖课程管理的各个环节，从课程设计到教学实施再到评价，都需要有明确的规范和流程。如此一来，通过提升规范性和规程性，可使得课程管理工作更加有章可循，这有助于提升管理的效率和质量。管理人员的素质直接影响着整个课程管理体系的运行，体育部应该重视管理人员的业务培训，通过培训提高他们的管理能力和专业素质。合格的管理人员能够更好地应对各种挑战，制定科学的管理策略，协调资源，解决问题，确保体育课程管理系统的有效运行。

（6）高校体育课程的评价系统

课程评价的核心任务是根据课程管理计划，对课程活动的各个环节进行综合评估。课程评价旨在发现课程实施与目标之间的差距，找出问题所在，并提出改进的建议；分析课程的强项和不足，进而指导决策和实施过程的修正和调整。持续的课程评价能促使体育课程在实施过程中逐步修正，逐步接近课程目标。教师作为主要评价者，他们的专业知识和经验对于评价至关重要，他们能够客观地判断课程的实施情况，准确地分析问题，并提供针对性的改进建议。教师的参与能使课程评价人员及时发现问题，并且找到解决问题的途径，从而推动课程的不断优化。

# 第二章 信息化发展与当代高校体育教学融合的理论

信息技术正在革新传统教育的传播方式和形式，给教育带来前所未有的机遇和挑战，对于体育教学在信息技术时代下的转变具有重要影响，信息技术既关系着国家教育信息化战略的推进，也影响着体育教育的未来发展。在当今社会，信息技术的崛起对教育领域产生了深远影响，体育教学也不例外。传统的教育模式正在经历转变，信息技术为教师和学生提供了更多的教学资源和互动方式。从在线课程到数字化教材，从虚拟实验室到远程教学，信息技术为体育教学注入了新的活力。

## 第一节 高校体育信息技术的理论基础

### 一、系统科学理论

系统科学是一门探究各种系统原理、模式和规律的学科。其理论认为，系统是由多个相互作用、相互依赖的要素构成的，形成具有特定功能的有机整体。信息论、控制论和系统论等共同构成了系统科学的核心，理论上代表了新兴的科学方法论。将系统科学应用于现代教育技术的认知，揭示了教育技术是一个多元化、多层次、多功能的复杂系统。本书将教育视为整体进行分析，统筹全局，立足系统科学整体，提供了一种综合性的方法，以促进教育效果的优化。

### （一）系统科学的基本原理

系统科学的基本原理包括整体原理、反馈原理及有序原理，同时是教育技术取得教学优化效果的重要理论基础。

1. 系统的整体原理

系统科学的核心原理之一是整体性原理，强调系统是由多个相互作用的要素构成的有机整体，而整体的性质和功能并不能简单地等于各个要素的简单相加。系统的整体性可以用"整体大于部分"来概括，意味着系统的整体性具有独特的性质和功能，超越了各个部分的简单叠加。在教育领域，系统的整体性原理具有重要启示。教育系统是一个复杂的整体，包括教师、学生、教学内容、教学媒体等多个要素，且各要素相互联系、相互影响，共同构成了一个协调运作的教学系统。教学系统的正常运行不仅取决于各个部分的独立功能，更关键的是取决于它们能否有机地组合成一个高效的整体。教学系统的整体性要求教师在设计和实施教育活动时，要考虑各个要素之间的协调性和互动性。教师是教育系统的核心，学生是教育的受益者，教学内容和教学媒体则是实现教育目标的工具，这些要素形成一个有机的整体，以实现教学效果的最大化。在教学系统中，各个部分的功能相互结合，形成新的功能。如同一个精密的机械装置，每个齿轮和零件都有其特定的功能，但只有当它们合理组合、协调运转时，整个机械才能够正常工作。[①]同样，教学系统中的各个要素也需要有机地结合，相互促进，以达到更好的教学效果。

2. 系统的反馈原理

系统的反馈原理是一个关键概念，强调了在任何系统中，只有通过信息的反馈，才能实现有效的控制并达到预期的目标。反之，如果没有

---

① 王沂，吴佳伟. 网络信息化与高校体育发展研究 [M]. 北京：中国原子能出版社，2019：46.

信息的反馈，系统将无法实现有效的控制和预期的目标。反馈，顾名思义，是指将产生的结果反馈回系统，并对输入的信息产生影响的过程。此种闭合回路从信息的输入、经过系统处理后的输出，再通过反馈回到信息的输入，构成了一个动态的控制过程。在控制系统中，反馈的信息可以用来比较、修正和调整系统发出的控制信息，从而对被控制对象实施控制。反馈可以分为正反馈和负反馈，正反馈能够加强控制信息的作用，而负反馈则与控制信息的作用相反。

反馈原理在教育教学中具有普遍的指导意义，教育的核心目标是使学生在一定时间内达到一定的知识和能力水平，为了判断教育目标是否实现，需要随时了解教育的实际情况，找出目标与实际之间的差距，以便进行及时的调整和改进，所以需要运用反馈原理来监控教育过程。在教育和训练中，反馈信息可以帮助教师了解学生的学习进度和掌握情况，以便及时调整教学的进程和方法。每一节课的教学，每一项实验，都有其特定的目标。通过持续不断的反馈，教师可以了解学生是否理解教学内容，是否达到了预期的效果，是否需要进一步的辅导或调整。例如，在个性化教育中，学生的学习进度和理解程度各不相同。对学生的学习表现进行反馈分析，教师能进一步根据每位学生的需求进行针对性的辅导和指导，使教学更具针对性，能达到更好的效果。同样，在在线教育中，根据学生的互动和答题情况，教师可以及时调整教学内容和节奏，以适应学生的学习进度。

3. 系统的有序原理

系统的有序原理揭示了系统的发展与演化必须借助于开放性和有序性。开放性原理强调，只有当一个系统是开放的、经历涨落和远离平衡态的状态时，它才能朝着有序的方向发展。系统需要从外部获取信息和能量，以促进内部结构的演化和功能的提升。有序性在系统中的体现，表现为信息量逐渐增加，组织化程度逐渐提升，即系统的混乱度逐渐减弱。例如，在学习和记忆过程中，通过获取、整理和组织信息，人们能够将原本零散的知识逐渐整合成有条理的体系，从而实现对知识的有序存储和运用。相反，荒废和遗忘过程是无序的，会导致知识的丧失和体系的混乱。有序原理对教育教学具有深远的启示，其强调教学系统的开放性，教育应当与外界保持良好的互动，不仅获取外部信息资源，还要让学生参与其中，通过实践和交流来丰富教学内容。有序原理要求教师在教学中要鼓励学生思考，使他们的大脑成为一个开放的系统要做到这一点，教师可以采用启发式教学、问题解决等方式，使学生不仅是被动的接受者，更是积极的思考者和参与者。在当今信息时代，有序性原理更具有现实意义。信息的爆炸性增长使得知识变得非常庞杂和碎片化，如何在这种环境下实现知识的有序整合和运用成为重要课题。教师应当引导学生学会筛选、整理和连接信息，培养他们的综合能力和批判思维，以使他们应对复杂多变的现实挑战。

### （二）系统方法的一般步骤

系统方法是运用系统科学的观点及方式处理各种各样复杂的系统问题，在运用系统方法解决系统问题的时候，有一个一般的步骤与程序。（图2-1）

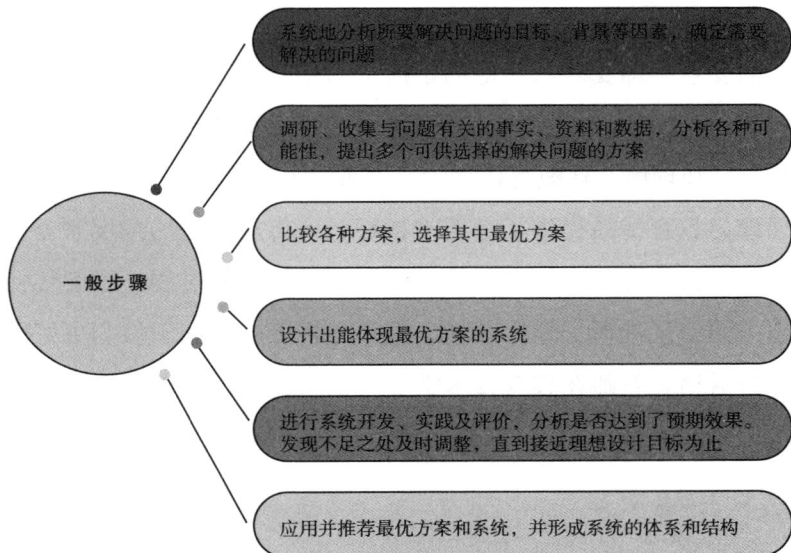

图2-1　系统方法的一般步骤与程序

## 二、传播理论

传播是社会中的重要活动，涉及信息的传递与交流，是人与人、人与社会之间进行的有意义的信息传递过程。传播者通过运用各种传播媒体，以特定的形式将信息传递给接受者，从而实现信息的传递、接收和反馈。传播的核心内容是信息，信息是通过有意义的符号进行传递的。

### （一）教育传播

教育传播是一种有目的、有计划的活动，旨在将特定的知识、技能、思想、观念等信息通过恰当的媒体途径传达给特定的受教育对象，这是教师与学生之间进行信息交流的重要环节。教育传播的过程与一般的传播活动相似，但其特定目标和教育内容赋予了其独特性。在教育传播中，教师需要仔细策划教学内容，确保信息的准确性和适切性。而且选择合适的媒体通道也至关重要，不同的媒体可以更好地适应不同类型的知识传递。教师应通过课堂教学、教科书、多媒体教材等方式，努力将知识和技能传递给学生，同时也注重培养学生的思想、观念等。教育传播关注特定的受众，即受教师。他们是信息的接收者和解释者，需要理解和吸收所传递的内容。传播的成功不仅取决于教师的努力，还需要受教师的积极参与和理解。在教育传播中，双方之间的有效沟通是至关重要的。传播理论为教育传播提供了有益的指导，从传播理论的角度来看，教育传播是一个将信息从一个环节传递到另一个环节的过程。了解传播的基本原理，如信息选择、媒体选择、受众分析等，有助于教师更好地规划教学传播活动。教师在教育技术学方面也从传播理论中汲取了丰富的经验，以更加科学的方式设计教学活动，提升教学效果。

### （二）教育传播的基本过程

**1. 确定教育传播信息**

在教育传播的起始阶段，确定要传递的教育信息是至关重要的一步。教育传播旨在将特定的知识、技能和理念传达给受教师，因此，在这个阶段，教师需要仔细思考并选择合适的信息内容。教育传播的信息内容应该与教育目标、课程的教学目标紧密相连，教师必须对课程的核心概念和要传达的核心知识有清晰的认识，并深入分析教材，从中提取出关键的知识点和概念，使学生达到在学习过程中所需达到的特定学习水平。在确定信息内容时，教师应该将教学目标和学生的需求置于首位，教育目标明确了教师希望学生在课程结束时达到的技能和知识水平，而学生的需求则反映了他们的兴趣、背景和学习能力。教师需要在这两者之间找到平衡，以确保传递的信息既具有深度又具有吸引力。信息内容的选择还需要考虑信息的组织结构和逻辑，教师应该将复杂的知识点分解成易于理解的几部分，从而帮助学生逐步建立起知识体系。信息的组织结构也应符合学生的认知规律，以便于他们更好地吸收和理解所传递的内容。

**2. 选择教育传播媒体**

在教育传播中，选择合适的教育传播媒体来呈现所要传送的信息，实际上是一个编码的过程。此过程涉及将抽象的教育内容转化为具体的媒体形式，以便更好地传达给学生。不同的媒体具有不同的功能和特点，因此，在选择教育传播媒体时，教师需要综合考虑多个因素。不同的教育信息可能需要不同类型的媒体来进行传播，例如，图像和视频等视觉媒体适合传达图形化的概念和过程，而文字和声音等媒体则更适合传达理论性的知识，教师需要根据教育内容的特点选择最合适的媒体形式。学生的特点和需求也会影响媒体选择，不同年龄、不同背景的学生对媒体的接受能力和喜好可能存在差异，教师应该了解学习者的特点，选择他们更容易理解和吸收教学内容的媒体形式。此外，教师还需要考虑主客观条件。主观条件包括教师自身的媒体操作能力和经验，以及自身对不同媒体的熟悉程度。客观条件则包括教室设备、学习环境和媒体可获得性等方面。教师应该根据这些条件，选择能够在既定条件下实现良好传播效果的媒体。

3. 通道传达

在教育传播过程中的通道传送阶段，教师需要解决一系列问题以确保信息的准确传达和高效传输。教师需要明确信息信号需要传送的距离，这取决于传送的要求，不同的传送范围可能需要采用不同的通道。根据传送的距离和环境，教师需要选择合适的传输媒体和通道。教师需要考虑信息内容的先后传送顺序，在通道传送之前，他们应当制定详细的传送方案，明确每一次传送的顺序和内容，从而确保教育信息在传送过程中的逻辑连贯性和清晰性。按照事先设计好的教学方案，教师可以有步骤地进行信息传送，使学生能够逐步理解和吸收所传递的知识。通道传送阶段还需要注意减少各种干扰，以确保传送信号的质量。干扰可能来自外部环境，也可能来自传输媒体本身。教师需要采取措施来降低这些干扰对信息传送的影响，例如选择信号稳定的传输通道，使用适当的传输设备，避免与其他信号产生冲突等。

4. 接收与解释

在教育传播的接收和解释阶段，学生通过感觉器官将传送过来的信号转化为有意义的信息。此过程涉及多个步骤，从感觉刺激到信息意义的解释，都需要学生的认知和思维参与。在接收信号的过程中，学生通过视觉、听觉、触觉等感觉器官接收传递的信号。感觉器官将外界的刺激转化为神经信号，通过神经系统传输到中枢神经系统，为下一步的解释做准备。解释信息的过程实际上是一个信息译码的过程，学生会将感觉器官接收到的信号转换成符号，然后依据自身已有的知识和经验，将这些符号解释为特定的信息，这涉及学生对信息的理解、分析和关联能力，以及对所接收信息的内容进行认知加工的能力。该阶段的重要性在于，学生将抽象的信号转化为能够理解和吸收的实际意义，从而为知识的积累和深化打下基础；学生的知识结构也在这一过程中得以扩展和完善，新的信息意义与已有的知识将被很好地联系起来。在这一过程中，学生不仅将新信息储存在大脑中，还会将其整合到已有的知识网络中，形成更为丰富和复杂的知识结构。

5. 评价与反馈

评价和反馈阶段，对学生的学习成果进行检验和总结，以确保教育目标的达成。结合不同方式的评价和反馈，教师可以了解学生的学习情况，从而调整教学策略，持续优化教育传播的效果。评价的主要目的是验证学生是否达到预定的教学目标。学生所形成的信息意义与教师发送的信息含义是否一致是评价的关键点。教师需要根据预定的教学目标，结合学生的实际情况，确定评价的内容和标准。教师可以通过观察学生的行为变化、课堂互动参与度、课后作业完成情况，以及进行阶段性考试等方式，及时获得关于学生学习成果的信息。评价的结果是教育传播过程中的一种重要反馈，教师通过评价可以了解学生的学习情况，看到他们的知识掌握情况和能力提升情况。这种反馈可以帮助教师判断教学的有效性，以及是否需要对教学内容、教学方法进行调整。评价还能激发学生的学习动力，让他们在看到自己学习成果的基础上，更有信心地继续学习，并且能为学生提供目标和方向，使学生通过评价结果了解自己在学习中的优点和不足之处，进而调整学习策略，提升学习效果。评价不仅是一种对学生学习的监督，更是一种引导，能帮助学生更好地发展自己的学习能力和潜力。

6. 调整与再传送

在教育传播的演进中，调整和再传送是一个关键的环节，旨在根据评价结果，进一步优化教育传播过程，确保信息的有效传递和学习目标的达成。结合对比掌握的反馈信息与预定的教学目标，教师能够更清楚地了解教育传播过程中可能存在的不足之处，这些不足可能涉及教育信息的准确性、教学媒体的适宜性，甚至是教育传送通道选择适配性。根据反馈信息，教师可以进行有针对性的调整，以提升教育传播的效果。调整的方式包括对教育信息进行修订和补充，以确保信息传递的准确性和完整性。针对可能引起学生困惑或理解不足的内容，教师可以进行相关解释和说明，以便学生更好地理解和吸收。

## 三、运动训练理论

运动训练理论是研究运动训练一般原理与规律的体育理论，是指导运动训练工作的核心理论，对于提升训练效果以及竞技水平有着十分重要的价值。现代体育教育技术应辅助运动训练，且符合运动训练学的理论与规律。

### （一）运动训练与其特点

运动训练指的是在教练员科学的指导下，运动员积极努力，不断挖掘自身的潜力，并且不断提升运动成绩，是专门组织的有计划的体育活动。运动训练有着自身的特点。（图 2-2）

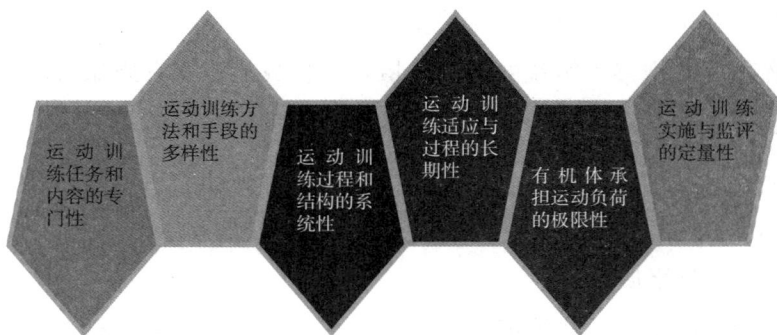

图 2-2　运动训练自身的特点

**（二）项群训练理论**

运动训练在不同专项领域的发展过程中，逐渐揭示了各个专项训练的规律，进而构建了一般训练理论。然而，研究者们在探索各种竞技运动项目的共同规律时，意识到对不同项目的多样特点进行简单概括是具有挑战性的。当对某些项目进行对比时，许多项目之间共有的特征便逐渐显现出来。在此背景之下，"项群"概念被提出，并由此引出了"项群训练理论"。"项群训练理论"是竞技体育领域中连接一般训练理论和专项训练理论的桥梁，旨在研究一组具有相似竞技特征和训练要求的运动项目，以揭示其中的共性和规律。该理论的提出源于对不同项目之间异同点的深入思考，其将具有相似性质的运动项目聚集在一起，以便进行更深入的研究和训练。具体而言，项群训练理论将竞技运动分为技能类项目和体能类项目，并在每一类项目中进一步划分出项群，以便更好地总结项目之间的共同特点。在技能类项目中，项群包括表现难美性、准确性、隔网对抗性、同场对抗性和格斗对抗性等五个方面。而在体能类项目中，项群则涵盖了快速力量性、速度性以及耐力性这三个方面。

**（三）运动员心理能力及运动智能的训练**

运动员的心理能力是指在训练和竞赛中所需的个性心理特征，以及能够调整和应对训练、竞赛所需要的心理素质，良好的心理状态对于运动员在比赛中取得出色成绩至关重要。不同的心理特点能够在不同情境下发挥作用：观察力敏锐的运动员擅长捕捉战机；富有想象力的选手更容易展现创造性；注意力集中的运动员则表现出坚韧的毅力。心理训练包括一般心理训练、专项心理训练和比赛期心理训练。这些训练通过意念训练法、诱导训练法和模拟训练法等方法，帮助运动员塑造积极的心态，提升心理素质。

运动智能是在一般智能基础上，运用体育理论和多学科知识，参与训练和比赛的能力。运动智能对运动员各方面都有着积极影响，运动智能较强的运动员能够正确理解教练员的训练计划和战术安排，从而可以高质量地完成训练和比赛。具备较强运动智能的运动员还能更快地学习和掌握运动技巧，准确把握战术要点，并在比赛中机智地应用，从而获得优异的成绩。运动智能训练涉及运动理论知识的教育和运动智能因素的培养，训练内容包括一般智能的提升和专项运动智能的培养。在竞技体育中，心理能力和运动智能是影响比赛成绩的两大关键要素。运动员需要通过心理训练来培养自信、集中注意力、保持冷静和控制情绪，以应对各种压力和挑战。针对运动员这一情况，运动智能可以帮助运动员更好地理解运动的本质和技术细节，提高训练和比赛的效果。综合考虑，这两者相互促进，共同影响着运动员的表现。

# 第二节　高校体育教学融合发展

## 一、"和而不同"的学术理念

此处的学术理念并非指具体某一门学科研究中的学术思想演变，而是指一种宏观的跨学科的思想方式。这种思想方式在无形中影响着各个具体学科的发展，同时影响了体育学科的发展，而大学体育课程自然也受其影响。

西方文化和东方文化在历史进程中展现出截然不同的发展轨迹，彰显出独特的核心价值观。西方以航海贸易为主要生存方式，受到自然环境的挑战，因此注重对自然的征服和改造。西方社会在面对千变万化的自然和地理现象时，以分解思维的方式来理解和适应，强调分析和掌控。相比之下，以中国为代表的东方文化在几千年的历史中，生活在自给自足的自然经济中，这使人们获得了丰富的生活体验和幻想能力。在这样的背景下，东方文化构建了"天人合一"的思想，强调人与自然的和谐相融，追求平衡与整体。中国传统文化中蕴含的"合"的理念表现在各个领域，体现了人类对生活、社会和宇宙的统一性和一体化的追求。然而，进入 20 世纪后，随着控制论、信息论和系统论等理论的兴起，西方的思维方式开始发生变革，强调整体性和综合性，从"分"的思维模式中脱颖而出，强调各个元素之间的相互关联和相互作用，这种转变代表了西方文化在认知和理论层面的融合和变革。不仅如此，东西方文化的碰撞也给彼此提供了互相的启发和借鉴。东方文化中的"合"与西方文化中的新兴理论相互映衬，共同构建了一个更加丰富和多元的认知框架。文化的交流和融合在全球化时代变得越发重要，有助于不同文化之间互通有无，可以为全球问题的解决提供更多的视角和方法。

体育课程的发展历程呈现出独特的轨迹，尤其在理念和操作思维上，似乎"分"一直处于主导地位。此现象在一定程度上可归因于中国学校体育的源头来自西方，导致体育课程的教学方式也受到了西方技术分解的影响。虽然西方的系统论思想在理论上有所体现，但并未深入贯彻到体育课程的实际运作中。体育课程的设计和实施过多地受到分解思维的束缚，着重在追求统一的"同"而忽略了协调和整合的"和"。此种追求统一而缺乏综合的方式，既在教学中表现出来，也反映在学术理念的发展中。在学校体育中，教师注重规范、标准化，有时却忽略了学生个体差异和个性发展的需求。"同而不和"的局面使得个性化发展受到一定限制，可能导致学生的兴趣和潜能未能得到充分激发和发挥。在学术领域，过于强调学术观点的对立和争论，却缺少对这些观点的整合和综合，可能导致学术研究陷入纷争和碎片化，难以形成系统性和综合性的理论体系。为了促进学术的进一步发展，相关人员需要超越单一的观点，寻求不同观点之间的共通之处，从而推动学术领域的整合和发展。

自中华人民共和国成立以来，学校体育的发展在理论层面也经历了多次学术探讨，这对体育课程改革产生了深远影响，涵盖了体育与竞技概念、生物观与人文观等不同方面。同时，在国际舞台上，手段论体育观与目的论体育观的辩论也成为重要话题。我国颁布了《义务教育体育与健康课程标准》，其中目标导向过程的课程编制模式引起了广泛关注。一些学者试图将目标模式与过程模式整合，形成"课程编制的目标、过程模式"，这一系列发展动态呼唤着人们的关注。"同而不和"的学术理念存在一些问题，容易使学术讨论局限于特定范畴内，导致出现了一家之言的状况。这不仅影响学术自身的发展，也可能对体育课程改革的推进带来阻碍。相比之下，更具包容性的"和而不同"的学术理念更加适应当今时代的需求，该理念承认不同观点的合理性，同时努力容纳多种课程模式的存在，通过协调和整合的方式促进宏观和整体层面的协调发展，为学术和课程改革提供了更为合理的思维方式。纵观国内体育领域的学术讨论可以发现，体育与竞技、技能与体能、生物与人文等不同方面之间存在着相互联系。既然这些方面并不是互相独立的，而是可以通过合适的整合得到更大的发展的，那为什么不将这些方面整合起来呢？整合不仅可以丰富体育学术思想，还能够为体育课程改革提供更具前瞻性和包容性的方案。

## 二、承认个性的和谐发展

"和而不同"这一哲学思考的内涵，不仅体现在词汇的定义上，更需要贯穿于具体的大学体育课程改革进程中，包含了协调、整合等多个方面的意义。将其应用于体育课程改革中，强调的是在"继承和发展"中寻求和谐，而非一味地"推倒重来"，此种理念更加符合实际情况，也更能实现改革的可持续性。在大学体育课程改革中，曾出现过激进的"推倒重来"的观点。然而，此观点并不能真正体现"和而不同"的哲学思考。如果从继承和发展的角度出发，今天的成功是昨天的延续，即使在一些方面有所变化，从整体来看，这种变革依然是协调和谐的。大学体育课程改革需要建立在过去的基础之上，保留优势，发展潜力，实现变革与稳定的平衡。如何全面评价 21 世纪以来的体育教育课程改革呢？事实上，这是一次既继承又发展的改革，具有特殊历史意义。自中华人民共和国成立以来，这次改革力度之大前所未有，涵盖领域之广也极为少见。然而，在局部领域，一些改革确实具有根本性的变革。这种评价是基于客观事实的，而不是主观臆想的产物。

21 世纪的体育课程改革在基础教育阶段产生了根本性的变革，彻底颠覆了过去统一大纲、"一刀切"的教学现象。在管理层面上实现了体育课程的开放，为体育教师和学生提供了一定范围内的选择权。然而也带来了新的挑战，体育教师需要从过去单纯执行教学大纲的角色转变为体育课程的设计者。角色转变增加了体育教师的工作难度，并使教师在实际工作中产生了一定的困惑。早在 20 世纪 90 年代，大学阶段制定的"指导纲要"作为一个指导性计划，为高校的体育课程提供了方向。然而，进入 21 世纪，随着大学阶段"指导纲要"的修订，一些高校如北京大学、清华大学、深圳大学等设计出多元化的课程模式，凸显出体育课程的多样性。事实表明，大学体育课程改革无论从整体还是局部来看，都是一项重大的变革。在这个过程中，从大学体育课程改革的发展现状来看，"和而不同"的哲学思考在前后的变化中得到了充分体现。体育课程改革的开放性带来了更多的选择，这也需要体育教师进行深刻的思考和规划。

从单纯地执行教学大纲到成为课程设计者，体育教师的角色发生了重要的改变。基于此，教师应根据学生的需求、兴趣和特点，制定适宜的教学计划，这对体育教师的专业素养提出了新的要求，要求他们能够更加敏锐地把握学生的变化，为学生提供更加丰富和多样化的学习体验。

# 第三节　高校信息化服务的理论

## 一、高校体育信息化服务终端平台对比

当前，高校体育信息系统的发展主要集中在个人电脑（PC）平台上，与移动终端相比，个人电脑终端的计算速度更快，计算精确度更高，存储容量更大，扩展性更强，整体保护性也更好。鉴于个人电脑终端的推广时间较长，它的使用者跨越各个年龄段，呈现相对均衡的分布。与此同时，以智能手机为代表的移动终端，其主要操作系统为安卓（Android）和苹果移动操作系统（iOS），这两者在手机操作系统市场上的份额巨大。然而，受限于移动终端的尺寸，它的处理器性能和存储容量都不及个人电脑终端。但是移动终端具有高度的便携性和移动性，配备摄像头、重力感应、陀螺仪、磁力计、红外蓝牙、语音识别、GPS导航、无线连接等特色功能，而且系统的开放性较高，软件应用的扩展性也很强。智能移动终端的广泛应用时间相对较短，其主要用户群体以年轻人为主。

两种终端在体育信息系统的应用中各有优势，个人电脑终端由于具有高速计算和大存储容量的特点，更适合进行复杂的体育数据分析和处理。在大规模的数据收集和处理任务中，个人电脑终端的性能能够更好地满足需求。移动终端的优势则在于其高度的便携性和移动性，适用于现场体育活动的实时监测和数据采集。体育教学中，教师和学生可以利

用移动终端随时随地获取课程信息和学习资源，从而提高教学效率和学习便利性。[①]随着体育信息系统的发展，个人电脑终端和移动终端之间的结合将变得更加紧密。移动终端的便携性和移动性在体育领域将得到更加充分的发挥，其不仅将用于实时数据采集，还将用于运动指导和健康监测等领域，而个人电脑终端仍将在数据分析和处理等领域扮演着重要的角色。两者的融合有助于构建更加全面、高效、智能的体育信息系统，提升体育教学和运动训练的质量。

## 二、高校体育信息化服务手机操作系统对比

移动终端的兴起已经为高校体育信息化服务带来了新的发展方向。移动终端的便携性、功能丰富性、系统的开放性以及在年轻人中的高普及率，使其逐步成为高校体育信息化服务的主要切入点。在这一趋势下，基于移动终端的高校体育手机 APP 已经崭露头角，有望补充和取代原有 PC 端体育信息化服务系统的部分功能。高校体育手机 APP 的涌现和发展得益于移动互联网技术与智能移动终端的迅猛发展，这一新型应用的兴起与高性能智能手机的问世密不可分，通过智能手机内置的重力感应、全球定位系统（GPS）、语音识别、指纹识别等功能，高校体育手机 APP 的功能不断扩展和丰富。该应用可以为有需求的学生提供准确的信息化服务，从监测学生的课外锻炼情况，到记录学生从大学开始与体育相关的各类信息，各种服务在当今的硬件与技术条件下皆能得以顺利实现。高校体育手机 APP 在实际应用中具备多重优势，其移动性使得学生能够随时随地获取个性化的体育信息，无论是课程安排、锻炼计划还是其他相关信息，都可以随手查阅。此外，手机 APP 的交互性和便捷性使学生可以更加方便地与教师、教练以及其他同学进行交流和互动，促进信息共享和沟通。高校体育手机 APP 还可以记录学生的锻炼数据，为他

---

① 宋伟. 高校体育教学信息化应用研究 [M]. 延吉：延边大学出版社，2019：63.

们提供定制化的锻炼建议，从而帮助学生达到更好的健康管理效果。

## 三、持续完善高校体育信息化服务

高校体育工作承担着对数以万计的学生进行全面管理和服务的重要使命，在涉及学生的各方面工作中，如体育教学、体质测试、群体活动、课外运动考核、体育场馆管理等，现有的信息发布方式和途径显然难以实现高效和准确的覆盖，因此，高校体育信息化服务的流程和方式亟待优化和调整。特别是在高校体育领域，体育学院（部）负责校内体育公共课教学、学生体质测试、学生课外活动考核、体育场馆管理等重要任务，这与数以万计的学生的学习和生活息息相关。然而，与这些重要任务的日常性质相比，许多高校体育资源的管理方式仍显得相对滞后。例如，体育选课、考勤、课程考核等方面的形式长期未曾改变，导致这些过程老化而缺乏高效性。体育场馆管理问题也十分突出，人工收费模式使得场地和资产管理混乱不堪。甚至，由于缺乏有效的监督和考核学生课外活动的手段，体质测试的流程设计和数据管理也面临待优化的挑战。而信息发布形式的滞后更使得信息传递效率降低，影响了高校体育服务的全面推进。为解决这些问题，高校体育信息化服务迫切需要进行优化和调整。对此，相关人员可以考虑开发一套统一的高校体育信息管理系统，通过集成多个功能模块，实现体育选课、考勤、课程考核等方面的信息化管理，从而提高效率和准确性。同时借助移动终端技术，进一步开发高校体育手机 APP，让学生能够随时随地查阅体育课程信息、场馆使用情况以及课外活动考核等内容，从而实现信息的便捷获取。对于体质测试和课外活动的监督考核，可以引入智能设备和传感技术，建立数字化的体质测试流程，确保数据准确性和标准化。高校可以设计一套系统化的学生课外活动管理方案，借助手机 APP 等工具，实现对学生课外活动的在线记录和考核，提高管理的效率和科学性。

当前，我国众多高校已经建立了体育信息系统，旨在通过信息化手段推动高校体育工作的全面发展。然而，从多所高校的实践和研究现状来看，这些体育信息系统主要集中在 PC 平台上，各部分功能相对孤立，缺乏整合性资源；针对高校教师和学生提供校园体育信息化服务的系统和手机 APP 相对较少，所以高校体育在这方面需要加强信息化服务的实践。在如今移动互联网技术不断发展，智能移动终端功能日益强大的背景下，基于 BC 或 CS 架构的体育信息系统显得缺乏灵活性、便捷性和快捷性。相比之下，移动网络传播范围广，受众类型丰富，互动性强，方便且快捷，手机设备通过移动应用的设计与开发正逐渐成为高校体育信息化服务的重要途径。在高校体育领域，利用移动应用为教师和学生提供高效的体育信息化服务具有重要的现实意义和广泛的应用价值。

## 四、高校体育信息化服务的特征

### （一）融合硬件设备与软件技术

高校体育部门通过手机 APP，能够为有需求的学生提供更加准确、实时的信息化服务。学生可以通过 APP 查询体育课程的时间表和场地安排，从而更好地安排自己的时间。APP 也能用于考核学生的课外锻炼情况，记录他们从大学开始参与的各类体育相关活动。这种信息化的记录方式不仅方便了学生，也为体育部门提供了更加精确的数据支持，从而可以使体育部门更好地进行工作和决策。[①]随着智能手机技术的不断进步，高校体育手机 APP 的发展前景愈加广阔。手机 APP 不仅在功能上有所拓展，还在用户体验方面不断优化。通过手机 APP，学生和教师可以更加方便地互动和交流，从而促进体育信息共享和合作。而且，随着硬件

---

① 江玲玲，柯晓波. 高校体育信息化改革研究 [M]. 北京：中国原子能出版社，2017：82.

和技术条件的不断进步，APP的功能将继续扩展，为高校体育工作提供更多可能性。

### （二）高校体育与信息化服务涉及广泛

高校体育事务需要覆盖数以万计的学生，因此面临着大规模的管理挑战。高校体育的范围涵盖广泛，包括体育教学、体质测试、群体活动、课外运动考核、体育场馆管理等多个方面。然而，在当前的情况下，现有的信息发布方式和途径并不能有效地满足这一庞大任务的需求，因此，需要进行流程和方式的优化与调整。

### （三）高校体育信息化服务时效性要求较高

时效性在高校体育信息化服务中指的是事件发生与信息传递之间的时间差，时效性直接影响着高校体育管理部门所提供的信息化服务水平。高校体育管理涉及诸如课程调整、考试时间安排、运动计时点调整等重要信息，如果通知不够及时，就会给相关人员带来不必要的麻烦，长期下来也可能导致外界对学校体育部门产生不良印象。课程调整、考试时间安排等事项，都需要在最短时间内通知到相关人员，以便他们能够及时做好相应的准备。如果通知存在延迟，可能会导致学生错过重要的课程或考试，影响他们的学习和评价。时效性对于体育比赛和活动的计时点调整也同样重要，如果通知不及时，可能会影响运动员的备战和参与。时效性不仅关系到个人的方便，也关系到整个体育管理部门的形象。如果高校体育管理部门的信息传递存在延迟，学生和教职员工可能会认为该部门不作为或效率低下，从而影响他们对部门的信任和评价。更进一步地说，信息化服务的核心在于信息的实时传递和及时反馈。如果在事件发生之后才将相关信息通知到当事人，那么信息化服务的作用就会大打折扣。需要注意的是，信息化的目标是通过技术手段缩短信息传递的时间差，使信息能够在最短时间内被接收和处理。

# 第四节　信息化发展时代体育教学变革的传播学理论

## 一、不同信息技术阶段的体育教学特征

### （一）肢体及口语媒介下的体育教学特征

在人类历史的早期阶段，身体活动和劳动技能的传授是最基本的生产力培养手段，也是最早的教育内容。在原始社会，人类与其他动物相比，交流手段相对有限，因此身体技能的传授主要依赖于最古老的媒介，即人体本身。通过语音的提示和肢体的模仿，人类进行最原始的教育教学。在初民时期，体育教学主要以面对面的方式进行，双方直接互动。肢体与口语成为信息传递的媒介，这种方式在当时是最有效的教授方法。体育教学活动的场景主要出现在人与人之间的自然接触、交往以及相互的信息交流中，在这个阶段，身体技能和技巧的传授与人们的日常生活密切融合，与人类的生产活动紧密共存，与人类的发展过程密切相连。

1. 体育教学内容——生存所需技能

在原始社会，部落生活和生产的需要推动了人类早期体育教育的发展。在澳大利亚的土著部落，儿童在达到一定年龄后就开始学习劳动技能，练习棍术、拳击、掷标枪等，以应对生产和生活中的挑战。这体现了人类早期社会对男子体能和战斗技能的强调，为的是确保部落的生存和资源获取。男性在成为成年人之前，需要通过考核来证明自己已经具备必要的生存本领。在南太平洋的瓦努阿图岛，成年礼中的考验包括从高台上跳下等，通过极具挑战性的行为来测试勇气和胆识。类似地，在印加部落，男子在年满 16 岁时需要接受考试，内容涵盖了越野赛跑、跳高、跳远、投掷等多个项目，以及射箭、摔跤等技能的考核。诸多考核

项目直接与生存、战斗和竞争有关，意味着通过这些考验的人具备了成为合格成年人的条件。这种考核方式是应对自然环境和生存挑战的延伸，要求年轻男性在面对风险和困难时保持冷静，展现出自己的体能、技能和勇气。通过这种方式，男孩能够逐步适应部落社会的要求，成为能够为部落做出贡献的一员。而这些考核不仅仅是技能的展示，更是对个体性格、毅力和意志的检验。因此，早期社会的体育教育并非仅仅是为了锻炼身体，更是为了培养勇气、毅力和适应力，使个体能够应对生产、战斗和竞争的各种挑战。基于考核方式的体育教育构建了一个实用性强、紧密联系于生存和发展的教育体系，为原始社会的人们提供了适应环境和应对挑战的能力。

2. 体育教学方式——基于生产与生活场景中的体验

在太平洋米拉内西亚岛，儿童通过长者的指导学习使用石斧、树皮制的盾、棍棒等技能，同时掌握爬树、掘土、捕捉动物等生存技巧，他们强调实践和经验的传承，通过实际操作和观察来获取生存所需的技能。原始社会的教育方式没有复杂的认知媒介，因此人们必须在日常生活中积累经验和技艺。学习的方法是基于实际操作、观察和游戏，这使得学习成为一种与生活紧密融合的过程。在部落中，年长者成为教师，他们将自己的经验和技能传授给年轻一代，实现了知识的代际传递。他们的媒介肢体和口语，体育教学在这一阶段呈现出简单便捷、通俗易懂以及及时反馈的特点。然而，这种传播方式也有其局限性，即受到时空限制，只能在有限范围内进行传授。传统的面对面交流模式使得信息传递的效率较低，同时肢体动作和语音符号易逝，无法长久保存，这会导致信息的损耗和流失。随着时代的发展，人们逐渐探索更加高效的教育方式。尽管早期的肢体与口语为媒介的体育教育方式具有其优势，但也受到时空限制和信息流失问题的制约，这促使人们不断寻求创新，创造出更加稳定和高效的教育媒介，为知识和技能的传承提供更广阔的平台。

**（二）文字媒介下的体育教学特征**

1. 体育教学内容——标准化身体技能

随着人类文明的演进，体育教育的内容也得到了不断丰富和规范。相较于早期以肢体和口语为媒介的传播方式，文字媒介的引入弥补了语言在时空传播上的限制。将传播从"同时性"拓展至"异时性"，使得体育文化得以被更广泛地积累和传承。传统的体育教学强调实践和经验的积累，通过肢体动作和口语传递技能和知识。然而，这种方式受到时空的限制，难以实现长距离和长期的传播。而引入文字媒介后，信息可以得到更稳定的保存和传播，不再受到地域和时间的限制。随着体育文化的不断积累，体育教学内容也逐渐规范化。标准化的身体技能成为教学的核心内容，这有助于保持技能的一致性和稳定性。体育教育不再局限于局部范围的个人传授，而是通过文字记录和传播，使标准化的技能得以在更广泛的范围内传承。

2. 体育教学方式——基于专门场所进行规范教学

随着文字的出现，人类的学习方式发生了深刻的变革，这影响了体育教育的发展。体育教学逐渐向标准化和规范化的方向发展，从直接的生存经验转向了间接的标准化身体技能，教学场所也从真实场景转向了模拟环境。这一系列从教学方式到考核方式的转变，都在不同程度上影响了体育文化的传承。在早期，体育教学主要依靠人与人之间的亲密接触和传授。然而，随着文字的引入，标准规范的教学方式逐渐成为主流。专门的场所被用来进行规范的体育教学，专业的教师开始承担起传授身体技能和知识的角色，使得体育教育更加系统和有序，这有利于保持技能的一致性和稳定性。然而，这种标准规范的体育教学方式也带来了一些问题。如学生的体验逐渐远离了真实的生产和生活，他们在专门的场所接受教育，与实际的应用场景产生了一定的脱节。同时，过度的标准化可能会限制个体的创造力和灵活性，使得体育教育变得过于刻板和机械。

### （三）印刷媒体下的体育教学特征

文字的传播方式在印刷媒介的引入下发生了根本性的变革，手抄的方式费时费力，不仅成本昂贵还容易出错，因此更加高效的复制文字的方法成为迫切需求。在这一阶段，毕昇于北宋庆历年间（1041—1048）发明了活字印刷术，随后古登堡于15世纪40年代在德国创造了金属活字排版印刷，使得文字信息得以机械化生产和大规模复制，实现了信息传播的革命性突破。印刷术的出现也为体育教育带来了新的特征和变革。相对于其他的文字传播方式，印刷术具有明显的优势。其中一个显著的优点是空间偏向性，即人们能够更轻便地传播文字。纸张成本的降低和印刷技术的机械化使得文字大规模传播变得更加便捷，让信息能够跨越时空迅速传达。该技术突破不仅为教育领域的发展带来了新的机遇，而且推动了体育教学的变革。在印刷媒介阶段，教育体系逐渐制度化和标准化。廉价纸张和机械印刷术的普及推动了教育的扩展，使更多的人能够接触到教育资源。值得一提的是，教材的标准化有利于确保信息的准确传达，这有利于实现知识的齐一性。体育教学同样受益于这一制度化和标准化的趋势，课程内容和规范逐渐得到统一，体育教育进一步系统化。

### （四）电视媒介下的体育教学特征

在文字和印刷媒介的基础上，电视作为一种全新的媒介形式，为体育教学带来了前所未有的变革。文字和印刷媒体的限制在一定程度上促使人们寻求更快、更广、更生动的信息传播方式。电视以其多样化和形象化的符号系统，以及瞬息万里的传播速度，实现了信息传播的质的飞跃，使人类文化知识的传播变得更加丰富和广泛。体育教学的核心是运动技能的传授，然而，静态的文字和图示难以准确地传达动作的精髓和细节。电视作为一种新的媒介，具备文字、声音和动态图像三种符号表达系统，可以模拟人类最基本的感知方式，能够更准确、清晰、形象和生动地展示运动的特征。相较于文字和印刷媒体，电视的优势在于其能够以动态图像的方式呈现运动的过程和细节，让学生更容易理解和模仿。电视的出现使得体育教学不再局限于文字和静态图像，而是能够以更贴近实际的方式呈现，真正建立了运动技能的"体外化的信息系统"。

电视的引入也为体育教学的目标和方法带来了重大变化，使体育教学更加关注学生的需求和兴趣，为体育教学提供了更多的信息展现手段。在体育教学过程中，教师可以通过电视更生动地展示各种运动技能和动作要领，增强学生的理解和体验。电视媒介的互动性也使得学生能够更主动地参与、提问和探索，从而加深对体育知识的理解。在体育教学中引入电视媒介具有很大的好处，让体育教学更加有趣，也为学生提供了更丰富的学习资源。学生可以通过电视观看各种运动赛事、技能演示和专业讲解，从而拓宽视野，深入了解体育文化。电视媒介使得体育教学不再局限于课堂，而是能够通过丰富多样的节目和内容在更广泛的范围内传播，从而促进学生的全面发展。

### （五）多媒体网络媒介下的体育教学特征

随着信息技术的不断发展，多媒体网络媒介逐渐崭露头角，为体育教学带来了新的特征和可能性。相对于传统的单向线性传播模式，多媒体网络媒介具有更强的交互性和更自由的反馈机制，使信息传递更加高效、精确，同时突破了时间和空间的限制，引发了信息、教育、社会和文化领域的深刻变革。多媒体网络媒介的优势在于其高效的信息传递速度和强大的存储功能，可以将多种媒介符号系统融合在一起，以多样化的方式表达信息，使信息传递更加生动和丰富。在体育教学中引入多媒体网络，可以借助文字、图像、音频、视频等多种形式，更全面地展示运动技能和体育知识，满足学生多样化的学习需求。多媒体网络媒介的另一个突出特征是交互性，传统电视等单向媒介存在传播者和接收者之间的"隔阂"，而多媒体网络媒介通过互联网的互动性，可以让师生之间的交流更加紧密。学生可以通过网络参与课程讨论、观看实时比赛直播、与教师和同学进行即时互动，使体育教学变得更具活力，使学生更有参与感。多媒体网络媒介的出现为体育教学个性化、多样化和终身化提供了技术支持，学生可以根据自身兴趣和需求，选择适合自己的学习内容和方式，采取个性化的学习路径。多媒体网络媒介的持续更新和丰富的资源库，为学生提供了不断深入学习的机会，促使体育学习实现终身化。

## 二、媒介技术的进步及体育教学的发展

### （一）媒介技术的进步助推体育教学信息传播能力提高

#### 1. 时空偏向性角度

随着媒介技术的不断进步，体育教学的信息传播能力得到了显著提升。这一进步从时空偏向性的角度来看，突破了体育教学信息的时空限制，实现了跨地域、跨时空的广泛传播，让更多人享受到丰富多彩的体育文化。媒介技术的演进反映了人类突破时间和空间束缚的创造性思维过程，这也与体育教学的本质相契合。在共时传播方面，文字的出现标志着知识传播模式的转变，使知识传播不再局限于口耳相传，文字媒介弥补了人们仅凭身体作为媒介进行体育教学传播时的时间和距离限制。随后，印刷技术的发展使体育教学得以实现统一化和规模化，进一步拓展了体育教学信息的传播范围。电视作为一种无线电波传播的媒介，不

依赖实物载体，让体育教学信息具备了更全面的传播特征。多媒体网络媒介更进一步为体育教学提供了交互式的技术手段，使体育教学传播的影响力延伸到全新的层面，突破了传统学校围墙的限制，使学生能够随时随地进行体育学习。媒介技术的不断演进也对体育教学的内容和形式产生了深远的影响，文字、图像、声音、视频等多媒体元素的融合使体育教学内容更加多样和丰富，有助于激发学生的兴趣，提高学生的参与度。同时，媒介技术的进步还为个性化学习提供了条件，学生可以根据自己的需求选择适合的学习路径和内容，实现更加定制化的体育学习体验。

在历史传承上，媒介技术的演进赋予了体育教学信息更长久的存在方式。文字和印刷媒介将符号固定在物质材料上，消除了体育教学信息因个人记忆而可能产生的扭曲、变形和重组。此种媒介方式让体育教学信息不再随着个体生命的终结而消逝，而是被永久地保存下来。电视媒介则以录像的方式承载信息，能够真实地还原历年的体育教学场景。借助录像技术，多年的体育教学信息能够被还原和观赏，不受时间流逝的影响，从而为后人提供深入了解和学习的机会。随着数字技术的不断进步，多媒体网络媒介具备强大的存储能力和生动的信息表达方式，能够保证体育教学信息在岁月的流逝中依然能够保持完整、清晰，随时传达给每一个需要者。诸多媒介技术的进步极大地提升了体育教学信息的传播和保存能力，过去，信息可能因为记忆的模糊和时间的推移而逐渐消失，但现在，通过文字、印刷品、电视和多媒体网络等媒介，体育教学的精华得以被记录下来，不受时间和空间的限制。媒介技术的进步让体育教学的意义更加持久，让知识的积累不再局限于个体，而能够跨越世代传承。

2. 表达符号角度

在表达符号上，媒介技术的进步满足了体育教学信息传递的不同需求和特点。"在生理—感知层面，我们可以把每一种传播媒介都设想为一种感知环境，我们使用媒介的行为必然要调整我们感官的轮廓。"这一观点指出，媒介技术的应用在很大程度上塑造了信息传递的感知方式。在肢体与口语媒介阶段，面对面的教习是符合该体育教学特点的重要方式。传统的体育教学强调运动技能的传授，而面对面的教习正是最能满足这一需求的方式。即使在今天媒介发达的环境下，面对面的教习依然是体育教学的主要形式，尽管其传播效率可能较低。文字和印刷媒体的出现提高了体育教学的传播效率，但无法完全展现体育文化的丰富和精彩。这是因为体育教学强调实际动作和技能，而文字和印刷媒体难以"形象生动、绘声绘色"地呈现这些动态内容，因此在体育教学领域并没有受到广泛重视。电视媒体的问世彻底改变了人们理解知识的方式，它以丰富的图像和声音呈现信息，提供了更为生动和直观的方式，从而增强了体育教学的有效性。然而，由于电视技术的一些限制其并未在体育教学中得到充分的应用，仅在某些方面充当了有效的辅助工具。

多媒体的核心宗旨在于将复杂的信息变得更加简单易懂，多媒体网络媒介的出现对传统媒介的符号系统继承和融合，并通过多媒体课件的文字、图片、音效、视频和动画效果等多种元素的交叉运用，向学生呈现体育教学信息。推理性符号和表征性符号的综合应用，能够更好地向学生解释复杂的体育教学信息，其可以通过多感官的融合，使学习者能够更全面地接受和理解信息，从而达到更好的体育教学传播效果。媒介的演进不断丰富着体育教学信息的呈现方式，使其变得更加生动和清晰，多媒体网络媒介的综合运用使体育教学信息能够以更丰富、多样的形式展现在学生面前。文字可以传递理论知识，图片和图表能够直观地展示技能动作，音效和视频能够呈现真实的情境和运动过程，动画效果则可以将复杂的概念变得易于理解。通过多种元素的交叉组合，体育教学信息得以更加立体化地展示，学生能够更深入地理解体育教学的要点和技巧。随着媒介的不断发展，体育教学的信息传递方式也在不断升级。多媒体网络媒介的运用使得学生能够在更加动态和更多互动的学习环境中进行体育学习，可有效地激发学生的学习兴趣和积极性。结合与教材互动、观看演示视频、参与虚拟实验等方式，学生不仅更容易理解和掌握体育知识，还能够更好地将理论运用到实际操作中。

### （二）基于媒介技术支持的体育教学发展

从宏观角度上来看，媒介的发展历程体现着体育教学的演变，媒介技术的演进为体育教学的内容与方式带来了一定的变化。回顾媒体的演变，明显可以看出所有的媒介终将越来越人性化，其对信息的处理方式会越发如同人一样自然。因此，体育教学应因媒介的进步，而逐渐朝着"以学生为中心"的方向发展。

1. 结合学生需求选择教学内容

教学内容的选择在不同媒介技术阶段展现出不同的特点，更加尊重学生的需求成为现代体育教育的一个显著特点。在早期没有媒介技术介入的时代，体育动作技术的学习主要是为了获取生存所需的实用技能。在肢体与口语媒介阶段，人们通过面对面的传承，将动作技术逐代传递，强调的是基本的生存技能。随着媒介技术的进步，体育教学内容也在不断丰富和演变。进入文字和印刷媒介阶段，传统的媒介开始承载更多的信息。文字的出现使得体育知识可以被记录、传承和系统化，体育教学内容趋向于规范化和统一化。然而，由于媒介技术的限制，文字和图表等静态符号难以充分展示动作技术的精髓，导致体育教学内容相对偏重于理论知识。而随着电视媒介的兴起，动作技术得以呈现在屏幕上，学习者可以通过观看体育比赛和示范来更好地理解动作技能。这一阶段，体育教学内容逐渐注重让学生感受运动的魅力，激发他们的兴趣。多媒体网络媒介的交互性特点使学生可以根据自己的兴趣和需求选择学习内容，实现个性化学习。媒介技术的不断演进使体育教学内容更加贴近学生，更具针对性和灵活性。

2. 结合学生需求选择教学方式

教学方式的选择在不同媒介技术阶段逐渐地朝着符合学生需求的方向发展，体育教育的进步与媒介技术的革新相互交织，共同推动着体育教学方式的演进。从肢体与口语媒介时期，到文字、印刷品、电视等媒介时代，再到多媒体网络媒介阶段，体育教学方式愈发注重满足学生的需求，提升教学效果。在早期的肢体与口语媒介时期，体育知识和技能传授是通过面对面的交流和互动进行的，直接的身体示范和口头传承构成了基本的教学方式。然而由于局限于空间和时间，教学范围有限，传播效率不高。随着文字和印刷媒介的兴起，体育教学方式逐渐从直接经验转向规范化和统一化，教学内容通过文字载体传播，教学形式更趋向于集中的课堂教学，但这种方式仍然难以完整地传达动作技能的细节和精髓。电视媒介的出现为体育教学带来了突破，学生可以通过观看体育比赛和专门设计的教学节目，更直观地理解运动技能的执行和细节。将动作展示在屏幕上，让学生能够反复观看，深入理解体育技能的要领。然而，电视媒介的单向性限制了学生的互动和反馈，无法实现个性化教学。数字技术和互联网技术的应用使教学过程更加灵活便捷，学习者可以随时随地获取信息和学习资源，不再受时空限制。同时，多媒体网络媒介还提供了社交互动的平台，学生可以与教师和同伴进行实时互动、讨论和分享，并获得及时的反馈和指导。

# 第三章　信息技术与高校体育教育课程的整合

## 第一节　信息技术与高校体育教育专业课程整合

### 一、我国体育教育专业课程的基本特点

#### （一）体育教育专业课程的性质

专业是现代教育体系中的重要组成部分，旨在培养学生具备特定领域的知识、技能和素养，以适应社会分工的需求。专业涵盖了广义、狭义和特指等多种层面，其构成要素和培养目标也在不断演变，以适应不断变化的社会需求和知识体系。广义的专业指的是一种职业所具有的独特的劳动特点和职能，特定的劳动特点使得某些职业与其他职业有所不同。狭义的专业更偏向于特定的高级、复杂、专门化的脑力劳动职业，要求从业者具备较高水平的专业知识和技能。人们常常将专业理解为这类特定职业，因为这些职业需要高水平的专业人才来支撑和推动。特指的专业则是指高等学校中的专业设置，高校的专业是整合社会分工、学科知识和教育结构的组织形式。社会分工为专业的存在提供了背景和需求，学科知识则是专业的内核，教育结构则为专业的培养和传承提供了具体形式。三者之间相互关联，形成了高校人才培养的基本单位，为社

会输送各领域的专业人才。专业的构成要素主要包括培养目标、课程体系和专业人员。其中培养目标是明确的，表达了专业活动的意义和目标。课程体系是将社会职业需要和学科知识相结合的产物，是培养目标的具体实现途径。课程体系设计的合理性直接影响到培养目标的达成程度。专业人员则包括教师和学生，他们是专业活动的主体，没有他们的积极参与，专业活动无法顺利进行。在体育教育领域，专业的重要性不言而喻。2003 年教育部印发的《全国普通高等学校体育教育本科专业课程方案》规定了体育教育专业的培养目标和课程体系。该方案明确指出，体育教育专业要培养复合型的体育教育人才，他们能够胜任学校体育教育、教学、训练、竞赛以及学校体育科学研究、管理和社会体育指导等多方面的工作。这体现了专业的多样性和复合性，旨在满足体育领域不同岗位的需求。（表 3-1）

表 3-1　我国体育教育专业课程分类

| 我国体育教育专业课程 | 必修课 | 主干课程 |
| --- | --- | --- |
| | | 一般必修课程 |
| | 选修课 | 分方向选修课程 |
| | | 任意选修课程 |
| | 实践性环节 | 社会实践 |
| | | 教育实践 |
| | | 科研实践 |

　　一般学校体育课程包括中小学的"体育与健康"课程以及高校的"大学体育"课程，前者致力于促进学生的身心健康发展，后者则在更高层次上提供体育知识和技能。"体育与健康"课程是我国的必修课，其主要目标是通过身体练习来促进学生的身体健康和心理健康，增强他们的社

会适应能力。这门课程强调的是学生全面的健康，强调通过运动和锻炼来培养他们良好的生活习惯，提高他们的身体素质。其课程内容包括体育活动、健康知识和技能等，旨在让学生在学习中获得与体育和健康相关的实用信息。

全国普通高等院校的"大学体育"课程的目标根据大多数学生的基本要求确定，涵盖五个主要领域目标，为学生的全面发展提供指引，促使他们在体育领域中培养出良好的素养和意识。这些领域目标是运动参与目标、运动技能目标、身体健康目标、心理健康目标以及社会适应目标。运动参与目标旨在鼓励学生积极参与各类体育活动，从而养成自觉锻炼的习惯，并形成终身体育的意识，不仅着眼于身体锻炼，还要求学生编制可行的个人锻炼计划，培养对体育文化的欣赏能力。运动技能目标要求学生熟练掌握两项以上健身运动的基本技能和方法，学生需要能够科学地进行体育锻炼，提升自己的运动能力，并掌握应对常见运动伤害的方法。身体健康目标强调学生能够评价自身的体质健康状况，掌握有效提升身体素质和全面发展体能的方法。学生需要了解如何选择适合自己的健康营养食品，养成良好的生活习惯，塑造健康的生活方式。心理健康目标则着重于学生根据自身能力设定体育学习目标，通过体育活动改善心理状态，培养积极乐观的生活态度。学生需要学会运用适当的方法来调节情绪，在体育运动中体验乐趣和成就感。社会适应目标要求学生展现出良好的体育道德和合作精神，正确处理竞争与合作的关系，这反映了体育教育不仅关注个人发展，也强调个人在集体和社会中的角色和责任。

### （二）体育教育专业课程学习内容的知识体系

知识作为人类认识的成果，体现为认知性知识和操作性知识两种形式。一方面，认知性知识包括概念、判断、推理等思维活动，是心理活动的一种表现形式。另一方面，操作性知识不仅涉及认知，还更直接地体现为身体运动系统的操作程序，如运动技术、手工技术等。在体育教育专业的课程方案中，主干课程被分为六个学科领域，划分依据主要是按学术特征。然而，如果从课程内容的表现形式来看，体育教育专业的课程可以分为认知性知识（理论知识）和操作性知识（实践知识）两个部分。认知性知识主要涵盖人文社会学类和运动人体科学类课程。操作性知识则包括田径、球类、体操和武术等课程。然而，后四类课程并非纯粹的操作性知识，其中也包含了部分认知性知识，比如各项技术的一般理论。因此，体育教育专业的课程内容实际上是认知性知识和操作性知识的综合体。

鉴于体育教育专业课程是认知性知识和操作性知识的综合体，故而支撑各个子课程（如果将体育教育专业课程看作一个课程系统的话）的理论基础也必然是多样化的。对于认知性知识而言，主要的学习理论是心理学中的各种认知理论，该理论能够帮助人们理解学习、记忆、思维等心理过程，这能为专业学科的认知性内容提供支持。对于操作性知识而言，除了心理学中的认知理论之外，还需要人体生理学、人体解剖学、运动生物力学、运动生物化学等相关理论的支持，帮助解释人体在运动过程中的生理反应、肌肉活动、力学原理等，为专业中的实践性内容提供理论依据。

## （三）体育教育专业课程教学过程的特点

体育教育专业的主干课程涵盖了认知类和操作类两种类型，其教学特点在很大程度上与其他以理论知识为主要学习内容的学科专业相似。其中的操作类课程在体育教育专业中具有独特的认知规律，与一般学校体育课存在显著区别，这些区别体现在课程目标、内容以及教学过程中。在一般学校体育课的运动技能教学中，学生通过积极的思维活动结合身体练习进行学习。动作方法和要领通过视觉和听觉感官传递到学生的大脑中，在练习中，积极的思维过程伴随始终，主要以第二信号系统为主。对于非体育教育专业的学生而言，他们掌握动作技能时不一定要求非常"标准"，只需基本正确即可。而且，他们不必过分牢记"动作方法和要领"。然而，对体育教育专业的学生则有着不同的要求，他们不仅需要掌握运动技能，更需要尽量接近"标准"的动作，还要牢记正确的动作方法和要领，这种要求是出于他们未来从事专业的需要。换言之，体育教育专业术科的教学目标包括让学生掌握运动技能以及培养他们传授运动技能的能力。在体育教育专业的术科课程中，学生需要掌握技能本身，还需要学习如何准确传达这些技能给他人。而要做到这一点，体育教育专业的学生就应更深入地理解和分析技能的要点，体育教育专业的教师就需要针对不同学生的个体特点进行调整和指导。

术科课程在体育教育专业中扮演着重要角色，其要求学生具备一定的先天素质，这是基于体育运动的独特特性所决定的。不同体育项目的术科课程对学生的个体差异影响较大，因为不同项目对学生的基本要求存在差异。例如，排球与体操相比，对弹跳力的要求更高；而体操相对排球而言，更强调柔韧性和力量素质。学生的个体差异对教学效果产生重要影响，这使得术科教学的组织和教学方法的选择变得更加复杂。术科教学中的学生活动常常是在动态中进行的，这要求教师根据教学内容和学生情况，采用多种练习形式，如实践练习、实战模拟等，以促进学生技能的提升。教师需要根据学生的学习状态、现有技能水平、场地设施、天气等因素进行合理的教学安排。因此，在术科教学中，教学过程的组织和设计显得尤为重要，其质量的高低，直接影响到学生学习效果的好坏。与学科教学不同，术科教学主要是通过身体练习来实现的，这意味着学生在学习过程中会承受一定的生理负荷。生理负荷不仅是学科学习所不具备的特征，而且在一定程度上锻炼了学生的身体素质。学生在术科学习过程中承受的生理负荷也会影响其心理状态，因此，术科教学在培养学生的心理素质方面也具有积极作用。术科教学强调学生之间的协作学习，因为许多身体练习需要在与同学协作的情况下才能完成。协作性质培养了学生的团队合作能力和社交技能，有助于形成积极的学习氛围。术科教学也在一定程度上锻炼了学生的领导才能和沟通技巧，因为他们需要在团队中分工合作，达成共同目标。

## 二、信息技术与体育教育专业课程整合的可行性

### （一）符合当今时代教育发展理念

将信息技术与体育教育专业课程相互整合，是紧密贴合教育信息化理念的重要举措。随着 21 世纪信息化浪潮的涌现，世界各国纷纷加强教育信息化，将其视为引领整个教育改革的切入点。在这个背景下，如何积极应对全球信息化带来的机遇和挑战，已经成为教育领域的重要研究议题，加速教育信息化已成为共识。我国的《国家教育事业发展"十一五"规划纲要》也明确提出了"以教育信息化带动教育现代化"的目标，强调了信息技术在教育领域的关键作用。此背景下，将信息技术融入体育教育专业课程中，具有显著的优势。信息技术为体育教育专业课程的教学提供了丰富的资源和工具，互联网能帮助学生轻松获取各种运动技能的教学视频、实例演示等，拓展了他们的学习渠道。信息技术为学生提供了更加灵活的学习方式，如在线教学平台、虚拟实验室等，使学生能够随时随地进行学习，这有利于培养学生的个性化学习的培养和自主学习能力。

信息技术的广泛应用在教育领域中呈现出巨大的潜力和优势。信息技术所具备的信息容量大、传递速度快、自主性和选择性强等特点，成为人们热切关注的教育应用功能。将知识与获取信息的技术有机结合，

实现教育内容与教育手段在教学过程中的融合，是信息技术应用于教育的最佳方式，信息技术与课程整合正是符合这一理念的先进教学形式。整合信息技术与课程，为学生培养重要的信息素养奠定了基础，学生可以通过信息技术轻松获取海量的信息资源，这有利于提升他们的信息搜索、评估和利用能力。信息技术与课程的整合也有助于激发学生的创新能力，学生可以通过在线平台进行创意性思考，开展合作性项目，借助多媒体和互动性工具，创造性地呈现他们的想法和作品。创新性的学习环境将培养出更具有创造力和前瞻性的人才。

### （二）信息技术环境的支持

#### 1. 有形的信息技术环境

近年来，随着专业人员搭建的网络教学平台的涌现，网络课程制作变得更加便捷和高效。该平台是一套提供校园网络教学服务的系统软件，以网络课程为核心，在教学管理系统的支持下，巧妙地整合学科教学资源，为数字化教学的全面实施提供了有力的支持。网络教学平台的出现不仅是先进计算机科学和技术水平的体现，更是顺应教育发展规律的产物，为教育领域提供了现代化高效的教学手段。该平台具备丰富的功能，为教师和学生带来了诸多便利。教师无需精通复杂的网络技术，就能够创建符合标准的网络课程。该平台内部设置了课程目录、专题学习网站、数字资源、精品课程和网络平台使用指南等多个子系统，每个子系统都拥有特定的功能板块。教师只需根据课程的教学目标和内容，准备相关材料，然后将它们导入相应的板块，便可轻松地构建起丰富多样的网络课程。网络教学平台的亮点在于其与现代教育理念的契合，其注重教育的实际需求和教学特点，合理地整合课程资源和技术工具，为教育提供了更为高效和灵活的教学方式。同时为学生提供了便捷的学习途径，帮助他们在数字化的环境下获得更多的知识和技能。网络教学平台的出现对教育还具有积极的推动作用，促进了教学的创新和改革，为教师提供了更多的教学资源和工具，引发了他们对于教学设计和实施的新思考，也为学校的数字化教育建设提供了坚实基础，推动了教育信息化的深入发展。

2. 无形的信息技术环境

无形的信息技术环境在教育领域中主要关注教师和学生的信息素质，信息素质，又称为信息素养，是指人们具备的信息意识、信息伦理道德和主动高效获取信息与处理信息的能力。在信息社会中，良好的信息素质已成为公民必不可少的基本素质。信息素质的培养是实施信息技术与课程整合的关键保证，信息技术在教学中扮演着"媒体"和"联系"的角色。在教学系统中，教师作为关键要素，应以信息技术为工具，将知识传递给学生，与学生互动交流，并获取关于教学过程的反馈信息。因此，教师的信息素质对于信息技术与课程的整合至关重要。教师需要理解如何充分利用信息技术，让教学更加生动有趣，提高学生的学习积极性，获得更好的效果。

信息技术的不断发展与渗透对社会的各个领域产生了深远影响，特别是在教育领域，信息技术的融入已成为大势所趋。在参加现代教育技术的培训成为教师上岗的基本要求的大环境下，与信息技术相关的概念逐渐渗透到体育教育专业教师的思想中，尤其是年轻一代教师。现代教育技术在体育教育中的应用逐渐成为常态，年轻一代教师在日常的教学实践中，不可避免地需要运用各种现代教育技术。他们逐渐认识到信息技术的价值，愿意将其应用于体育教育领域，以提升教学的质量。信息技术为教师提供了创新的教学手段，也为学生带来了更丰富多样的学习体验。教师能够借助多媒体课件、网络资源等现代工具，将抽象的体育概念以生动的图像和声音的形式呈现出来，激发学生的学习兴趣。信息技术还能够促进教师和学生之间的互动与合作，创造更具参与感的学习氛围。年轻教师的积极态度和乐于尝试的精神，有助于推动体育教育与信息技术的深度融合。他们在教育实践中将信息技术运用得更加灵活，创造性地设计教学内容，以满足学生不同的学习需求。在信息技术的支持下，年轻教师能够更好地个性化地指导学生，引导他们在体育领域展现潜力。

学生的信息素质在其自身发展有着举足轻重的作用，直接影响着他们利用信息技术获取知识的效果和效率。信息技术的教育普及和整个社会信息化进程的推动使得当代大学生的信息素质明显提高，与20世纪末相比，如今的大学生在基础教育阶段就已经培养了许多基本的信息素质。随着数字化和智能化潮流的涌现，特别是互联网的迅速发展，大学生的信息素质得到了潜移默化的提升。例如，大学生如何上网已经不需要专门的课程教授，这显示出学生已经具备了一定的信息素质，这为信息技术与体育教育专业的整合创造了环境基础。信息技术与课程整合的教学形式本身也具备培养信息素质的功能，在这种教学形式下，教师和学生通过网络平台获取各种信息资源，从而培养了信息检索、分析和创新的能力。教师不再是传统的信息提供者，而是引导学生增强主动获取信息、加工信息和应用信息能力的引路人。此种教学环境中，学生逐渐提高了信息素质，更好地适应了信息化时代的学习和生活。信息化教育倡导以资源为中心的学习方式，随着社会和通信jiuu的发展，尤其是互联网的迅猛发展，各类与课程相关的信息资源大大丰富，信息量不断增加。这对于学生和教师的信息素质提出了更高的要求，整合信息技术与体育教育专业课程正是应对这一机遇和挑战的良策。

**（三）师生主观态度的支持**

近年来，信息技术与课程整合的研究已经引起广泛关注，一些调查研究探讨了学生对这种教学形式的态度。尽管对于具体方法的看法不一，但大多数学生都表现出对信息化学习形式的浓厚兴趣。笔者在与部分学生的交流中获知，他们喜欢这种学习方式的原因主要在于其"自主性强""能够充分利用时间"等优势。在现今体育教育专业的教学中，信息技术已经成为主要的教学辅助手段。无论是体育人文社会学类还是术科的理论课程，教师常常运用多媒体课件作为教学辅助工具，甚至在运动技能的教学中也广泛应用多媒体技术进行示范演示。这反映出多媒体技术在教学中的应用已经受到了教师们的认可和广泛应用。多媒体和网络教学在高校体育教育中得到了认可，并且已经在部分学校得到了实际应用。这预示着体育课程中多媒体和网络辅助教学的普及趋势。在关于信息技术与体育教育专业课程整合的意义方面，专家们一致认同多媒体和网络教学的重要性。随着体育教育专业教师信息素质的不断提高，信息技术与课程的融合将逐渐融入日常教学中。

**（四）职业素质要求的需要**

体育教育专业的培养目标明确地要求培养出能够胜任学校体育教育各项工作的复合型人才，这些人才不仅需要具备教学、训练、竞赛等方面的能力，还需要具备学校体育科学研究、管理以及社会体育指导等多重能力。绝大多数体育教育专业的学生将来会成为各类学校的体育教师，而教师的信息素质对于他们的教学效果和专业发展至关重要。基于此，信息素质的培养成为体育教育专业课程的潜在目标。随着信息技术的飞速发展和普及，信息素质已经成为衡量一个人在信息时代是否具备基本素养的标志。体育教育专业的学生需要具备较高的信息素质，以便更好地应对信息化教学环境，而且这也是提升他们综合素质的关键。鉴于此，信息技术与体育教育专业课程的整合变得更加必要。教师通过提供信息技术在教学中的应用案例，能够更好地借助信息技术的工具和平台培养学生的信息素质。面对信息技术与课程整合的教学形式，学生只有具备良好的信息素质，才能够更好地适应和掌握。

### 三、信息技术与体育教育专业课程整合的理论基础

体育教育专业的课程内容具有独特的特点，其是涵盖了认知性知识和操作性知识的综合体，同时融入了大量的运动技能学习内容。与其他单一知识体系的专业课程不同，体育教育专业的课程要求学生在学习运动技能时要进行积极的思维活动，并进行大量的身体练习，这可促使学生在学习过程中，视觉、听觉等感觉参与积极，在这一过程中，各种本体感觉也发挥着重要作用。正是因为体育教育专业具有独特的学习特点，所以，信息技术与体育教育专业课程的整合具备了独特的理论基础。信息技术不仅可以为学生呈现理论知识，更能够在学生运动技能学习过程中发挥重要作用。学生可以通过多媒体、网络等技术手段观看示范视频、运动技能演示，甚至进行虚拟实践，从而更深入地理解和掌握运动技能的要领。在信息技术与体育教育专业课程整合的过程中，学生不再单纯依赖传统的教学方式，而可以借助信息技术的支持，有效实现理论与实践的紧密结合。

#### （一）一般理论基础

1. 建构主义学习理论

在将信息技术与体育教育专业课程整合时，建构主义学习理论发挥着重要的指导作用。同时，技能迁移理论也在运动技能教学中具有显著的应用价值，两个理论的相互融合为教育领域创造了更加丰富和有益的教学方法。在体育教育专业的课程中，建构主义学习理论强调学生在学习过程中是积极的知识建构者，他们通过将新知识与已有知识联系起来，建构出自己的理解体系。根据技能迁移理论的理念，学生可以利用已有的技能和知识，将其迁移到新的学习情境中，从而更快地掌握新技能。在术科课程教学中，教师常常通过对学生熟悉的技能与新技能进行比较，

帮助他们建构新技能的认知框架。[①]举例而言，在教授排球的扣球挥臂动作时，教师可以引用学生已经掌握的"鞭打动作"来进行类比，这即是利用技能迁移的原理来辅助学生构建新技能的过程。技能迁移理论的应用实际上也是一种建构过程，学生通过对已有的技能模式进行调整、组合，可以创造出适应新情境的新技能。这种过程强调学生的主动参与和积极思考，与建构主义学习理论相一致。因此，将技能迁移理论视为建构主义学习理论的具体应用，为信息技术与体育教育专业课程的整合提供了更具体、更有针对性的教学方法。

2. 人本主义学习理论

人本主义学习理论在信息技术与体育教育专业课程整合中具有深刻的启示，强调将学生置于教育的中心地位，注重学习的主动性和个体的自由发展。特别是在体育教育专业术科课程中，学生的个体差异更加显著，与人本主义的教育理念不谋而合。人本主义学习理论倡导以自由为基础的学习原则，鼓励学生在学习过程中保持积极主动的态度。将该原则应用于信息技术与体育教育专业课程整合中，意味着教师应当为学生提供具有意义的学习材料和情境，促使他们自发地参与学习。在设计多媒体课件或网络教学平台时，教师可以选择那些能够引发学生兴趣的案例、视频或实际案例，以促使学生更好地融入学习过程。人本主义学习理论强调学生的自我实现和自由发展，在体育教育专业中，学生的体育运动项目选择和表现受到个体差异的影响。例如，在体操课程中，学生的柔韧性对学习效果有重要影响。学生的先天差异要求教师在进行教学设计时应充分考虑每个学生的实际情况，为他们提供更加个性化的支持和指导。充分了解每个学生的特点之后，教师可以制定不同的教学策略，帮助每个学生实现自己的学习目标，从而实现个体的自我发展。在信息

---

① 王佳茵. 高校体育教学管理信息化建设研究 [M]. 哈尔滨：哈尔滨工业大学出版社，2018：73.

技术与体育教育专业课程整合中，人本主义学习理论还强调学生的自我评价。学生在自主学习过程中，应当有能力评价自己的学习成果，从而更好地调整学习策略，进一步增强学习效果。多媒体课件和网络教学平台可以为学生提供自主学习的机会，及自我评价的渠道，使学生能够更好地反思和调整自己的学习进程。

### （二）学科专业理论基础

#### 1. 行为主义学习理论

行为主义学习理论在信息技术与体育教育专业课程整合中，虽然可能并非首选，但也可以带来一些有益的思考。该理论强调学习是通过刺激与反应之间的联结来实现的，即环境刺激会引发学习者的特定反应，而反应会因为练习强化而得以巩固。尽管行为主义在当今教育领域中逐渐演变，但仍然对于塑造特定学习习惯和行为模式具有一定的指导意义。行为主义学习理论关注学习者的行为和外部刺激之间的联系，在信息技术与体育教育专业课程整合中，该理论可以用于引导学生形成理想的学习习惯。例如，在多媒体课件的设计中，教师可以通过设计清晰的界面、引人入胜的案例，以及奖励机制等来激发学生的学习兴趣和参与积极性。这样有利于建立积极的学习反应，使学生更愿意在学习过程中投入更多的精力。行为主义学习理论强调正向强化的重要性，在信息技术与体育教育专业课程中，教师可以运用正向强化的方法，即对学生正确的学习表现给予奖励和表扬，以加强他们的学习动机。

运动技能的培养是体育教育专业教育至关重要的任务，而行为主义学习理论为运动技能的培养提供了一些重要的指导原则。行为主义强调刺激与反应之间的关系，通过强化来巩固学习者的行为。在信息技术与体育教育专业课程整合中，行为主义的一些原则可以为教学提供有益的参考。学习技能的过程是一个渐进的过程，行为主义理论主张从易到难、循序渐进。在体育教育专业中，运动技能的培养也需要遵循这一原则。教师应从简单的动作开始，逐步引导学生掌握更复杂的技能。循序渐进的教学方法能够让学生逐步建立信心，获得成功体验，从而提高他们的学习兴趣和动力。除了循序渐进，行为主义理论还强调多次训练和练习的重要性。在信息技术与体育教育专业课程整合中，教师可以通过多次的实践和练习，帮助学生巩固所学的知识和技能。例如，在体育技能课程中，通过多次重复练习某个动作，学生可以逐步提高技能的掌握程度，培养出熟练的动作执行能力。行为主义理论还强调及时的反馈机制，在信息技术与体育教育专业课程中，教师可以通过网络平台或者在线测验等方式，及时对学生的学习反应进行评价和反馈，以便学生及时了解自己的学习情况，纠正错误，改进方法，提高学习效果。此外，正向的表扬和鼓励也可以激发学生的积极性，促使他们更加专注和努力地学习。

2. 运动生理学

运动生理学作为研究人体在体育运动中生理变化规律的科学，为体育教育专业的教学提供了重要的理论支持。在信息技术与体育教育专业课程整合中，运动生理学的原理和知识对于合理设计教学和培养学生的健康素养至关重要。在体育教育专业的学习中，学生需要进行大量的身体练习，这可能会给身体带来一定的生理负荷。教师在制订练习计划时，必须考虑到学生的生理状况，了解运动时身体的生理变化，合理安排练习的强度、时间和频率，确保学生在训练中既能够获得锻炼效果，又不会因过度训练而造成损伤。运动技能的形成涉及复杂的高级神经活动，通常经历泛化、分化和自动化三个阶段，在不同阶段，人体各感知器官的生理活动各具特点。运动生理学的知识可以帮助教师更好地理解这些生理变化，从而使教师在教学中更有针对性地引导学生。例如，在教授某项运动技能时，教师可以根据学生在不同阶段的生理特点，采用不同的教学方法和练习方式，以促进学生技能的全面发展并提高教学效率。

运动生理学的知识也有助于教师将信息技术融入体育教育专业课程，使之成为学生认知和情感激励的工具。教师在教学过程中，可选择合适的信息技术手段，如使用心率监测设备、运动追踪器等，帮助学生实时了解自己的生理状态，以调整运动强度和节奏，从而达到更好的训练效果。

3. 体育心理学

体育心理学作为研究体育活动中人的心理现象及其规律的科学，在信息技术与体育教育专业课程整合中具有重要的意义。体育活动涉及多种心理因素，包括注意状态、情绪状态、知觉特点、记忆特点、思维特点、动机强度、意志品质和个性心理特征等，这些因素在运动技能学习中起到关键作用。在运动技能学习过程中，学生往往会面临运动负荷带来的生理变化，这会对他们的心理活动产生显著影响。学生可能会经历焦虑、紧张、兴奋等情绪状态，注意力可能分散，可能集中，而且个体的心理特征也会影响学习效果。体育心理学的研究可以帮助教师更好地了解学生在学习过程中的心理状态，教师可据此从而采取适当的教学策略，提供情感支持和激励，帮助学生克服困难，充分发挥潜力。体育心理学也关注运动者在竞赛中的心理现象，尤其是青少年学生，因为竞赛压力、自信心、自我效能感等因素都会对运动者竞技表现产生影响。在信息技术与体育教育专业课程的整合下，教师可以通过技术工具，如心率监测、反馈系统等，帮助学生更好地管理情绪、调整心态，提升比赛表现。体育活动与心理健康之间的关系也是体育心理学研究的重要方向，信息技术可以用来提供维护心理健康的支持和资源。

# 第二节 信息技术与体育教育专业课程的教学结构

## 一、教学系统及教学结构概述

在教育领域，结构和系统理论在教学活动的设计和实施中起着重要的指导作用。结构指物体各部分及其排列关系，而教学结构则关注教学活动的各个组成部分及其相互关系。教学论专家们将教学视为一种动态的活动，其中各个组成部分相互作用，共同构建了一个有机的整体。系统理论则强调同类事物按一定关系组成的整体，认为系统是由多个要素相互作用形成的复合体。在教学过程中，教师、学生、课程等要素相互影响，构成了一个教学系统，要素之间的关系和互动直接影响整个教学系统的效果和功能。因此，教师在设计教学活动时，需要考虑这些要素的相互关系，以确保教学系统能够高效地运行。

教学活动是一个复杂的系统，其效果和特质不仅受到单一要素的影响，还受到这些要素之间相互调节和整合的影响。教学系统的结构效应主要来自教学要素之间相互作用所产生的整体特性，不同的要素组合和相互作用方式将在教学过程中产生不同的效应。教学过程中的基本要素有教师、学生、教学内容、教学方法、教学媒体、教学目的以及教学环境等。历史上，学者们对于构成教学活动的基本要素有不同的观点。从要素说、四要素说、五要素说、六要素说、七要素说到三三构成说，从不同角度探讨了教学活动的构成，但这些观点之间并不存在对立和冲突，而是在不同层次上对教学系统进行了逐步深入的分析。

分析方法的出现，旨在更全面地理解教学活动的复杂性。静态要素分析和动态要素分析是研究教学要素的两个不同角度。静态要素分析侧重于将教学活动视为一个相对稳定的结构，主要关注实体性的构成要素。

例如，教学过程中的教师、学生、教学内容等被视为固定的要素，静态要素分析就是分析它们之间的相互关系和影响。而动态要素分析则更强调教学活动的过程性，将教学视为一种活动。此分析方法不仅关注实体要素，还注重行为要素，即教学活动中的实际操作和相互作用。在实际的教学设计和实施中，结合静态要素分析和动态要素分析是十分重要的。静态分析可以帮助教师明确教学要素的组成，从而更好地规划教学内容和方法。而动态分析则关注教学活动的实际进行，包括教师与学生的互动、教学环境的营造、教学反馈的引导等。教师可以结合动态要素分析，更好地把握教学过程中的变化，及时做出调整，从而更好地满足学生的学习需求。教学系统中各要素之间的相互联系构成了教学结构，决定了教学活动的组织方式和功能。教学结构可以分为以教师为中心、以学生为中心以及学教并重的教学结构三种类型。

## （一）以教师为中心的教学结构

在 20 世纪 90 年代之前，由于几百年的历史传承，教学结构通常呈现出一种以教师为中心的传统模式，被称为传统教学结构。其核心特点在于教师充当主导角色，通过授课、板书以及借助教学媒体的辅助，将教学内容传达给学生。在这一架构下，教师的地位是主导的，而学生则相对被动，扮演着知识接受者的角色。这种结构下，教师作为知识的主要来源和传递者，通过讲授和辅助工具来传递教学内容；教学媒体作为工具在其中辅助教师，协助信息的传递；教材作为教学内容的主要载体，是学生学习的主要依据；教材的选择和设计由教师决定，这直接影响着学生的知识获取。

以教师为中心的教学结构将"教"放在核心位置，其教育思想和理论主要集中于探究如何进行教学，如何协助教师设计并实施高质量的教育方案，而较少考虑到学生"如何学习"的问题。此种教学结构及其背后的教育理论已成为主流，经过专家多年的深入研究与发展，形成了一套相对完整且可操作性强的理论体系。其优点在于强调教师的主导作用，有利于教师根据教学目标组织、管理和控制教学过程，有效地传授科学知识，提高教学资源的利用效率。因此，这种理论在各级学校的教学实践中具有广泛影响。然而，以教师为中心的教学结构也存在一定的缺陷。其主要问题在于过于聚焦于教师的教学行为，容易忽视和限制学生的主动性和创造性；倾向于让教师在课堂中占主导地位，而学生在知识获取和思考过程中扮演被动角色。这种模式不利于培养学生的自主学习能力、创新思维和解决问题的能力，限制了他们的全面发展。以教师为中心的教学结构可能导致学生的认知主体性难以得到充分展现，学生被动接受教师灌输的知识，而缺乏深入思考、合作探究和自主创造的机会，这可能会阻碍学生积极参与课程内容学习，发挥自己的潜力，并构建自己的知识体系。

## （二）以学生为中心的教学结构

为了弥补以教师为中心的教学结构的不足，教育界逐渐倡导以学生为中心的教学模式，注重培养学生的学习兴趣、自主学习能力和创新意识，使其成为积极的知识主体。通过组织学生参与合作、实践和研究等方式，使其能够更深入地理解知识，培养批判性思维，并更好地应用所学知识解决实际问题。

在进入 20 世纪 90 年代后，随着多媒体和网络技术的普及，特别是基于互联网的教育网络广泛应用的背景下，以学生为中心的教学结构逐渐崭露头角。该教学模式的理论基础主要源自建构主义学习理论，强调学生作为知识的积极建构者的角色。在这种教学结构下，教师的角色发生了重大转变，从知识的灌输者转变为教学过程的组织者、指导者和意义建构的协助者与促进者。教师在以学生为中心的教学中，不再仅仅是课堂的"掌舵人"，而是更多地扮演着引导学生发现、探索和建构知识的角色，为学生提供学习资源，创造学习情境，激发学生的主动性和创造性，从而培养他们的问题解决能力和批判性思维。此教学结构中，教学内容不再仅限于传统的教材，还包括与学习主题相关的多种资源，如录音、录像、计算机辅助教学课件、多媒体课件以及从互联网获取的各类信息。资源的丰富性拓宽了学生的知识视野，激发了他们的学习兴趣和动机。教学媒体不再仅仅是知识传递的工具，而是被用来创设情境，促进协作学习和交流，帮助学生主动学习和协作探索的认知工具。学生通过与多媒体的互动，能更深入地理解概念，能积极参与讨论，并能合作解决问题。在这一教学结构中，四要素——教师、学生、教材和媒体，各自发挥独特作用，相互协同，实现教学目标。教师引导学生，学生主动建构知识，教材丰富学习内容，媒体创造多元学习情境。

以学生为中心的教学结构在教育领域中呈现出鲜明的特点，学生作为信息加工的主体，着重进行知识意义的积极构建。教师则在这一过程中充当组织者和指导者，帮助学生构建意义，促进他们的成长与发展。此种教学结构中，教材和教学媒体也有着新的角色定位，更加多样化且有针对性。教学媒体在以学生为中心的教学中发挥着积极的作用，成为促进学生自主学习的认知工具。它们可创造多元的学习情境，激发学生的学习兴趣，使学生能够在不同的情境下运用所学知识解决问题，有助于学生将理论应用到实际中，培养他们的实际问题解决能力和创新思维。以学生为中心的教学结构注重激发学生的主动性和积极性，学生在学习过程中能够体现出自己的主动思考和行动，从而获得对知识的深刻理解和洞察。学生通过自主学习，从多种渠道获取知识，不再局限于教材，这不仅丰富了他们的学习内容，还培养了他们信息获取和整合的能力。以学生为中心的教学结构在实践中展现了多重优势，能够激发学生的学习兴趣和动机，使他们成为积极参与者和独立思考者；并提供了更多的机会，让学生通过在不同情境中运用知识，更好地理解和掌握所学内容。最重要的是，它能够培养学生的自主学习能力和问题解决能力，使他们在面对新情境和挑战时能够灵活应对，获得自我反馈和自我提升的能力。

在建构主义学习理论的引领下，教育领域正在经历一场教学模式的革命。以学生为中心的教学结构，重新定义了教师和学生在教学过程中的地位和作用。然而，尽管以学生为中心的教学结构具有诸多优势，却也面临着一些挑战。其中一个主要挑战是如何平衡学生主动性和教师的引导作用，虽然学生在这一教学模式下被赋予了更多自主学习的权利，但过分的自由也可能导致学生偏离教学目标，甚至产生混乱。因此，在教学中，教师的引导和监督作用依然不可替代。教师应当根据学生的学习情况，灵活调整引导力度，确保学生在自主学习的同时不会偏离正确的学习轨道。另一个挑战是忽视了情感因素在教学过程中的重要作用，以学生为中心的教学结构往往注重知识的建构，却可能忽视了师生之间情感交流的重要性。情感因素对于教学的成功同样至关重要，教师与学生之间的情感互动可以极大地影响学生的学习效果。情感关系的建立有助于培养学生对学习的积极态度，增强他们的自信心，从而可以使其更好地参与到知识的构建中。要克服这些挑战，以学生为中心的教学结构需要在实施中找到平衡点。教师应当在发挥引导作用的同时，关注情感因素的培育，鼓励学生在知识建构的过程中保持开放的心态，并给予适当的指导和反馈。教师还需要精心设计教学模式和方法，确保学生的自主学习能够有条不紊地进行。教学媒体和教材的选择也应当根据教学目标和学生需求来调整，为学生在自主学习中获得更全面的知识提供支持。

### （三）学教并重的教学结构

在不断演变的教育领域，教学结构的创新和变革是推动教育进步的核心。学教并重的教学结构作为一种新型教育范式，旨在兼顾传统教学和现代建构主义学习理论，为学生提供更为灵活、个性化的学习模式。此种结构形式具有一定的中庸之道，不同于传统的以教师为中心和完全以学生为中心的两种极端，将教师的主导作用与学生的认知主体作用相结合，以促进知识的有效传递和学生的主动参与。该结构要求教师具备扎实的学科知识，更需要他们具备教学方法创新、教学设计和情感引导的能力。在学教并重的教学结构中，教学活动经过重新构思，融合了先进的教育技术和多媒体资源。特别是计算机技术的应用，为教学活动带来了全新的可能性。人机交互的形式，让学生得以更多地主动思考、探索和发现。教师不再仅仅是讲解内容，而更像是引路人，指引学生在知识的海洋中探索。教学媒体的作用也得到拓展，其是促进学生自主学习和协作学习的认知工具。而教材的选择也更加灵活，学生可以从多种途径获取知识，丰富了学习的内容和体验。

### （四）信息技术与课程整合理念下的教学结构

基于信息技术与课程整合，相对于传统的教学结构来说，教学系统之内各个要素之间的关系，即教学结构发生了一定的变化。最为显著的变化是信息技术成为各要素之间的主要联系方式，是各要素相互联系的重要纽带与桥梁。

1. 学生与教学内容的关联

在现代教育中，信息技术与课程的融合为教学活动带来了深刻的变革。此种融合的背景下，教材的地位发生了巨大的变化，学习环境也得到了重构，学生的学习方式和学习场所也发生了巨大的转变。随着信息技术的迅速发展，教材不再是学生获取知识的唯一途径，甚至不再是主要来源。信息技术利于学生从多方面获取所需的知识，信息技术为学生提供了更加广泛和多样的信息渠道，学生可以通过互联网、电子课件等方式获取丰富的学习资源，这使得教学内容的呈现方式变得多样化，让学生不再仅仅依赖于教材中的内容。利用信息技术创造的学习环境是一个集成化的环境，包括学习内容、学习团体和信息工具。此环境的特点是更加人性化，旨在支持学生的学习，而不是取代教师的作用。在这个环境中，学生能够以前所未有的方式进行学习，不再局限于传统的课堂教学。学生可以利用信息技术在虚拟的学习空间中进行协作学习、自主学习，这提高了学生学习的效果和质量。除此之外，教师的角色也发生了变化。教师需要帮助学生有效地利用信息技术，指导他们获取正确的信息，培养他们的信息素养和判断能力。虽然教师的权威地位受到一定程度的动摇，但其在指导学生获取、筛选和应用信息方面的作用依然不可替代。信息技术的融入也为学生创造了更加个性化的学习方式，学生可以根据自己的兴趣和需求，在数字图书馆、数字博物馆、电子图书等网络资源中获取适合自己的信息，这使得学生的学习更具有针对性和灵活性，让学生可以更好地发挥自己的优势和特长。

信息技术在现代教育中是学生获取、加工和分析知识的工具，更是一种认知工具，为学生提供了广泛的信息资源和创新的学习方式。在信息化时代，学生可以通过计算机和网络轻松地获取大量所需的信息。信息技术为学生提供了便捷的途径，通过搜索引擎、教育网站以及地区或学校教育资源库，学生能够获取与学习主题相关的丰富信息。信息获取的便利性直接影响了学习的成败，反映了信息时代学生掌握信息的能力。同时，信息技术为学生存储信息提供了便利，学生可以将获取的信息保存下来以备将来使用，这使知识变得更加可持续。信息技术还拓展了学生的学习方式，学生可以应用计算机进行数据统计、图表制作、文字编辑等操作，更好地展示和整理学习成果。信息技术的专业工具软件也赋予了学生创造性的能力，他们可以通过模拟专业现象、建构数学模型来检验自己的思维，从而深化对学科知识的理解。

2. 教师与教材间的关联

教材是教师传授知识的基石，然而在传统的教学方式下，教材往往呈现单一的纸质教科书形式，受到编著、出版、流通等多方面的限制，其中的内容时效性较低，很可能滞后于最新的学科进展。随着信息技术的不断发展，教材的形式和内容呈现方式也在发生革命性的变化。通过引入信息技术，教师能够以多种形式将最前沿、最新颖的学科知识传达给学生。信息技术使教材不再局限于纸质书本，而可以利用光盘、录像带、存储体、网络等多种载体，这极大地丰富了教学资源的来源。然而，在信息社会中，知识信息的泛滥也给教师带来了挑战。教师需要从众多信息中筛选出真正有价值的、可靠的知识，为学生提供准确的学科内容。这需要教师具备良好的信息素养，能够辨别信息的真伪，抓住核心要点。在此环境下，教师还需具备整合资源的能力，要能将来自不同来源的信息整合成有机的教材内容，为学生提供更全面、系统的学习体验。信息技术的广泛应用也对教师的信息素质提出了更高的要求，教师应具备对信息进行筛选和评估的能力，因为只有这样确保所选教材内容的准确性和价值。此外，教师还需要适应不同的教材呈现形式，掌握使用多种媒体工具的技能，以便能够灵活地将教材内容呈现给学生。

3. 教师与学生间的关联

在过去的传统教学中，教师的主要职责是将知识传授给学生，而这往往是通过多媒体展示和教材呈现来实现的。然而，随着信息技术与课程的整合，教学方式正经历着巨大的变革。在信息技术与课程整合的教学形式下，教师有责任在引导学生掌握学科知识的同时，培养他们的自主学习能力、批判性思维和问题解决能力。信息技术为教师提供了丰富的教学资源，教师可以借助各种媒体工具，如多媒体演示、互动课件等，更加生动地呈现知识，激发和提高学生的兴趣和参与度。除了课堂上的互动，教师还可以通过信息技术与学生保持密切的联系。电子邮件、在线论坛、博客、社交媒体等成为学生与教师交流的桥梁，通过这些桥梁，学生可以随时随地向教师提问、分享想法，与同学合作讨论这丰富了学生学习的方式，培养了学生的社交能力和合作精神。信息技术的引入使学生能够更灵活地选择学习策略，根据自身情况制定适合自己的学习计划。学生可以通过网络获取各种学习资源，利用计算机工具软件进行创作和表达，从而培养独立思考能力、创新能力以及团队协作精神。

## 二、信息技术与体育教育专业课程整合教学结构的思考

### （一）以教师为中心的教学结构应用

以教师为中心的教学结构虽然存在一些不足之处，但作为一个经过几百年演化的教学体系，其在特定条件下仍然具有使用的必要性，尤其在体育教育专业的术科课程教学中。然而，在信息技术与课程整合的背景下，如何在这种结构中有机地融入信息技术，成为一个必须解决的问题。信息技术与课程整合的核心在于将信息技术与教学无缝结合，实现教学过程的数字化和智能化。在以教师为中心的教学活动中，应用信息技术可以极大地丰富教学手段和提升教学效果。教师可以利用多媒体教具、互动课件等工具，更加生动地呈现课程内容，激发和提高学生的学习兴趣和积极性。特别是在体育教育专业，信息技术的应用可以为学生提供更加直观、精确的数据分析和运动技能展示。使用视频分析软件、运动传感器等工具，教师可以更好地引导学生掌握运动技能，帮助他们更好地理解运动的要领。

信息技术在以教师为中心的教学活动之中主要充当了教学辅助手段，具体表现在以下几方面。

## 1. 实现多样化教学信息传递

信息技术在教学中能够替代传统的粉笔和黑板，以多媒体手段呈现各种复杂的教学内容。不论是微观的、宏观的、危险性的事件，还是需要长时间观察的动态现象，信息技术都能够生动地呈现出来。特别是在教学中需要引发学生想象力的情境，或是回放过去事件的过程，信息技术都能够提供丰富的视觉材料，激发和提高学生的兴趣和参与度。随着信息技术的迅速发展，尤其是网络技术的普及，各种学习资源可以通过互联网传递。教师可以向学生提供相关网址，学生通过访问这些网站获取丰富的学习资料。这样一来，学生可以根据自己的需求随时获取所需信息，极大地拓展学习的广度和深度。

## 2. 为学生提供多种练习机会

信息技术在教学中发挥着重要作用，学生可以借助操练软件进行课堂内容的巩固练习，通过互动性强的教学游戏型软件寓教于乐，巩固所学内容。此外，一些工具型和智能型软件也能帮助学生进行生成性练习，帮助学生更好地理解和应用所学知识。及时应用信息技术工具，学生的学习会变得更加丰富、有趣，有助于激发学生的学习兴趣，增强学生的学习效果。

## 3. 应用信息技术实施教学评价

教室可以用信息技术构成的题库系统对学生进行测试，根据测试的结果教师可以便捷地统计分析，省去了许多烦琐、重复的工作，有效加强了评价的客观度与精确度。在以教师为中心的教学活动之中灵活融入信息技术，应注意以下几个方面。

（1）对信息技术在教学活动中的地位与作用形成正确认识

在教学中运用信息技术必须对信息技术在教学中的地位和作用有正确的认识。信息技术是教学的重要组成部分，教师运用信息技术旨在提高教学效果与效率，而非单纯为了增加课堂的装饰性和吸引力。教师应避免陷入形式主义，即过分强调技术的应用而忽略教学本质。因此，教师在运用信息技术时应专注于其实际应用，以提升教学的质量和效率，而非仅为使用技术而使用。

（2）信息技术应结合教学内容、教学过程

在课堂教学中应用信息技术应强化学生的感性认知，激发学生的学习兴趣与动机，解决传统教学难题，实现高效高质的教学。需要注意的是，信息技术应以教学目标为导向，为达成目标而服务，需与学生学习活动和教师教学环节相结合。在课堂教学中应用信息技术时，多种媒体形式的结合应被采纳，以便多角度、多层面传达教学信息。各种媒体形式具有不同优势，教师应根据教学内容和学生特点选择合适的技术，使其相互补充。在应用信息技术时，需权衡其效果与成本，即投入产出比。对于简单内容，未必需要使用信息技术，教师反而可能会弄巧成拙。信息技术应作为有益工具有目的地结合于教学中，以增进教学效益为出发点，而非走形式的工具。

在运动技能教学中，单纯地依赖信息技术传递教学信息仍面临诸多困难。许多运动技能的概念难以用语言精确描述，只能模糊地进行定性叙述，学生对于此类概念的理解更多的源于练习过程中教师的巧妙引导和及时反馈。反馈的形式多种多样，这取决于学生的个体差异。许多反馈形式需要教师准确适时地运用辅助动作来完成，使学生以切身体验领悟其中的技巧。例如，在单杠屈伸上动作中，经验丰富的教师可以在适当的时机施加合适方向的辅助力量，帮助学生顺利完成动作。然而对于新手教师来说，可能难以掌握合适的时机和力量方向，而时机、力量方向不当，可能适得其反。由于此类反馈形式难以用准确的语言描述，因此目前仍难以应用信息技术手段来达到这些反馈作用。在运动技能教学中，信息技术尚未能完全替代教师的实时指导和反馈。尽管信息技术在某些方面提供了有益支持，如演示动作过程和理论知识，但运动技能的细微之处难以被纯粹的数字化信息所捕捉。教师在传授运动技能方面的角色是不可替代的，他们能够适时地调整辅助动作，给予实际、个性化的指导，使学生在动作中领会技巧的精髓。

### （二）以学生为中心的教学结构应用

以学生为中心的教学结构强调在教学过程中主体的积极作用，强调知识是通过学生主动建构而获取的，而教师的角色则是引导者、解答者和协助者，作用是协助学生构建学习体系。信息技术的迅速发展为此种教学结构提供了坚实的基础条件。在信息技术与课程整合的教学形式下，以学生为中心的教学结构才能够充分实现。在术科课程中，学生的先天素质对于学习成果有一定的影响，这是因为体育运动的不同特点决定了对学习者的不同要求。每个体育运动项目对于学习者的基本素质要求也有所不同，且个体对于动作技能的理解和接受能力也存在较大差异。正确理解动作的方法和要领，不仅需要第二信号系统的参与，即通过听教师的讲解和观看示范，建立起"语言化"的表象，更需要各种本体感觉的参与，即通过本体感受器对于正确完成动作时关节和肢体在空间和时间上的位置和顺序，肌肉群的参与顺序和用力程度，整体身体和器械的时空关系等方面的感知。本体感觉与第二信号系统建立的"语言化"表象相结合，形成正确动作方法和要领的概念。在整个动作方法和要领的学习过程中，学生的本体感觉发挥着关键作用。个人的本体感觉是有差异的，这会在一定程度上影响到学生掌握动作方法和要领的速度和完整性。因此，针对特定项目的术科课程，个体差异对于教学效果影响更大。以学生为中心的教学结构更加注重学生的个体差异，相对于以教师为中心的教学结构，更能因材施教。

以学生为中心的教学结构在强调学生主动学习的同时，往往会忽视教师主导作用的发挥，弱化师生之间的情感交流和情感因素在学习过程中的重要性。在体育教育专业的术科课程中，学生学习运动技能的过程伴随着强烈的心理活动，容易引发学习情绪的波动，这时则特别需要教师的敏锐洞察和恰当的心理疏导。过分偏向学生自主学习，有时会导致学生偏离教学目标的要求。尤其是在运动技能的初学阶段，学生往往容易出现动作错误。此时只要教师及时发现并采取适当措施进行纠正，学生的错误是可以轻松改正的，但若不及时加以纠正，这些错误可能会在学习过程中逐渐加深，难以纠正。因此，尽早发现和纠正错误是防止问题扩大化的关键。动作错误在初期往往难以被学生自行察觉，因为此时学生对于正确动作没有形成准确的表象，所以难以发现动作错误。在这种情况下，教师的角色变得不可替代。教师能够通过及时观察、指导和反馈，纠正学生的动作，帮助他们形成正确的动作表象，从而避免错误的进一步深化。

### （三）学教并重的教学结构应用

综合前述两种教学结构的讨论，不难发现一个矛盾，学生的个体差异对于运动技能学习的影响凸显了个体化教学的重要性，而运动技能的形成过程中，教师的指导和帮助也显得不可或缺。此种矛盾引发了学教并重教学结构的构思，因为这种结构恰好位于前述两种结构之间，既能够发挥教师的主导作用，又能够充分体现学生的认知主体作用。学教并重教学结构在运动技能教育领域中具有显著的优势，突出了教师和学生的双重作用，使得教学过程更加均衡和协调。教师发挥主导作用能够确保教学目标的达成，及时纠正学生的错误，为学生提供精准的反馈。而学生通过自主学习和探索，能进一步培养独立思考能力和创新能力。学教并重教学结构能够针对学生的个体差异，实施个性化教学。教师可以根据不同学生的需求和水平，设计不同的教学策略，以个性化的教学方法激发学生的学习兴趣和动力，提高他们的学习效果。另外，学教并重教学结构能够在教学过程中促进师生互动和情感交流，教师通过与学生之间的互动，可以更好地了解学生的学习情况和需求，为他们提供有针对性的指导和帮助。这样一来，教师和学生之间的情感联系也能够得到加强，为教学关系注入更多的人情味和温度。

### （四）多种教学结构在体育教育专业教学中的并存

当前的教育大背景之下，多种教学结构在体育教育专业中的并存是合理的。体育教育专业的课程内容是一个多维度的综合体，由认知性和操作性知识组成，分别在学习活动中展现不同特点，并受到不同学习理论的支持。在体育教育专业的核心课程教学中，以教师为中心、以学生为中心以及学教并重三种教学结构各有其应用场景。针对体育人文社会学和运动人体科学等课程，较为适宜采用以学生为主的教学方式，因为这些课程的知识建构可以通过学生自主学习和协作学习来实现。学生在这类课程中可以按照个人的学习喜好和进度进行探索，培养自主学习和思考的能力，从而更深入地理解课程内容。在运动技能的学习过程中，最佳教学结构是学教并重，主要是因为运动技能的学习需要教师的及时指导和纠正。在初学阶段，学生易养成不良的动作习惯，需要教师引导进行及时的矫正。运动技能的掌握涉及个体的本体感受，无法仅依靠自主学习而有效掌握。在这种情况下，教师应提供个性化的指导和实时的反馈，确保学生准确掌握运动技能。

目前，能够在教学中应用的信息技术手段尚未实现充分多样化，主要局限在计算机技术和网络技术领域。在将信息技术与体育教育专业课程整合的过程中，仅仰赖这些手段将整合推向高水平是不切实际的。特别是在运动技能教学中，完全依赖学生自主学习目前还很困难。因为许多运动技能的概念难以用语言准确描述，这给信息数字化加工带来了挑战。目前只能通过模拟技术对信息进行一种"模糊翻译"，此种方法的正确性在满足学习需求方面仍有待提高。然而值得肯定的是，实现这一目标是完全有可能的。科技的发展速度往往是非线性的，当人们对某个技术问题有了新的认识时，往往会引发整个领域的快速进步，半导体技术对计算机技术的影响就是一个典型例子。尽管目前信息技术在体育教育专业课程中的应用受到一些限制，但随着科技的不断发展，越来越多的可能性将逐渐展现。新兴技术的涌现可能会突破当前的局限，为体育教育带来全新的变革。需要注意的是，信息技术的应用也需要结合教学目标和实际需求，避免过分追求技术而忽视教育的核心。信息技术在体育教育中的应用还需要教师进行不断的研究探索，以寻找最适合的方法和手段。对此，借鉴其他学科领域的成功经验，结合体育教育的特点，或许能够发现更多创新性的解决方案。

教学结构的选择受到教育管理体制的影响，在精品课程调查中，课时分配是一个常被提及的问题，也就是说课程学习受到时间限制。学生的接受能力和掌握进度都各异，这意味着课程的时间限制会影响教学方式。因此，目前常用的教学结构在某种程度上是有其合理性的。教育体制的限制并非意味着教学结构无法适应多样化的学习需求。随着教育理念的不断演进，教师可以考虑采用更加灵活的课程设计和教学模式，以满足不同学生的学习节奏和需求。信息技术的应用具有较大潜力，教室可以通过在线学习平台、自主学习资源等，让学生在更自主的环境中学习，更好地适应个体差异。在选择适当的教学结构时，教师需要综合考虑教育管理、学生特点和教学内容等因素。教育体制的限制可以是一个挑战，也可以是一个激励，促使人们探索更优质、更适应时代发展的教育模式。相信在不久的将来，教师结合持续的研究和实践，能进一步找到更好地平衡时间限制和学习效果的方法，为学生提供更丰富的学习体验。

# 第三节　信息技术与体育教育专业课程整合的教学模式

## 一、教学模式概述

### （一）教学模式的基本概念

长期以来，教育界一直致力于寻找将教学理论与实践有机结合的方式，以提升教育的质量与效果。在此探索的过程中，教学模式成为备受关注的课题，它既是教学理论的体现，也是教学实践的具体运用，然而对于教学模式的定义至今仍没有统一的认识。在国外，乔伊斯和韦尔提出了较有影响的教学模式定义，认为教学模式是用来规划课程、设计教材、指导课堂或改进其他教学场合的计划或类型。而在国内，关于教学模式的定义存在多种观点。有人认为教学模式是特定教学理论逻辑轮廓的体现，是为保持教学任务的稳定而设计的教学活动结构。还有观点认为教学模式是一组相对系统和稳定的策略或方法，用以组织和实施具体的教学过程。也有人将教学模式理解为一种操作样式，是由教学原理、内容、目标、任务以及组织形式等构建起来的整体体系。另一个观点则将教学模式等同于教学结构，认为其是在特定教学思想指导下形成的教学程式，代表了较为稳定和典型的教学活动。还有一些观点认为教学模式是教学过程的模式，即有关教学程序的策略体系或教学样式，是根据教学规律和思想建立的在整个教学过程中必须遵循的策略。还有观点将教学模式纳入教学方法的范畴，认为它是一种或多种教学方法的综合应用。

综观各种关于教学模式的观点，虽然存在不同的解释，但就教学模式结构的要素而言，却基本达成了共识。教学模式作为一个整体，无论采用何种定义，都必然包含教学理论、教学目标、操作程序、教学条件以及教学评价等核心要素，且这些要素在教学模式中各司其职，共同构筑了一个丰满而富有逻辑的教育框架。首要的是教学理论，其是构建教学模式的基础和指导。教学理论为教学模式的设计和实施提供了指引，确保教育活动能够在科学的理念下进行。而教学目标则被认为是教学模式的核心，既驱动着操作程序，也成为教学评价的准绳，教学目标决定了课程的方向与重点，引导着整个教学过程。操作程序作为教学模式的实施环节，承载着具体的教育内容和方法，操作程序的设计和执行直接影响着教学效果。教学条件确保了教学模式能够顺利地实施，涵盖了教学资源、师生互动、课堂环境等多个方面，共同决定了教学模式的实施效果。

### （二）教学模式的分类

教学模式的多样性源自教学实践所依据的不同教学思想和理论、学习内容和目标的差异，这导致了教学活动的形式和过程的多变性，形成了多种不同的教学模式。在对教学模式进行分类时，可以从不同的角度出发。一种常见的分类是基于教学系统的结构关系，例如，"以教师为中心""以学生为中心"以及"教师为主导，学生为主体"的双中心教学模式（学教并重的教学模式），这是根据教学活动中不同参与者的地位和作用来进行分类的，此种分类方法突出了教学中不同角色的权重和作用分配。另一种分类是基于教学组织形式，教学模式可以分为班级教学、小组教学、个别化教学等不同的形式，此种分类方法关注的是教学活动的组织方式，强调了学生在不同集体和个体环境下的学习体验。教学模式还可以根据教学目标分为基于"做"的教学、基于思维的教学以及基于事实的教学，这些都是根据教学活动旨在培养学生何种能力和素质来分类的。

　　体育教学的目标主要集中在运动技能的学习和应用，通过身体练习培养学生的运动参与和社会适应能力，并且促进学生身体素质和心理素质的发展。在体育教学中，学生的活动形式以身体练习为主。鉴于体育教学的独特性质，许多专家学者对体育教学模式进行了分类研究，以适应不同的教学需求和学习特点。分类能够帮助教师更好地规划和组织体育教学活动，提升学生的学习效果和体验。在体育教学中，教师需要关注运动技能的教学以及通过运动培养学生的各种能力。目标导向使得体育教学模式必须与体育的实际特点相契合，不同的教学模式在体育教育中具有不同的适用性，因此，针对不同的教学目标和教学内容，体育教学模式的分类和选择至关重要。

## 二、信息化教学方式

　　随着信息技术在教学中的广泛应用，信息化教学模式引起了专家学者越来越多的关注。信息化教学模式被认为是一种符合现代教学思想的新型模式，以学生为中心，将学生于教师所创造的情境、协作和对话的学习环境中，激发学生的主动性和积极性，使他们能够在解决实际问题的过程中建构知识意义。在信息化教学模式下，学生是知识的主动建构者，也是运用者；教师则充当着教学过程的引导者、组织者，推动意义的建构并提供帮助。知识不再是教师单向传递的内容，而成为学生主动建构意义的对象。而学习环境则包括情境、协作、会话等要素，情境必须有利于学生建构知识意义，协作贯穿于整个学习过程，学习小组成员之间通过会话协商共同完成学习任务。

　　信息化教学模式是一个涵盖具备信息化特征的各类教学模式的总称，教育信息化是将现代多媒体计算机和网络通信技术广泛应用于教育领域，推动教育改革和现代化，以适应信息社会对教育的新要求。信息化教学模式是一个涉及社会各个方面的复杂系统工程，包括宏观规划、决策、管理、资源环境、师资培训、课程、教育研究等各个环节。信息化教育的特点是数字化、多媒体化、网络化和智能化，这些特点在教学模式中表现得尤为明显。信息化教学模式体现在教学环境、方法和手段等方面，强调借助数字技术，将教学资源数字化，使之便于存储、传播和交流。多媒体技术的应用使得教学内容更加丰富多样，可以通过图像、音频、视频等多种方式呈现，这有利于激发学生的学习兴趣。网络化特征使学生能够通过网络获取信息，进行在线学习和协作，摆脱时间和空间的限制。智能化应用则可以根据学生的学习情况和需求，提供个性化的学习建议和辅导。

### （一）支撑信息化教学方式的理论

构建信息化教学模式的理论基础涵盖了系统论、信息论和控制论等关键观点，构成的"三论"原理在信息化教育中应用，为信息化教学模式的设计和实施提供了指导，"三论"原理的核心观点包括系统的观点、信息的观点、反馈的观点和调控的观点。在信息化教育中，"三论"原理要求将教学活动视为一个有机整体系统，由教师、学生、媒体和教学内容紧密结合而成。教学过程被看作是教师、学生和教材之间信息交流的过程，强调教学信息的质量、数量、综合性以及最优组合，避免单一的信息传输模式。在信息化教学模式中，反馈机制具有重要作用。教师在教学过程中收集的反馈信息可以用于有效地控制教学过程，优化教学策略，实现更好的教学效果。信息化教学模式的应用需要紧密结合"三论"原理，确保教学活动的整体性和协同性。教师、学生、媒体和教学内容之间的相互作用被视为一个需要不断调整和优化动态平衡的系统。

建构主义和人本主义理论为构建信息化教学模式提供了坚实的理论基础，两种理论都强调为学生创造良好的学习环境、设计丰富的问题情境、提供多样化的学习资源、引导学生主动发现和探索、促进学生个性发展和自我实现。在教育信息化时代，建构主义和人本主义理论得到了更广泛的应用，为现代教育提供了独特的机遇和条件。建构主义理论强调学生在知识建构过程中的主动性和自主性，信息化教学模式在此基础上能够更好地满足学生的个性化需求。信息技术可以创造多样性的问题情境，激发学生的好奇心和探索欲望。通过网络等平台，学生可以获得丰富的学习资源，并在此基础上，深入挖掘知识的内涵。而教师在这一过程中应鼓励学生主动思考、合作探索，从而培养学生的批判性思维和问题解决能力。人本主义理论注重每个学生的全面发展和个性实现，信息化教学模式为此提供了更多的机会。教师应用信息技术可以更好地了解学生的兴趣、能力和需求，因此能够更精准地设计教学内容和活动，满足学生的学习欲望。学生能在信息化环境中自主选择学习路径，充分发挥个人优势，实现更好的自我表达和自我实现。

从教学模式要素的角度来看，信息化教学模式与其他教学模式的主要区别在于教学条件的改变。如果从教学结构的角度来观察，信息化教学模式更倾向于以学生为中心的教学方式，因为信息化教学模式强调学生的主动参与，注重引导学生参与整个教学过程，培养学生自主学习的能力，促进学生的全面发展。然而，实际上，即使是以教师为中心的教学模式也能够在某种程度上实现"信息化"，这里的信息化主要表现在将信息技术作为教师教学的辅助手段融入教学活动中，例如多媒体设备的应用。此种情况下，教学结构并没有发生根本性变化，只是教学媒体的使用方式发生了改变，而整个教学过程仍然在教师的主导下。

在信息化教学模式中，媒体的作用除了辅助教师传授知识，还能够帮助学生进行资料查询、信息搜索、协作学习和交流。媒体在这种模式下不仅是教学的工具，更是学生自主学习、协作探索和意义构建的认知工具。教师和学生形成互动关系，教师为学生提供指导和帮助，并从学生那里吸收新的信息，实现教学相互促进的局面。在这种教学模式中，媒体的多样化应用为学生创造了更广泛的学习机会。学生可以利用媒体进行自主学习，除了获取教师提供的教材，还可以通过互联网等渠道查找更多的相关资料，从而丰富自己的学习内容。

### （二）信息化教学方式具备的优势

信息化教学模式相较传统的教学模式具有多方面的优点，这使得其在教育领域得到越来越多的关注和应用。信息化教学模式拥有丰富的信息资源和大量的知识内容，有助于教师创设理想的教学环境。传统的教学往往以教师和教科书作为主要的信息来源，而信息化教学模式中，多种媒体的应用使得教学信息来源变得更加丰富多样。首先，学生可以通过多媒体课件、互联网等途径获取更广泛的知识和资料，从而扩大了知识的范围和深度。其次，教学媒体的多样性也激发了学生的多感官参与，为他们提供了更好的学习体验和理解方式。其次，信息化教学模式提升了学生的主动性和积极性，现代教育技术，尤其是多媒体计算机和网络，赋予了学生更大的自主学习和探索空间。如此，学生更多地参与到学习的过程中，积极性得以提升，自主学习能力和解决问题能力得到培养。再次，信息化教学模式倡导个性化教学，有利于因材施教。网络的交互性使得学生能够根据自身的兴趣、能力和进度进行个性化的学习安排，学生可以自主选择学习的内容难度和学习的进度，并与教师和同学进行交流互动，个性化的教学有利于满足学生的不同需求，增强学习效果。再再次，信息化教学模式强调互助互动，实现了协作式学习。计算机网络为学生提供了合作学习的机会，学生可以通过多种形式的互动，如合作、竞争和角色扮演，参与到学习中。最后，信息化教学模式有助于培养学生的创新精神和信息处理能力，多媒体和网络技术的结合为学生提供了丰富的信息获取和处理途径。互联网作为巨大的知识库和资源库，为学生提供了海量的信息资源，学生可通过自主发现和探索式学习，培养发散性思维和创造性思维，提升信息处理和分析的能力。

信息化教学模式作为一种新兴的教学方式，虽然具有诸多优势，但也存在一些不足之处对于这些不足，教师需要在实践中逐步加以解决和克服。需要注意的是尽管网络教学带来了许多便利，但在某些内容的教学中，网络方式可能会缺乏传统面对面交流的灵活性和直接性。虽然网络教学可以辅助学习，但某些复杂或情感密集的教学内容可能难以通过网络方式完全传达。因此，教师在设计课程时需要权衡何时使用网络教学，何时使用传统教学，以实现教学效果的最大化。网络教学往往无法实现传统教学中的情感交流。传统教学中，教师和学生之间存在着情感和人格的交流互动，教师通过自身的人生经验影响并激发学生的情感。而在网络教学中，师生之间的情感交流受到了一定的限制，这可能导致学生的学习体验不如传统教学丰富。因此，教师需要探索在网络教学中更好地营造情感交流氛围的有效措施，以增强学生的情感参与和认同感。此外，基于网络的学习环境可能导致学生的自闭性增加，虽然网络为学生提供了一个广阔的知识世界，但过度沉浸在虚拟环境中可能会减少与现实世界的互动。教育不仅是知识传递的过程，更是情感交流和社会互动的过程。网络教学在这一方面的不足需要引起关注，教师应鼓励学生积极参与现实社会活动，以促进学生综合素质的提升。

**（三）信息化教学方式对于教师的要求**

1. 更新教育观念，适应多种教学模式要求

在教育领域，多样的教学模式应当得到充分的应用。传统的课堂教学注重基础知识内容的传输以及教师教学方式、学生学习方式的研究。而在信息技术化背景之下，提倡"授人以鱼不如授人以渔"的教学理念，要求教师积极培养学生的创新意识和创新能力，从而为未来的创新之路铺平道路。基于此，教师需要不断激发学生的好奇心，引导他们去发现

问题、提出问题，从而培养他们探索未知领域的能力。与此同时，教师还应以身作则，展现出自己对知识和领域的兴趣，激发学生主动探索的动力。需要注意的是，个性化教育也是发展多种教学模式的关键，每位学生都有不同的个性特点、学习类型和学习风格，因此，教师需要根据这些因素来进行个性化的教学。这要求教师充分了解每位学生的需求和潜力，并在此基础上为他们创造适合的学习环境和学习方式，使每个学生都能在教育中发挥自身的最大潜能。

2. 更新教学方法，适应学生个别化学习要求

在信息化的背景下，教师应当更加关注不同教学模式下教学过程的组织，真正发挥导学的作用。教学方法方面，教师可以运用多种教学手段来组织教学辅导，以适应学生多样化的学习需求。如教室可使双向视频、录音、光盘、网络资源等工具，电话咨询、答疑以及电子邮件等沟通方式，为学生提供更加便捷和多样的学习支持。在教学内容的讲授方面，教师可以采取不同的形式，以更加灵活的方式进行教学。例如，可以以课程单元的重点和难点为主线，进行重点揭示性的讲授。相较于传统的"满堂灌式"教学，此种方式更能引导学生关注核心知识和概念，帮助他们更好地理解和掌握所学内容。

3. 提升信息素养，适应现代化教学环境要求

在信息化时代，学习资源的丰富性使教师扮演了多重角色。教师作为网络信息资源的利用者，应深入研究这些资源，并将其加以适应性修改后再共享于网络，从而成为信息的提供者，此种循环反馈机制使教师成为知识的创造者和贡献者。教师在筛选、组织和传递学习资源方面应发挥引导作用，以确保学生能够获得有价值的学习资源。在此过程之中，教师需要熟练运用各种信息技术，因为结合网络技术，师生之间的交流和协作可以变得更加便捷。此外，教师与教师之间也能够通过分享教学经验、资源和方法，促进教育界的合作与共享。然而，要适应这一变革，教师需要不断

提升自身的信息素养。教师只有掌握基本的信息技术，并在教学实践中不断探索和创新，才能更好地适应现代化的教学环境，为学生提供高质量的教育服务。

## 三、信息技术与课程整合理念下的一般教学模式

之所以称之为"一般教学模式"，主要是由于以下教学模式原则上是可以被应用于各种学科教学的。在不同学科教学中，教师可以根据学科教学内容的特点对这一模式加以灵活应用。

### （一）网络化的讲授型教学模式

"传递—接受"式教学模式是我国各类教育实践中长期以来广泛应用的传统教学方式，典型地代表了"以教师为中心"的教学模式，其中教师起主导作用。在此教学模式中，教师主要进行讲解，而学生则被动地接受，整个教学过程完全由教师掌控，因此被称为"讲授型"教学模式。尽管这种模式备受批评，但在某些情况下仍然具有一定的合理性和必要性。"传递—接受"式教学模式的优点是能在有限的时间内向学生传递更多的信息，有效地利用了教师的语言表达能力，增强了教学效果，适用于传授基础知识和基本技能，特别适合学科课程和班级授课制。随着信息技术的发展，"传递—接受"式教学模式被注入了新的活力，互联网技术的引入对传统课堂教学产生了深远影响。一方面，它大大丰富了教学资源，拓展了教学范围，加强了教师与学生、学生与学生之间的交流。另一方面，它突破了传统课堂中的人数和地点限制，使学习变得更加自由和灵活。

网络化的讲授型教学模式根据活动方式分为同步教学模式和异步教学模式。

1. 同步教学模式

同步教学模式是一种基于网络的教学方式，其将教师和学生分布在不同地点，但在同一时间通过网络教学平台开展远程教学活动。在此模式下，教学过程与传统的课堂教学相似，教师在配备了摄像机、话筒、电子白板和投影仪的授课教室中进行讲解，并展示教学资料，而学生则通过网络进行同步浏览、聆听、提问和反馈。教师可以通过信息传输通道获取学生的信息，及时进行解释和回应。

2. 异步教学模式

异步教学模式是一种以学生为主体，自主选择学习内容和进度的教学方式。在此种模式下，教师将教学材料编制成文件，存放在 Web 服务器上，学生可以根据自己的需求和兴趣，自主选择学习的内容，控制学习的进度，并且可以随时通过网络与教师、同学进行交流和讨论。与传统的以教师为中心的教学模式相比，异步教学模式更加注重学生的主动参与和自主学习，有利于培养学生的综合能力和促进全面发展。要实现异步教学模式的有效应用，教师需要充分考虑教学设计的多样性。除了将教学材料上传到网络上之外，教师还应该为学生提供学习目标、学习建议、指导和参考资料等，使学生能够更好地进行独立学习。

网络课程模式是一种典型的异步教学模式，网络课程模式基于互联网，学生通过在线浏览器进行学习，这体现了现代教育思想、教与学理论的前沿性。该模式融合了交互性、共享性、开放性、协作性和自主性等特点，是一种以资源、情境和协作为基础的全新学习方式。网络课程的最大优势之一在于打破了传统教室的局限性，教与学不再受限于传统的教室空间，学习者不必局限于特定的地点和时间。借助联网的计算机，教师和学生可以在虚拟的网络教学支持环境中展开教与学的活动。教师与学生主要通过在线交流进行沟通，教师通过在线平台为学生提供学习支持和指导。这使得教与学的活动在时空上产生了分离，赋予了学生更大的学习自由度和自主性。网络课程的另一个亮点在于其广泛的学习范围和协作机会，学生不仅可以与本课程的教师互动，还能够跨越不同国家、地区和学校，与来自世界各地的学习伙伴展开合作。国际化的协作有助于促进文化交流，培养学生的全球意识，同时促使他们能够与跨领域的专家交流，从全球范围内获取多样化的帮助和资源。

随着网络技术的不断发展，网络教学平台的出现使得网络课程制作变得更加容易。网络教学平台是一套提供校园网络教学服务的系统软件，教室可以以网络课程为核心，在教学管理系统的支持下，合理利用学科教学资源，实现全方位的数字化教学。网络教学平台的集成将网络课程与学校教学有机地结合起来，展现了先进的计算机科学与技术水平，并且为教育提供了高效的现代化教育手段。网络教学平台引入先进的教育技术，致力于最大限度地利用计算机替代教师的部分工作，从而降低教育成本，提高教学效率。平台创造了统一的信息化学习界面，避免了学生需要适应各种不同学习系统的麻烦，为学生学习提供了更加便捷的环境。网络教学平台通过提供多种功能，如学习导航、答疑、查询、讨论、作业布置和自测，增强了师生之间的互动，有效提升了学生的学习效果。网络教学平台还在网络课程的构建方面发挥着重要作用，其通过提供方便的网络课程构建工具，显著提高了网络课程的建设效率，降低了重复劳动的成本，从而提升了网络课程的质量。同时，标准化的题库与考试系统也使在线测试与评估成为可能，为学生提供了灵活的学习路径。网络教学平台还通过引入多种体现网络特色的学习策略，打破了传统的单一讲授式学习模式。而且每种学习策略都提供多种教学设计模板，这有助于教师更好地进行教学设计，教师可基于此提供更多样化和适应性更强的教学体验。

在当今这个数字化时代，网络教学平台的出现为教师制作网络课程提供了极大的便利，为教育领域带来了创新，促进了教学资源的高效利用。在网络教学平台上，教师不需要精通复杂的网络技术，就能够制作出符合标准的网络课程。平台内设有课程目录、专题学习网站、数字资源、精品课程以及网络平台使用指南等子系统，每个子系统都提供了独特的功能板块。教师只需根据课程的教学目标和内容，准备相应的教材，然后分别导入相应的板块中即可。网络教学平台的崭新特点在于其带来的教育范式的变革，为教育注入了现代科技元素，推动了教学资源的共享和整合。

## （二）情境探究模式

情境探究模式主要适用于讲授型教学中，该模式分成几个步骤。（图3-2）

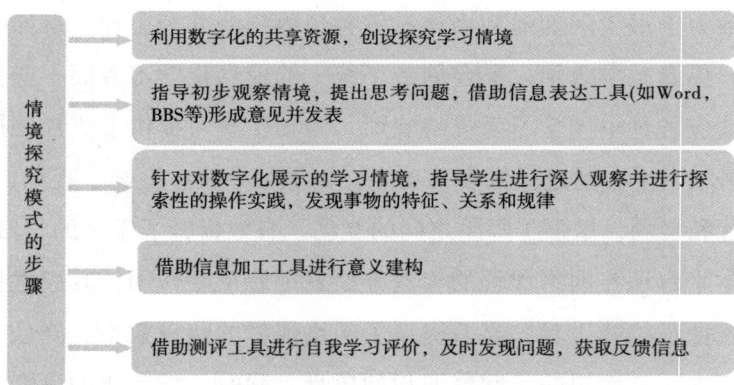

图 3-2　情境探究模式的步骤

## （三）协作学习模式

基于网络的协作学习是通过计算机网络和多媒体技术，让多个学生在共同学习内容上交互和合作，以深化对教学内容的理解和掌握。学生在这种学习模式下，通过交流、协商、讨论和协作来增进彼此的学习效果，同时培养团结协作的团队精神。而协作学习模式又分为竞争型、协同型、伙伴型和角色扮演型四种类型，每种类型都有其独特的特点。网络技术为协作学习提供了最佳工具。通过电子白板、可视化会议系统和电子讨论室等工具，学生可以方便地进行协作会话。（表 3-3 ）

表3-3 网络协作学习的主要模式

| 网络协作学习的主要模式 | "资源利用—主题探索—合作学习"模式，这类模式主要适用于校园网络环境 | 在教师指导下，学生进行社会调查，了解可供学习的主题 |
| --- | --- | --- |
| | | 学生根据课程学习需要，选择并确定学习主题，制订主题学习计划（包括确定目标、小组分工、计划进度） |
| | | 教师组织合作学习小组 |
| | | 教师提供与学习主题相关的资源目录、网址和资料搜集方法及途径（包括社会资源、学校资源、网络资源的搜集） |
| | | 指导学生浏览相关网页和资源，并对所得信息进行去伪存真、选优除劣的分析 |
| | | 根据需要组织有关协作学习活动（如竞争、辩论、设计、问题解决或角色扮演等） |
| | | 教师要求学生以所找到的资料为基础，做一个与主题相关的研究报告（形式可以是文本、电子文稿、网页等），并向全体同学展示 |
| | | 教师组织学生通过评价作品，形成观点意见，达到意义建构的目的 |
| 网络协作学习的主要模式 | "小组合作—远程协作"模式，这类模式主要适用于互联网环境 | 在不同国度、地区或城市，各自选择几所学校作为地区成员实验学校 |
| | | 根据课程学习需要，选择并确定学习主题，制订主题学习计划（包括确定目标、小组分工、计划进度） |
| | | 各合作学习小组同学内部分工，分别进行问题探索 |
| | | 围绕同一主题，不同地区的实验学校通过上网寻找与主题相关的网页，并通过下载获取相关信息 |
| | | 利用所得资料，进行素材加工，同学分工合作，建立小组网页 |
| | | 各合作学习小组定期浏览其他合作学校的网页并进行讨论 |
| | | 通过网络通信工具，对其他合作学校的网页发表意见，互相交流 |
| | | 经过一段时间后，组织学生进行学习总结，对综合课程知识的掌握和学习能力进行自我评价 |
| | | 组织各地区教育工作者、学生对各地区实验学校的网页进行评比，鼓励先进 |

## （四）个别化教学模式

教育现代化的核心特征之一是"关注每一个学生的全面发展"，在现代化教学模式中，这一基本原则体现为强调学习的自主性，将学生置于教学过程的核心地位，注重培养学生在真实环境中的各项能力，而个别化教学模式正是这一现代化理念的具体体现。个别化教学模式强调根据学生的个性化学习需求进行教学，教师主要在学生遇到困难或问题时提供有针对性的辅导和支持。个别化教学模式可以通过多种信息技术手段实现，教师在这种模式下采用同步指导和异步指导两种方式。同步指导主要依靠在线学习平台、聊天室和在线交谈软件，让师生通过文本交流或语音交谈进行实时的指导和讨论，令教师与学生直接互动，解决问题，共同探讨学习内容。而异步指导则主要利用电子邮件、博客留言板、BBS 等工具，教师与学生之间通过消息传递进行交流，教师根据学生的提问进行有针对性的指导，此种模式更加灵活，适用于学生在不同时间段进行学习与交流。

个别化教学模式可分为本地和远程两种形式。本地形式指的是学生通过下载相应的计算机辅助教学（CAI）软件，在个人计算机上运行课件，从而进行个别化学习。本地形式让学生能够在自己的学习环境中自主进行学习，并根据自己的进度和需求调整学习内容。学生可以通过这些软件与教材进行互动，进一步巩固所学内容。而远程形式则更多地被称为"基于网络的学习"，以软件系统实现非实时的远程学习，软件系统包括教学课件、答疑、作业发布、远程考试、交流以及学习管理等子系统。在这一模式下，有专人负责维护系统，如制作课件、整理考试题库、批改作业，并将学习资源放在网上供学生下载浏览，学生通过计算机浏览器进入系统进行学习。远程形式可以分为传统和非传统两种。传统形式中，学校将学习的环节放到网上，学生可以在家中通过浏览课件、提问、与同学交流以及参加考试等形式，享受学校提供的服务。计算机在这一情境下扮演了教师的角色，根据事先写好的程序进行指导。非传统形式则涵盖各种基于网络的智能化自主学习系统，这些系统的特点在于，它们能根据学生的特点，适时地调整学习进度和策略，实现真正的个别化学习。此种形式注重根据每个学习者的需求和进展进行个性化的教育，能提高学生的自主性和自律性。网络自主学习正是这种个别化学习的主要表现形式，通过使用网络资源，学生能够自主选择学习内容、学习时间和学习方式，灵活地安排自己的学习计划。

网络自主学习是现代教育中一种重要的学习模式，利用计算机网络提供的学习支持服务系统，学生能够自主选择学习工具、设定学习目标和内容，以交互方式探究学习过程，实现有意义知识建构的学习目标。此种学习模式的核心在于激发学生的自主性和创造性，让学生在认知生成过程中融入自己的见解，从而实现更深层次的理解。自主学习并非让学生孤立地学习，而是需要良好的外部环境和学生内部条件的支持。只有在这两者的共同作用下，学生才能保持良好的学习状态和进度，检测学习效果，实现自主学习的目标。网络学习环境具有显著特点，一方面，丰富的网络学习资源和灵活的学习方式突破了时空限制，使学习更加便捷；另一方面，网络学习也带来了负面影响，如信息过载和无序，使得学习者需要用更高的元认知能力来管理和调节学习内容。基于此种背景之下，大学生作为学习者，已经具备一定的学习目的和价值认知，相对于中学生更具自觉性和主动性。虽然个体差异显著，但总体来说，大学生对于理解能力和学习能力较为成熟，因此网络自主学习模式更适合大学生的学习活动。

1. 讨论学习模式

讨论学习模式是一种在教师指导和讨论支持系统的帮助下，学生围绕特定主题或中心内容，积极发表观点、互相争论的教学模式。讨论学习模式对于激发学生思维性、深化学生认识、培养学生独立性和批判性思维等具有重要作用。在网络上实现讨论学习有多种方式，其中常用且简便的方式是利用电子公告牌系统（BBS）和聊天系统（Chat）。通常，专业教师在网站上建立相关学科主题的讨论组，学生可以在特定区域内发表言论，互相评论，所有参与讨论的学生都能及时看到每个人的观点。随着时代的发展，网上讨论学习模式又加入了多媒体技术的元素，例如语音和白板工具，使得讨论更具实时性和生动性。然而，这一学习过程需要配以教师的监控，以确保学生讨论和发言符合教学目标，避免偏离当前学习主题。网上讨论学习模式主要分为两种形式：在线讨论和异步讨论。在线讨论是指学生通过实时交流工具，如聊天室，进行实时互动。在这种模式下，学生可以快速交换意见，立即获得反馈，所以可以提升讨论的活跃度和深度。异步讨论是指学生在不同时间段内发表意见，而其他学生可以在自己的时间内对其进行回复。异步讨论方式更加灵活，适用于学生时间安排较为困难的情况。

2. 网络探究模式

网络探究（WebQuest）模式是一种教学方法，由教师设定任务或问题，并提供相关的网络链接，学生通过上网查找资料，分析和综合这些资料，然后得出问题的答案。网络探究模式旨在让学生更有效地利用时间，而且其强调信息的使用，而不仅仅是信息的收集。计算机网络技术的应用为学生提供了丰富的学习资源，互联网上蕴含着大量的信息，只要学生掌握了网络通信操作技能和知识搜索技巧，就能通过各种在线检索途径，便捷地获取所需知识并进行学习，此模式实质上是通过主动探究已有资源来进行学习。

网络探究模式的优点有许多，其采用了多种策略来激发学生的学习动机，通过提出问题和任务，鼓励学生主动参与，增强了学生学习的自愿性和兴趣。网络探究模式通过要求学生解决问题，促使他们进行高层次的思考其整合了认知心理学和建构主义的思想，鼓励学生在分析、综合和解决问题的过程中发展深刻的理解能力和批判性思维能力。更为重要的是，网络探究模式充分利用协作学习的形式，使学生在完成任务时可以互相合作、讨论、分享观点，从而可以增强他们的合作能力和社交技能。合作性学习有助于激发学生的动机，因为他们可以通过与同伴合作共同达成目标，从而获得成就感和满足感。

3. 网络环境下的自主学习

建构主义学习理论强调学生在学习过程中是主动的参与者，通过自主建构内部心理结构来获取知识。在这一观点下，学生作为知识意义的创造者，而教师则充当组织者、引导者和促进者。教材不再是教师灌输内容的依据，而是学生自主建构意义的基础。教育媒体也不再仅仅是知识传授的工具，而是情境创设、合作学习和对话交流的认知工具。在这一理念的影响下，网络远程教育更加注重学生的自主学习，强调为学生提供支持和指导。众多学者在基于 Web 的自主学习系统软件开发方面进行了深入研究，涌现出"基于 Web 的智能学习系统""基于 Web 的自主学习系统""基于 Web 的自适应学习系统""基于 Web 的协作学习"等研究项目。有关项目不仅关注信息技术与课程的整合，更指出了信息技术与课程整合的未来发展方向。网络技术为教学中的四要素提供了新的联系方式，并为培养学生的信息素质提供了实践机会。信息技术的范围在狭义上主要指使用网络的技术，当前，大量信息主要通过网络进行传播，这使得学生能够以更加自主的方式获取知识。网络远程教育平台利用互联网的广泛覆盖和便捷性，为学生创造了更加灵活的学习环境。

（五）专题探究网站开发模式

"专题探究—网站开发"模式适用于互联网环境，学生在这种模式下需要构建一个"专题学习网站"，其中包括几点基本内容。第一，网站要展示与学习专题相关的结构化知识。这意味着学生需要将与课程学习内容有关的文本、图形、图像、动态资料等进行有条理的组织和呈现，以便更好地理解和掌握学习内容。第二，网站需要收集与学习专题相关的扩展性学习素材相关资源，包括各种学习工具（如字典、辞典、仿真实验等）以及相关资源网站的链接，以为学生提供更多深入学习的机会。网站应根据学习专题构建协商讨论、答疑指导和远程讨论区域，从而为学生提供与同学和教师交流互动的平台，有助于学生解除疑惑和共同探讨学习内容。第三，网站还应收集与学习专题相关的思考性问题、形成性练习和总结性考查的评测资料，使得学生能够在网上进行自我评估，检验自己对学习内容的理解和掌握程度。（图 3-4）

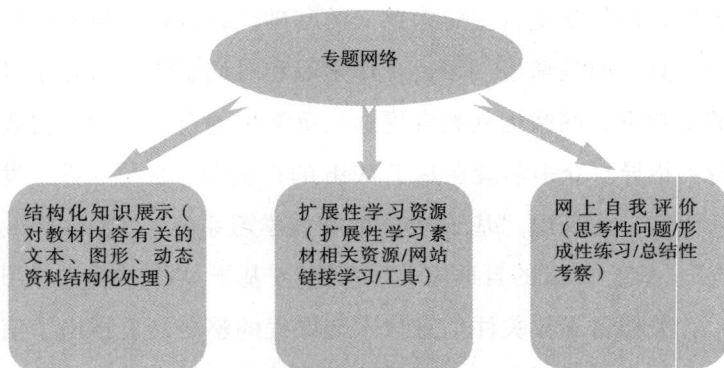

图 3-4　"专题探索—网站开发"教学模式

## 四、信息技术与体育教育专业课程整合的教学模式分析

### （一）选用教学模式的依据

不同的教学模式具有不同的教学功能和适应条件，对于特定课程（例如"篮球普修"）或某一课程内容（如学习单手肩上投篮技术），教师认真需要选择合适的教学模式，而选择依据的明确是选择适当模式的关键。在选择教学模式时，教师应该考虑教学理论、教学目标、操作程序、教学条件和教学评价等要素，这些要素为教学模式选择提供了依据。例如，针对特定的课程或内容，教师需要确定适用的教学理论，明确学习目标，设计操作步骤，考虑教学条件，并制定评价标准。选择教学模

式并不是一项简单的任务，而是需要综合考虑多个因素。

教师在选择适合的教学模式时，首要考虑的是教学目标。教学目标作为教学模式的核心，对操作步骤、教学环境以及评价标准都产生影响。不同的教学目标需要采用不同的教学模式，以更好地实现教学目标。因此，教师选择教学模式时应考虑如何最有效地达到预定的教学目标。教学目标决定了应选用的教学模式，如果目标是培养学生的自主学习能力，那么可以采用"自学—指导"教学模式，鼓励学生在教师的指导下独立探究；如果目标是培养学生的实际技能和技巧，那么可以选择"示范—模仿"教学模式，以模仿示范来提高学生的技能水平。教师在选择教学模式时，要根据教学目标的不同来灵活运用不同的模式，以便更好地满足教学需求，使教学更加有针对性和有效性。因此，确保教学目标明确，并选择与之契合的教学模式，可有效提升学生的学习效果。

另一个重要的考虑因素是教学内容，教师需要根据不同学科或相同学科的不同内容选择不同的教学模式。在人文类内容的教学中，适合采用"情境—陶冶"教学模式，通过情境创设来培养学生的综合素养。而在物理、数学等逻辑性强的学科中，可以选择"结构—发现"教学模式，以呈现知识结构来引导学生自主发现。因此，根据教学内容的特点来选择合适的教学模式能够更好地提升学生的学习效果。不同的内容需要不同的教学方式来达到更好的教学效果，教师应在教学规划中充分考虑这一因素，以确保教学内容与教学模式的匹配，从而提升学生的学习体验与成果。

教学模式的选择不仅取决于教学目标和教学内容，还与教学条件密切相关。教学条件涵盖人和物两个方面，即学生、教师，以及教学环境。在教学中，学生和教师是主要参与者，因此选择合适的教学模式必须考虑到他们的情况。在学生方面，教师要充分了解学生的知识、技能和智力水平。不同的教学模式对学生的知识储备和认知能力有不同的要求，教师应根据学生的年龄特点和身心发展水平选择适合的教学模式。例如，对于具备一定基础知识和学习能力的大学生，可以采用"自学—辅导"和"探究—研讨"教学模式。而对于小学低年级的学生来说，这可能并不适合。在教师方面，教师的个人特点也是影响教学模式选择的重要因素，每位教师都有与他人不同的学识、能力、性格和教学经验。教师应根据自身情况，选取那些最能展现自己才华和智慧的教学模式。例如，富有学识和教学经验，善于引导学生思考和探索的教师，适合采用"自学—辅导"教学模式，以发挥自身的启发和辅导能力。除了学生和教师教学环境也需要纳入考虑，教学环境包括课堂设施、教学资源、技术支持等方面，它们对于不同教学模式的实施效果有着直接影响。例如，在拥有多媒体设备和网络支持的环境中，教师可以更方便地采用"基于网络的协作学习"或"网络探究"模式。

在教学过程中，物质条件也是一项重要的考虑因素，物质条件涵盖了学校所提供的设备、图书、仪器和设施等。选择适合的教学模式必须考虑现有的物质条件，过度追求不适当的模式可能会增加师生的负担，降低原有教学模式的效益。因此，在选择教学模式时，教师要充分考虑教学的物质支持。此外，时间的投入也是教师选择教学模式时需要考虑的因素之一，不同的教学模式所需的时间不同，有些模式可能需要更多的准备和执行时间。教师需要在实际时间安排上灵活考虑，确保教学活动能够顺利进行，并在合理的时间内完成。教学模式的选择受到多种因素的影响和制约，在实际操作中，教师需要全面、综合地考虑这些因素，权衡利弊，做出正确的决策。教师在选择教学模式时，教学目标、教学内容、学生特点、教师个人特质、教学环境以及现有的物质条件等因素都需要纳入考虑。只有在充分考虑了这些因素的基础上，教师才能选择出最适合的教学模式，才能更好地提升教学效果和学生学习体验。

**（二）信息技术与体育教育专业课程整合的模式**

1. 理论课教学模式

体育教育专业的理论课程涵盖了多方面的内容，除了体育人文社会学和运动人体科学等课程外，还包括了实践课程的理论内容。在大学生这个年龄阶段，他们的人生价值观已经初步形成，逻辑思维占主导地位，学习的动机也相对较高，学习的主动性较强。因此，针对大学生的学习心理特点和知识结构特点，以建构主义学习理论为基础的个别化教学模式成为体育教育专业理论课教学的首选。与其他学科相比，体育教育专业的理论课程具有更强的实践性。已在其他学科中广泛应用的教学模式大多可应用在体育教育专业的理论课程中，只需要根据实际情况进行专业化的调整即可。正如 2003 年到 2007 年间体育学类国家级精品课程情况的证明，教学模式在体育教育专业的实际教学中是被灵活应用的。受专业课程特点的影响，一般教学模式被应用到体育教学中时，可能会增加或删除一些环节，以更好地适应课程内容和学生特点。例如，"网络化的讲授型教学模式"在体育教育专业的实践中可能会增加师生面对面的答疑和辅导，以取得更好的效果。虽然此模式在网络化教学方面有优势，但仍然需要增加面对面的交流与沟通，因为师生之间的有效互动对于良好教学效果的取得至关重要。

2. 术科实践课教学模式

体育教育专业的实践课程主要着重于技能的教学，因此，选择能满足这教学重点要求的教学模式是至关重要的。传统的"示范—讲解—练习"教学模式在体育术科实践课程中被广泛应用，且被证明是一种行之有效的教学方式。即便在信息技术与课程整合的环境下，此种教学模式仍然应该"重用"，因为它符合运动技能形成的规律，也与大学生的认知特点相契合。然而，在信息技术的支持下，教师可以对"示范""讲解"

和"练习"等环节进行信息化改进，以提高教学效果。传统的"示范—讲解—练习"教学模式中教学信息的传递过程是教师通过自己的示范，或者借助图片、影像等媒体，向学生展示即将学习的运动技能。学生通过视、听觉等感官接收教师的示范信息，然后经过认知加工，形成对动作的表象。随后，学生通过表象指挥自己的肢体模仿示范动作。然而，学生此时并没有真正体会到正确动作的本体感觉。因此，在练习过程中，教师的纠正和指导非常关键，但学生的本体感觉仍然依赖于自己对示范的模仿。针对这一矛盾，信息技术的运用可以起到积极的促进作用。通过录制示范视频、制作动画等方式，教师可以在"示范"环节中使用多种媒体，以增强学生对正确动作的视觉感受。在"讲解"环节，教师可以运用在线教学平台，提供更详细、深入的解释，帮助学生理解动作要领。在"练习"环节，通过视频回放和分析，学生可以与自己的练习动作进行比对，从而更好地理解本体感觉，发现和纠正错误动作。

由此可知，让学生快速掌握动作要领，教师的正确示范至关重要。信息技术的进步使多媒体技术能够替代教师的示范，这在一定程度上为术科课程整合提供了新的可能。然而，建立正确的动作表象只是运动技能学习的第一步，运动技能形成的三个阶段更加注重学生的本体感觉。实际上，教师的"经验"主要在这三个阶段得以体现，计算机很难代替这种难以用语言准确描述的能力，这也是信息技术与术科课程深度整合的关键技术之一。三个阶段具体解释如下。首先是信息的采集，特别是针对本体感觉的采集，目前有两大类技术：有接触采集和无接触采集。前者涉及刺入或贴附电极于身体，这对于一些简单动作，如射击的举枪，或许适用。然而，此种方法可能干扰运动，且有接触的方式有时会造成创伤。后者则是间接推算，准确度相对较低，实际应用价值有限。其次是"专家思维"的实现，如何将教师或教练恰到好处的提示和帮助转化为计算机可以处理和模仿的事件是一个挑战，涉及将人类的丰富经验和情感转换为算法和计算逻辑，这在技术方面是复杂的。最后涉及效应器的问题。一旦计算机产生了结果，如何将这些信息以何种方式应用于人体是需要解决的问题，这可能涉及生物反馈技术，比如通过传感器获得学生的本体感觉信息，并将信息转化为视觉、听觉或触觉的反馈信号，从而帮助学生纠正动作。最终目标是让学生的本体感觉在信息技术的辅助下自主地建构，这意味着技术需要在教学过程中起作用，并激发学生内在的感觉和认知，使他们能够感知、分析和改进动作，从而逐渐形成和掌握准确的本体感觉和技能。

# 第四章 信息技术与高校体育教育专业课程整合的教学环境分析

## 第一节 教学环境的理论内涵

### 一、教学环境的基本概念

教学环境是围绕教学活动而创设的一系列条件和情境，它以满足个体身心发展需求为导向，构建一个适宜的育人氛围。作为社会环境的一部分，教学环境为教学活动提供了必要的基础。教师和学生通过这个平台，在现有的条件下，有针对性地展开教学和学习。从空间布局到教学资源，教学环境都是促进教学目标实现的重要因素。教师创造有利于学习的环境可以更好地引导学生学习，而学生也能更好地参与学习、吸收和实践所学知识。教学环境能进一步促进有效教学和学习的实现，为知识的传授与掌握提供有益的支持和保障。

### 二、教学环境的分类

教学环境的多样性体现在其广义与狭义的区分以及不同的分类角度。在广义上，教学环境包括社会制度、科技发展、家庭条件等因素，诸多因素在一定程度上影响着教学效果。从狭义的学校教学角度看，教学环境主要指涉及学校教育活动的地点、各类设施、校风班风和师生关系等。

教学环境可从形态、分布、特点等多个角度进行分类，这揭示了其多样性。在教学环境的分类中，有形环境与无形环境是重要的一对划分。有形环境涵盖了教室、图书馆、实验室等物理空间，其直接影响学生学习和教师教学的体验。无形环境则包括校风班风、师生关系等心理和文化方面的要素，其塑造着学生的学习态度和价值观。另一个分类维度是动态环境与静态环境，动态环境指的是在教学过程中不断变化的情况，如课堂氛围、学习互动等，而静态环境则指那些相对稳定的因素，如教室设施、图书馆资源等。从环境分布上，可以将教学环境分为室内环境和室外环境。室内环境包括教室、实验室、图书馆等，而室外环境则包括操场、校园等。不同环境为教学活动提供了不同的场景，有助于学生全面发展。此外，还有时序环境、信息环境、人际关系环境和情感环境等分类，时序环境涉及教学活动在时间上的分布；信息环境则关联到学习资源和科技设备的使用；人际关系环境涉及师生之间的互动；情感环境涵盖学习的情感体验。以上分类视角展示了教学环境的多样性，但无论如何分类，教学环境的基本元素都是相通的。教学环境是为教育活动创设的框架，旨在营造有利于学生全面发展的氛围，为教师提供适宜的条件，从而提升教与学的有效性。因此，了解并合理配置教学环境，对于提高教育的质量和效果具有重要的意义。（图4-1）

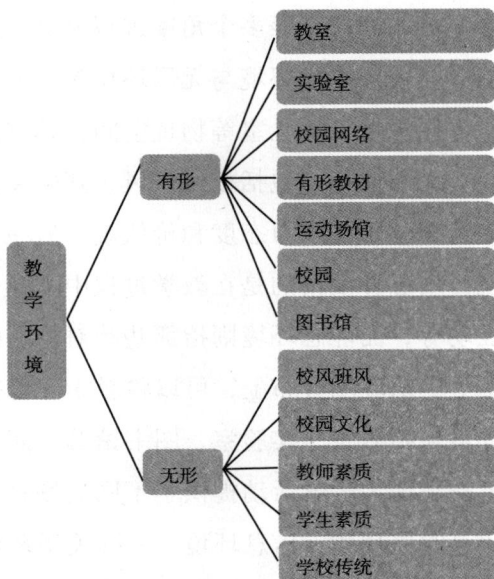

图 4-1　教学环境分类

　　本研究聚焦于狭义的教学环境，即学校教育活动的场所、设施和人际关系等方面，尤其关注于有形环境，即教学场所和设施。在信息技术与课程整合的背景下，教学环境的最显著特征是信息化。信息化是一种推动信息技术应用的过程，涉及信息资源传播、整合和再创造。教育信息化即通过多媒体计算机和网络通信技术，促进教育改革与现代化，以适应信息时代对教育的新要求。在教育信息化的进程中，数字化是一个关键特征，使教育技术设备变得简化、可靠且标准化。多媒体化则拓展了信息表征的多样性，其使得教育媒体设备更加综合，能够以多元方式呈现复杂的概念和现象。网络化是教育信息化的又一特征，其使得信息资源能够共享，学习活动的时空限制被减少，实现了跨地域的合作与互动。智能化进一步赋予教育信息化系统更多的能力，如推动教学过程更加人性化，使人际关系更加自然，处理复杂任务的能力得到增强。基于教育信息化的概念，教学环境的信息化意味着在满足教学需要的基础上，运用信息技术对传统教学环境进行改进，主要体现在数字化、多媒体化、网络化和智能化等方面。数字化使教学资源以数字形式被存储和传播，从而提高了资源的可管理性和共享性。多媒体化则丰富了教学内容的表达方式，通过图像、音频和视频等形式更直观地呈现知识。网络化则促进了学生之间的互动与合作，打破了传统课堂的地域限制，创造了跨时空的学习环境。智能化技术赋予教学环境更高的自主性，能够根据学生的个性和需求，提供个性化的学习支持和指导。

# 第二节　高校体育师生的信息素质

## 一、信息素质

信息素质，也称为信息素养，来源于图书馆素质的概念。最初，图书馆素质是指具备图书检索技能、能够有效利用图书馆资源解决问题并做出决策的能力。然而，随着信息技术的发展，信息已经成为社会的核心生产要素，是竞争力和经济发展的关键因素之一。在这个变革中，信息服务不再仅限于图书馆，而是扩展到提供各种在线数据库、电子邮件、电信、数据分析等多样信息服务。基于此，图书馆服务方式迎来了革命性的改变，传统的人工服务被计算机和网络技术所取代，信息服务形式得以全新演进。在此背景下，图书馆素质概念已经无法完全满足信息社会的需求，学术界不断探索新的概念来更准确地描述信息社会对个体的要求。于是，"信息素质"这一词汇崭露头角，经过发展和演变，成为更为贴切的表述。信息素质是一种可以通过教育培养的能力，体现了在信息社会中获取、利用和开发信息的修养和能力。

信息素质不再仅仅关注单一的技能，而是涵盖了多个方面。信息素质包含了信息意识和情感，即个体对信息的重要性、价值以及如何有效利用的认识。信息素质关涉到信息伦理道德，即在信息获取和利用过程中的道德规范和原则，还有如何保护他人的知识产权和隐私。信息素质涵盖了信息知识，指的是个体对信息的来源、评价、筛选和整理的能力。信息素质还包含信息能力，即个体能够运用信息技术解决问题、创新和合作的能力。信息素质是一个综合性的概念，涉及多个维度，同时是一个社会共同的评价标准。在信息社会中，具备高水平的信息素质成为个体参与学习和工作的重要基础。信息素质的提升需要个体自身的努力，也需要教育机构和社会的共同努力。教育系统应该在课程中注重培养学生的信息意识、信息伦理道德、信息知识和信息能力，使他们能够适应信息时代的发展需求。

## 二、信息能力

信息能力是指个体运用信息工具，开发和利用信息资源的各种能力的总称，是信息素质的核心。在信息社会中，个体的发展水平越来越多地依赖于其不断利用信息进行自我学习和自我教育的能力。个体获取、利用和加工信息的能力逐渐成为制约其发展的重要因素。信息能力不仅影响着学生的学习和创造性思维的发展，还在终身学习和信息化社会的职业工作中起着重要作用。信息能力的培养目标包括了下面几点。

### （一）使用信息工具的能力

信息工具的使用能力是指个体能够熟练地操作各种信息系统中的软硬件工具，包括对信息系统的基本操作能力，以及对常用软件如操作系统、文字处理软件、电子表格和浏览器等的熟练使用能力。在当今数字化时代，信息工具的使用能力已经成为个体获取和处理信息的基本能力要求之一。掌握信息工具使用能力可以帮助个体更加高效地检索、整理、分析和应用信息，从而更好地满足学习、工作和生活的各种需求。同时，信息工具的熟练应用也促使个体更好地适应不断变化的信息技术环境，为自身的发展增加竞争力。因此，培养信息工具的使用能力已经成为现代教育和职业培训的重要内容，获得这一能力有助于提升个体在信息化社会中的适应性和竞争力。

（二）获取信息的能力

获取信息的能力是个体根据特定目的从外部信息载体中提取所需有用信息的能力，涵盖了对信息资源的浏览和查找能力，例如使用哪些信息工具进行浏览和查找，如何下载信息等。在信息爆炸的时代，有效地获取所需信息是一项关键技能。个体需要了解如何在各种信息平台和数据库中快速定位并筛选出符合自身需求的信息，从而更加高效地满足学习、研究和工作的要求。现场信息收集能力也是获取信息的重要能力，指的是个体能够利用信息技术采集现场实时的有用数据，并将这些数据转化为所需的信息。现场信息的采集可以帮助个体获取最新和最真实的信息，还能够在如科研、市场调查、社会调查等各种领域中发挥重要作用。具备获取信息的能力意味着个体可以更好地理解和应用现实情况，从而可以做出更有针对性的决策和判断。

（三）加工处理信息的能力

加工处理信息的能力是指个体从特定目的和新需求的角度出发，对所获取的信息进行分析、分类、重组、加工和存储，并将加工后的信息进行传递的能力。该能力在现代社会中显得尤为重要，因为信息的价值不仅仅在于被获取，还在于如何有效地被加工和利用。在学生学习能力中，加工处理信息的能力要求个体能够从海量的信息中筛选出与自身需求相关的内容，并将这些内容整合得有逻辑、有条理。加工处理信息的能力需要学生具备良好的思维分析能力和综合整合能力，以便将信息重新组织、塑造，从而解决问题或者传达信息给他人。信息加工能力包括了多个方面的技能。选择、分类整理和储存信息的能力要求个体具备辨别信息有效性和相关性的能力。个体需要掌握各种有效的数学方法，以对数据和信息进行统计分析，从而从信息中提取有用的见解，并根据需求重新选择、重组、编辑和加工已有信息。独立解决问题的能力也是信息加工的核心。此外，正确评价信息的能力同样不可忽视，其有助于个体更好地判断信息的真实性和可信度。

### （四）信息表达能力

信息表达能力是指个体能够使用适当的符号对有用的信息进行编码和转化，以创造简洁、流畅、鲜明、易懂且富有感染力的表达形式的能力。信息表达能力除了体现在文字上，还包括通过多种媒体形式传递自己的学习成果和作品，与他人进行交流与沟通，从而与外界建立起多维的信息协作关系，实现资源共享。

### （五）创新信息的能力

创新信息的能力是指个体在掌握信息的基础上，能够从新的角度通过深层次加工处理信息，从而创造出新的信息。这需要个体在获取信息后，使用一定的思维方法和工具，进行科学的分析和评价，并将这些信息与已有的知识进行融合，以产生新的见解和创意。创新信息能力的培养是信息素养培养的最终目标。在信息时代，信息爆炸性增长，个体面对大量信息时，单纯地获取和传递已有的信息是远远不够的。个体需要具备创新思维和能力，能够在已有信息的基础上提出新的问题、发现新的规律，并产生新的见解和观点。创新信息能力的培养要求个体具备批判性思维、创造性思维和综合性思维，能够跨学科整合信息，找到新的解决方案和创意。

## 三、教师的信息素质

教师的信息素质是在教学实践中逐步培养形成的，其超越了单纯的计算机操作和网络使用能力。具备信息素质意味着教师能够在社会信息环境和发展要求的引导下，自觉提升自身的修养与教育能力，塑造正确的信息态度。虽然计算机技术和网络是教师传播和获取信息的有力工具，但教师的信息素质是一个更加广泛且深入的概念。其是教师整体素质的关键组成部分，反映了教师在信息时代的综合素养。信息素质不仅体现在技术操作上，更关乎教师的思维方式、价值观和专业能力。信息素质可以从以下几方面去理解。第一，信息意识是指教师对信息的重要性和价值有清晰认识，并能在教学中灵活地运用信息技术。第二，信息道德涵盖了教师在信息获取、利用和传播过程中的道德规范和责任意识，教师应该具备正确的信息伦理观念，避免信息滥用和不当行为。第三，信息知识要求教师具备丰富的学科知识和广泛的综合知识，能够将信息与知识有机结合，为学生提供丰富的信息资源。第四，信息能力是教师运用信息解决问题的能力，包括信息的收集、整理、分析和创新能力。教师具备优秀的信息素质对于实施素质教育、培养 21 世纪新型人才具有重要意义。

随着时代的进步，计算机技术在教育领域的应用越来越广泛，其包括硬件技术和软件技术两大类。虽然硬件构成了计算机的基础，但计算机的应用需要借助各种软件技术。在教学实践中，教师主要接触到的是软件技术，而随着计算机技术的飞速发展，大量的软件不断涌现，为教育提供了新的可能性。当然，教师在教学实践中常常会遇到各种问题，而这些问题几乎都能够通过相应的软件来解决，但并非所有教师都能够找到合适的软件来应对实际问题。在利用计算机技术解决教学问题时，教师需要将问题数字化，即将实际问题转化为可以在计算机上处理的数据，接着找到适用的软件来处理这些数据，但很多时候，单一的软件并不能完全解决问题，这时需要将不同的软件进行有机结合，形成所谓的"接口"。整个过程的成功与否，很大程度上依赖于教师信息素质的高低。信息素质使教师能够准确地将问题转化为数据，了解并掌握各种软件的特点与功能，然后有效地将它们结合运用，达到解决问题的目的。一个拥有较高信息素质的教师，除了在技术操作上能够得心应手，更能够在教学实践中灵活运用计算机技术，提高教学效果。

教师的信息素质应该主要体现在教学实践中，并非将过多的精力放在信息技术的开发和制作上。如果教师过于注重课件外表的制作，可能导致信息技术仅仅成为教学方法的表面修饰，而未真正融入教学实践中。有些教师在教学实践中，很容易走入一种误区，即将信息技术仅仅当作教学方法的一种包装材料。此种情况下，教师可能会花费大量时间和精力来制作精美的课件，却忽视了信息技术在教学中的核心作用。事实上，信息技术在教学中应该是充当"媒体"和"联系"的角色，帮助教师更有效地传递教学内容，与学生进行互动交流，获得有关教学过程的反馈信息。

## 四、学生的信息素质

学生的信息素质对信息技术作为认知工具的效果产生直接影响，学生是否具备良好的信息素质决定了他们在利用信息技术获取知识的能力和效率。然而，值得强调的是，培养学生的信息素质正是信息技术与课程整合的目标之一，而不是限制整合的因素。在信息技术与课程整合的过程中，学生的信息素质是其获取信息的能力，包括了信息意识、信息伦理、信息知识以及信息能力等多个方面。将信息技术融入教学中，可以在知识获取的过程中培养学生的信息素质，使之逐步形成对信息活动的积极态度和高效能力。

　　尽管学生的信息素质可以在知识获取过程中得到培养，然而在信息技术与课程整合的背景下，教学方法和手段的运用却受到学生信息素质的制约。学生信息素质的高低影响着信息技术在认知工具中的作用和效果，因此，在教学过程中，教师应根据学生的不同信息素质水平采用个性化的教学方法和手段。如针对信息素质水平较低的学生，因他们尚不具备将信息技术作为有效认知工具的能力，故教学策略应着重提升他们的信息素质。在信息技术与课程整合的背景下，教学应与信息素质的培养相辅相成。通过渐进式的教学方式，引导学生逐步提升信息获取、分析和处理的能力，从而为他们更好地利用信息技术做好认知准备。信息技术教育的推广使得学生能在学习中尝试多种新的学习方式，如研究性学习、自主学习以及协作性学习等。在此过程中，教师需要充分利用信息技术的优势，为学生创造多样化的学习环境和有益的学习工具。

　　随着信息技术教育的广泛推广和整个社会信息化进程的快速推进，当今的大学生的信息素质较20世纪末已经有了显著的提升。一些最基本的信息素质在基础教育阶段就已经得到了培养和强化。然而，这并不代表高等教育不再需要关注信息素质的培养。需要注意的是，信息技术本身正处于不断的演进和创新之中，随着新技术的涌现和信息社会的不断变革，每个人都需要持续更新和提升自己的信息知识和信息能力。尤其是在高等教育阶段，学生的信息素质培养依然是一个至关重要的教育任务。高等教育的培养目标不同于基础教育，对学生的信息能力有更高的要求。在高等教育阶段，学生的信息素质培养应当更加深入和专业化。

# 第三节　高校体育教育专业教学场所的信息化

　　教学场所是指教学活动发生的具体地点，在教育领域，教学场所的合理布局和信息化建设对于教学质量和效果具有重要影响，体育教育专业在教学过程中的场所主要涵盖了运动场馆、校园网络和教室等。对于体育教育专业来说，教学场所的信息化是指将信息技术应用于相关场所，以促进与体育教育教学有关的信息资源的传播、整合和创新。

## 一、体育教育专业教学场所常用的信息技术

根据体育教育专业教学的特点来看，在体育教育专业教学场所中，常用的信息技术主要包括下面几种。

### （一）声像技术

声像技术是现代教育中不可或缺的技术，以摄像机、DVD 影碟机、投影机等设备为代表。在教学场所中，声像技术广泛应用于教学过程中的多媒体呈现和信息传递。这些技术能够将各种声音和影像信息以生动形象的方式传递给学生，提升了教学的吸引力和效果。摄像机、DVD 影碟机等设备能够录制和播放视频内容，教师可以通过播放动画、影片等形式将抽象的概念具象化，更加生动地呈现在学生面前，增强学生的理解和记忆。投影机的使用则使得教师可以将教学内容投射到大屏幕上，方便全班学生观看，还便于教师进行讲解和演示。随着现代技术的不断发展，声像设备的操作变得越来越简单。经过现代教育技术培训的教师们已经掌握了这些设备的基本使用方法，能够轻松地完成操作，这为声像技术在教学场所的普及应用创造了良好的条件。教师们可以借助这些设备将课程内容变得更加生动有趣，以提高学生的学习积极性和参与度。

### （二）计算机技术

计算机技术在体育教育专业的教学场所中有着广泛的应用，涵盖了教学信息的处理和传播，实现模拟仿真教学以及运行各种辅助教学和辅助学习软件等方面内容。计算机技术的应用为教学提供了更多的可能性，

教师可以利用计算机软件创造出多样化的教学环境，通过互动和实践提升学生的学习效果。教师还可以利用计算机技术模拟实际场景，让学生在虚拟环境中进行体育训练和比赛，从而提高其实际操作能力。

### （三）传感技术

在体育教育专业的教学场所中，传感技术发挥着重要作用。测力、肌电、心电、心率、血压、脑电等测试仪器，作为传感技术的应用形式，将成为教学中不可或缺的工具。有关仪器设备能够准确地收集学生在运动和训练中的生理数据，为教师提供宝贵的信息，教师可据此调整教学计划和方法，更好地指导学生的体育活动。传感技术的应用使教学更加科学和个性化，能促进学生的健康发展和技能提升。

### （四）网络技术

借助网络技术，教师可以将丰富的教学资源，包括网络课程和文献资料等，连接到教学环境中，为学生提供更广泛的学习资料。使用网络技术也可以实现多个教学场所的互联，这使得同步教学成为可能，并使教学内容得以迅速传递。网络技术的另一个重要功能是支持协作学习、自主学习以及网络教学等，为学生提供了更多的学习方式和机会。

随着信息技术的不断发展，不同技术的在教学场所综合应用成为趋势。各项技术相互结合，往往能够创造出更卓越的效果，远超过各项技术单独应用的效果之和。在这些技术中，计算机技术无疑是应用最为广泛且重要的一项。其他各项技术与计算机技术的"嫁接"与融合，为教育领域带来了无限可能。如声像技术在独立应用时只能提供平面影像资料，然而与计算机技术结合后，就能够呈现更为立体的三维影像，解析这些影像可进一步得到运动技术模型所需的关键数据。肌电图在过去仅能提供定性分析，但与计算机技术相结合后，可以将模拟信号转换为数字信号，并通过加工处理，定量描述肌肉工作情况。声像和传感数据经计算机处理后可以形成多媒体材料，更直观地传达信息。此外，网络技术也依赖计算机技术，通过计算机实现人与网络的连接，为信息的传递和交流提供了便利。

## 二、教学媒体的信息化

媒体作为信息的传递工具，具有双重含义：既指用于携带信息的符号系统，如文字、符号、声音、图形等，不同的媒体使用不同的符号系统来传达信息，从而决定了其信息表达的能力；也指储存、加工和传递信息的实体，例如书籍、图片、录像带、计算机磁盘等。当这些媒体被应用于教学信息的传递时，就被称为教学媒体。教学媒体在教与学之间发挥着桥梁和纽带的作用。在教育历史中，教学媒体一度仅限于口头语言和书面文字。然而，随着时间的推移，教学媒体经历了四次显著的飞跃：首先是教科书的产生，然后是直观教具的使用，接着是音像材料的涌现，最后是计算机和多媒体网络的发明。

信息化是教学媒体的关键发展方向，体现在教学媒体的数字化、多媒体化、网络化和智能化。在数字化方面，教学媒体已经从传统的实体形态逐渐转向数字格式，使得信息的存储和传递更为便捷。多媒体化则充分利用声音、图像、视频等多种形式，增强了信息的表达效果。网络化将教学媒体与互联网相结合，使得学生可以随时随地获取丰富的学习资源并参与互动交流。智能化方面，现代教学媒体可以根据学生的需求，自动调整内容和难度，提供个性化的学习体验。如今的教学媒体已经迈入了一个全新的时代，学生可以通过多种渠道获取广泛的信息资源，从文字、图像到声音、视频，从实体媒体到在线资源，从静态内容到互动体验，应有尽有。

目前，在体育教育专业的教学中，教学媒体信息化的主要形式是多媒体技术。多媒体，顾名思义，是由多种媒体元素组合而成的媒体形式。然而，它不仅简单地将多种媒体组合在一起，更以计算机技术为核心，将语音处理、图像处理和视听技术融合在一起。教学媒体信息化将语音信号和图像信号转化为数字信号，然后通过计算机进行存储、加工、控制、编辑和变换，还能进行查询和检索。多媒体教学是指在教学过程中，根据教学目标和学生特点，运用现代教学媒体，与传统教学方法有机结合，参与整个教学过程，使学生在最佳学习环境中进行学习。与传统媒体相比，多媒体技术具有明显的优势。教师可以通过多媒体设备以多种形式将教学内容生动地呈现给学生，创造出形象丰富、生动有趣的教学氛围。更进一步，教师可以利用多媒体软件制作特效，超越现实界限，将教学内容以更具吸引力和冲击力的方式展现出来。

多媒体技术在体育教育专业教学中的应用，体现了信息技术与体育教育课程的融合。其中，各种教学课件的开发制作成为多媒体技术应用的主要途径，也是信息技术与体育教育专业课程整合的具体表现。在国家"九五"课件攻关项目中，明确提出了课件开发应体现教学策略的运用，以促进教育技术在教学中发挥最佳效果，这使得基于教学策略的课件成为课件开发领域的热点之一。基于教学策略的课件是将特定的教学模式和策略融入课件中进行开发的，包括课堂教学和个别化学习两类，要求开发者从新的角度审视课件的设计与制作，逐步提升课件的质量，以适应国际课件发展的新趋势。通过基于教学策略的课件开发，教学过程将更加具有针对性和实效性。

在体育教育中，教师应用多媒体技术大大提升了教学的效率与效果，将多媒体教学设备应用于运动场中，使运动技能教学达到了诸多传统教学方式无法达到的效果，主要表现为下面几点。

## （一）作为演示工具

多媒体技术在体育教育中有多种应用，其中之一是作为演示工具。过去，教师通常通过自己的示范来展示技术动作，但现在可以利用视频技术来实现这一目的。教师结合视频展示，可以呈现优秀运动员的动作示范，从而更有效地激发学生的学习兴趣和动力。视频技术的优势在于示范动作可以以任意的速度和次数进行播放，同时方便教师进行详细的解说和讲解，从而为学生建立正确的动作表象提供了更多的可能性。尤其是对于一些高难度的运动技术，教师并不一定需要完全掌握，只需了解技术的要领和学习难点，其他部分，例如动作示范，完全可以通过多媒体技术来呈现。此种应用方式在体育教育中具有显著的优势，根据优秀运动员的示范，学生可以更直观地了解正确的动作要领，从而更好地理解技术的核心，并且视频示范可以反复播放，所以学生能够仔细观察每个动作的细节，这有助于他们逐步掌握正确的技术要领。

## （二）作为反馈手段

多媒体技术在体育教育中还可以作为反馈手段，如教师可以用摄像机将学生的动作录制下来，并在适当的时候将录制视频与示范动作进行同步对比，为学生提供实时的学习反馈。此种反馈方式比起传统的模仿和语言描述，更能够被学生接受和理解。当学生的动作被摄像机记录下来后，教师可以将录像重放给学生观看。通过将之与示范动作对比，学生可以清楚地看到自己的动作与正确示范之间的差距。如此一来，通过视觉对比的形式，学生可以更准确地认识到需要改进的地方，从而更有针对性地进行调整和修正。与传统教学中仅依靠教师的模仿和口头指导相比，多媒体技术提供了更直观、更客观的学习反馈，有助于学生更快地纠正错误动作。

### （三）作为模拟工具

许多体育教育专业课程需要学生进行实践操作，即结合理论知识进行实验。在迅速发展的信息技术时代，很多实验可以通过计算机技术和多媒体技术的结合应用，以模拟真实情境的方式进行演示。体育教育专业中的一些实验课程需要学生亲身参与，但有时受到时间、空间等因素的限制。在这种情况下，多媒体技术提供了一种有效的解决方案。例如，在篮球课上，教师可以运用 3D 技术来模拟各种实战场景，将不同战术策略在虚拟场景中呈现，供学生观看和学习。模拟演示可以帮助学生更好地理解战术的运用，还能培养学生在实战中的决策能力。而大型游戏机也是多媒体技术在体育教育中的应用典范，许多体育项目可以通过游戏机与现实运动结合，让学生在虚拟环境中体验真实的运动动作，从而提高他们的协调性、反应能力等。

## 第四节　当代高校体育教育专业教学场所信息化模式

### 一、多媒体教室

多媒体教室是现代教育中的一项重要设施，其基本配置包括投影机、屏幕以及由计算机、实物展台、扩音机等构成的主控台。在这个教室里，多媒体技术为教学带来了丰富的可能性。一方面，教师可以利用多媒体教室进行各种教学演示，通过投影机和屏幕，教师可以展示预先准备好的各种教学软件，包括文字、视频、三维动画、Flash 等。这使得教师能够生动地呈现教学内容，让学生更加直观地理解复杂的概念和过程。另一方面，实物投影也是多媒体教室的一项重要功能，教师可以将实物的影像投射到屏幕上，这对于一些具体的物体、装备或实验过程的展示非常有帮助。

如今，多媒体教室在高校校园中已变得十分普遍。近年来，教育部对本科教学水平进行了评估，对教学硬件设施提出了一系列要求。因此，各高校纷纷增添新的硬件设备，尤其是一些"211工程"高校，几乎所有教室都配备了基本的多媒体设备，这为教学手段的"数字化"创造了必要的条件，也使得多媒体教室得以广泛普及。

## 二、网络化计算机教室

网络化计算机教室是一种先进的教育教室模式，其构建基于计算机网络技术，将多台学生机和一台教师机相互连接，形成一个局域网的教室。网络化计算机教室满足了传统教学的需求，并且为教学带来了许多创新性的功能和优势。网络化计算机教室拥有强大的视听教学功能。教师可以通过教师机或学生机屏幕展示多媒体教学资源，包括文字、图像、视频等，使学生更加直观地理解教学内容。使用网络化计算机教室时，教师可以采用广播教学，将屏幕上的画面和语音同步播送给学生，实现全体或部分学生的广播，有效地提升教学效果。网络化计算机教室具备实时监控功能，教师可以在自己的座位上通过教师机查看和控制学生的操作情况，随时对学生的操作进行监控，并在需要时采取相应的措施，保障教学过程的秩序和效果。网络化计算机教室还具备控制功能和分组管理功能，教师可以通过教师机对学生机进行远程控制，展示特定的教学内容，调整学习节奏，满足不同学生的学习需求。教师还可以根据学生的学科特点和水平，进行分组管理，实现有针对性的教学，提升学生的学习效果。

网络化计算机教室与多媒体教室相似，适用于体育人文社会学类课程和术科的理论课教学，但其功能更为丰富多样。网络化计算机教室通过计算机网络技术连接教师机和多台学生机，为教学引入了更多的互动和实时监控功能，从而拓展了教学的可能性。教室中的监控功能为教学提供了全新的维度，让教学过程更具主导性和针对性，此种功能尤其适用于个别化教学。在这样的教学环境中，教师作为引导者，能够深入了解每个学生的学习状态，为每个学生提供有针对性的指导。学生也可以根据自身的学习特点进行自主学习，充分展现主体的主动性。网络化计算机教室适应了传统"以教为中心"的教学模式，且更加契合现代"学教并重"的教学理念，促使学生在学习过程中充分参与，从而提升学习效果。

## 三、信息化运动场馆

### （一）运动场馆中多媒体教学设备的应用

过去由于硬件技术的限制，多媒体设备往往仅限于在固定场所被应用，而在运动技能教学中的应用相对受限。然而，随着信息技术的不断发展，这种限制逐渐被消除。现如今，多媒体设备的运用正在为体育运动场馆的教学带来新的可能性。笔记本电脑的普及降低了多媒体设备应用的门槛，学生和教师都可以轻松地通过携带笔记本电脑，将多媒体内容带到运动场上，从而实现实地教学与多媒体教学相结合，使得在运动场馆进行多媒体教学变得更加容易。便携式投影机的普及进一步推动了体育场馆教学设备的多媒体化，如便携式投影机的出现使得教师可以在运动场地上通过投影显示多媒体内容，为学生呈现图像、视频、动画等教学资源，便捷的设备为实地教学提供了更多的可能性，使得学生可以直观地了解和学习各种运动技能和战术。[①] 现在，一套"便携式"多媒体教学设备包括笔记本电脑、便携式投影机以及数码摄像机，三者的结合使得在体育运动场馆进行多媒体教学变得更加便利和实际。

---

① 黄振鹏. 高校智能化体育场馆建设与经营管理 [M]. 长春：吉林大学出版社，2020：122.

### （二）运动场馆中各种传感探测技术的应用

在现代体育教育专业中，运动场馆中的传感技术应用正逐渐成为提高教学效果和增强学生体验的重要手段。将各种传感探测技术应用于运动场馆，可以提升器材设备和场地的教学功能，还能够辅助教师和学生更好地完成教学任务，发挥"教学"和"应用"的双重作用。以体操馆为例，在双杠上贴上"应变片"，教师和学生可以清楚地判断学生在完成练习时双臂的承重情况。传感器所获得的数据可以直观地帮助学生掌握技术动作，指导他们做出正确的姿势和运动动作。实时监测技术有效提升了学生的学习效果，并能进一步帮助教师更精准地进行指导。体育教育专业的教学特点之一，就是学生在学习过程中需要有一定的运动量，而学生的体能差异较大，因此在教学过程中实时监测学生的生理反应显得尤为重要。在竞技运动中，运动员的生理指标监测已经得到广泛应用，例如心率遥测仪在田径课程中的应用。这些监测手段同样可以应用于教学过程中，通过监测学生的心率等生理指标，教师可以更好地了解学生的身体状况，调整教学内容和强度，确保学生在安全和有效的状态下进行学习。传感技术的应用也成为体育教育专业学习的一部分，学生通过学习传感技术的原理和应用，能够更好地理解其在运动场馆中的实际应用场景。这种"学以致用"的教学方式将学术知识与实际应用紧密结合，可以培养学生的综合素质。

### （三）运动场馆中网络技术的应用

在现代体育教育专业中，网络技术的应用在运动场馆中日益普及，成为推动教学环境信息化的重要手段。[①] 网络技术作为信息技术的主要代表之一，通过各种网络学习平台，呈现出丰富的教学内容，为学生提供

---

① 赵广，黄宏远. 体育场馆智能化 [M]. 武汉：中国地质大学出版社，2018：163.

了全新的学习方式和机会，进一步拓展了教学的边界。网络学习环境具有多重优势，网络环境中资源丰富，各类学习资源可以被共享和传播，这丰富了教学内容，满足了不同学生的学习需求。网络学习打破了时空限制，学生可以根据自己的时间和场合选择适合的学习时机，提升了学习的自主性和灵活性。校园无线网络的普及，为实现"多媒体网络场馆"提供了实现的可能，以往在室外运动场（如田径场）应用多媒体教学设备常常受到限制，但现在，通过将便携式多媒体教学设备与无线网卡结合，这一问题正在得到解决。在运动场地上，教师可以利用这一组合播放各种教学素材，实现教学资源的即时呈现。如使用配备无线网卡的笔记本电脑和数码摄像机，将现场实际情况传送到网上，这为教学活动带来了全新的维度。学生和教师可以通过网络实时交流、协作，共同参与评价。

# 第五章　现代教育技术在高等体育教学中的应用

随着现代信息技术的迅猛发展，高校体育教学领域也迎来了新的变革和发展机遇。各种先进的教育技术正逐步融入体育课堂，为高校体育教学注入了新的活力，提供了创新思路。现代教学媒体与传统教学理念的融合，为高校体育教学模式的更新探索开辟了广阔空间。此种融合将传统的体育教学方式与现代技术手段相结合，创造出了更具互动性、多样性的教学方式，为高校体育课堂带来了全新的面貌。

## 第一节　网络教育技术在高等体育教学中的融合

### 一、高校体育网络教学的基础与其形式

计算机硬件的广泛普及和互联网的快速发展，为高校教育带来了新的前景，特别是在体育教育领域。随着互联网的兴起，我国越来越多的高校纷纷建立了自己的校园网络，这成为开展体育网络教学的技术平台。然而，虽然校园网的建设已经基本普及，但在体育主页的建设和内容丰富度上仍然存在一些挑战。在我国高校中，校园网的覆盖率相当高，但体育主页的数量和质量都相对较低。已开通的体育主页内容往往相对单一，信息更新不及时，且缺乏全面的栏目设置。许多高校的体育主页仅限于简短的文字描述，未能建立多层次的链接结构，限制了学生和教师

的信息获取途径。更为严重的是，只有少数高校在体育网络教育功能方面进行了积极开发，而真正能够为学生和教师提供有效的在线教学资源的高校寥寥无几。在当前的形势下，高校体育网络教育的建设迫在眉睫，尤其需要加强的是体育主页的数量和质量。高校应当更积极地开发和完善体育主页，将体育教育资源有机地融入校园网中，使之成为学生学习和教师教学的重要依托。我国高校校园网实施"体育上网"，主要包括了三种形式。

### （一）系部体育主页

当前，高校的体育教学逐渐迈入数字化时代，构建系部体育主页成为高校"体育上网"的重要途径。系部体育主页由学校的体育教学和管理部门负责编制、开通和维护，可以为学生、教师以及校内外体育爱好者提供丰富的信息资源。一般而言，系部体育主页涵盖了丰富多样的内容，从学院概况到体育科研，从体育教学到运动竞赛，无所不有。人们在主页上可以找到学院的简介、组织架构、人员构成等基本信息，这可以方便人们更好地了解学院的整体情况。同时，体育主页还介绍了学院的体育教学情况，包括教学资源、课件、赛事剪辑等，方便学生和教师获取教学素材，提升学习和教学效果。体育主页的重要功能之一是提供群体活动和运动竞赛的信息，学院通过主页可以宣传组织的各类体育活动，鼓励学生积极参与，还能将丰富的运动竞赛信息展示在主页上，让学生了解和参与各类体育比赛。而且，主页也是学院展示体育场馆设施的窗口，其结合图片和文字介绍，向师生展示学院的运动场馆，增加了体育活动的可见性。对于体育科研来说，体育主页同样发挥着重要作用。学院可以在主页上发布科研成果、研究项目等信息，促进学术交流和合作。体育主页是学院展示专业设置、人才培养、学科建设等内容的重要途径，可以帮助人们更好地了解学院的专业特色和发展方向。随着信息技术的不断发展，一些学校的体育主页的功能还在不断拓展。如一些学校在网页上发布招聘专项体育教师的信息，为教师招聘提供了新的渠道。体育主页不仅仅是信息展示的平台，还逐渐成为人们进行教学、科研、交流的重要工具。

### （二）素材库中的体育课件

在现代教育领域，一些网络学院或教育技术学院设立了专门的在线教学课件，包含各种科目的教学内容，其中也包括了相当数量的体育教学课件。在线教学课件的开通和维护一般由学校的网络管理中心或教育技术中心负责，为学生提供了便捷的学习资源。在线教学课件的体育主页通常包含了文字、图片介绍以及精彩赛事剪辑等多种内容，然而由于在内容的设置上缺乏体育专业人士的参与，所以主页的逻辑性和连贯性方面存在一定欠缺，未能按照体育教学规律安排网页之间层次的组织，从而影响了学生的学习体验。一般而言，主页包括两部分内容：体育卫生保健理论网页和体育技术教学网页。在体育卫生保健理论网页中，学生可以获取有关体育健康、保健理论的知识，从而增强身体素质和健康意识。而在体育技术教学网页下，不同的运动项目拥有各自的教学课件，涵盖了该运动项目的基本情况介绍、比赛规则、技术战术讲解、动作要领、重点难点以及精彩比赛剪辑等内容，从而为学生提供了丰富的学习素材，能帮助他们更好地理解和掌握不同体育项目的知识和技能。另外，一些素材库还会链接到其他专业体育素材网站，这将校内外的体育资源进行了有机延伸。此种联动能帮助学生获取更多的相关信息，丰富他们的学习体验。然而，尽管这些资源的开发为学生提供了便利，但在内容质量和逻辑性方面仍然需要更多专业人士的参与和指导。

### （三）体育社团主页

在现代高校教育中，体育社团主页成为学校内各个体育社团组织的窗口，他们利用校园网开辟了这个简单而内容丰富的交流平台。体育社团主页通常由本社团的成员进行管理和维护，致力于向学生展示不同体育运动项目的魅力和活动，为学生提供一个了解、参与和沟通的机会。每个体育社团主页都以一个特定的体育运动项目为核心，集中展示该项目的各个方面，这使得主页内容更加专业和深入。例如，浙江大学的跆拳道体育社团以及中国地质大学的攀岩俱乐部等社团，他们各自的主页中包含了丰富多样的内容。社团简介、章程、教学课堂、成员组织等板块详细介绍了社团的运作和活动，特别是历年的参赛情况和精彩图库，更是展现了社团成员们的活力和拼搏精神。体育社团主页并不限于社团内部的信息交流，还涵盖了更广泛的内容。例如，一些主页会发布国内外大赛的报道、优秀运动员的近况介绍等内容，丰富了主页的内容深度。体育社团主页还大量链接到相关的专题体育网站，为学生提供了更多相关信息的获取渠道。体育社团主页大多由学生自行维护，这锻炼了学生的组织能力和团队协作精神，同时增强了他们对所从事运动项目的理解和认同感。通过主页的建设，体育社团在校内外的影响力得以提升，体育社团的宣传范围得到扩大，因此，吸引了更多学生的参与和关注，从而促进了校内体育文化的传承和发展。

## 二、网络教育技术融入高校体育教学对师生的影响

### （一）对教师的影响

1. 重新定位教师角色

网络教育技术的崛起正在深刻地影响着高校体育教学，使传统的教

师中心权威模式出现弱化的势头。在网络环境的推动下，教学权力的重新定义正在逐渐改变教育中的权力结构，而师生关系也在这个过程中发生了重要的变革。在传统的教学模式中，教师往往处于知识传授者的核心地位。然而，网络教育模式的崭新特点，即以学生发展为中心，打破了这种单一角色的局面。学生在网络教学中不再只是被动的知识接收者，而是更加积极地参与到课程的构建和共同建构中的学习主体。此种转变使得教师不再是单纯的授课者，而是成为课程的组织者、情感的支持者、学习的参与者和信息的咨询者。网络教学的异步性也对教师提出了新的要求，教师需要在课程之外进行更多的角色拓展。例如，在课余时间为学生解惑，开发网络教学素材等，均需要教师具备更为全面的能力和角色转换的敏感性。传统的体育教师还需进一步扩展自己的职责，对学生进行体育指导与辅导，从而更好地适应网络教学的发展趋势。当然，这种教学模式的转变对于一些教师来说并不容易。一些高校的体育网络实践教学在实施过程中遭遇困难，原因之一就是教师对自己角色定位不够准确，难以适应新的教学模式要求。对于这一挑战，教师需要不断地进行自我反思和职业发展，除了要掌握网络教学的技术，还需要更新教学理念，不断地调整和完善自己的角色。

2. 对教师素质提出更高要求

教育部颁布的网络教育《教师教育技术能力标准》为众多体育教师敲响了专业发展的警钟，该标准明确了教师在网络教育领域所需具备的基本知识和技能，对体育教师提出了更高的要求。但是对于一些曾"只靠身体吃饭"的一线体育教师来说，这意味着将他们要迎来技能和思维的巨大变革。这一"标准"之所以被强调，是因为网络教育所需的专业技能较传统教学方式有了显著的不同。然而，许多体育教师在利用网络资源和多媒体课件辅助教学时，积极性并不高。这往往源于他们计算机网络技能水平的不高，以及对网络教育本质理念的理解不足，这些问题导致了其在教学实践中无法充分体现网络教学的优势和宗旨。在许多高校，网络资源和素材库的开通与维护往往由学校的网络管理部门和教育技术学院负责。大多数从事一线教学的体育教师并不具备自行开发和维护教学素材的能力，这导致了网络教学和面授教学之间的脱节。学生在教师要求下自主进行网络学习，但教师很难对网络学习进行指导和辅导。同样，面授教学也往往同网络教学孤立存在，教师难以将二者有机地融合成一种有益的教学模式。面对这种局面，体育教师需要面对职业角色的深刻转变，要掌握计算机和网络技术，还要理解网络教育的核心理念，将其融入教学中。[①]教师同时还需要具备自主开发教学素材的能力，以满足个性化的网络教学需求。

### （二）对学生的影响

网络教学模式已经深刻改变了体育教学的面貌，为学生和教师带来了全新的教学方式和学习体验。在这一模式下，体育教学资源和素材呈现海量化的趋势，学生能够更加自由地选择学习不同项目的技术。相较于传统教学，网络教学环境能够使学生更及时准确地获取体育知识和信息，从而使学生对体育的了解更加丰富广泛。尤其值得关注的是，网络教学模式赋予学生更高的学习自主性。学生不再是单纯地被动接受教师传授的知识，而是在网络环境中主动建构意义，此种自主性在学习过程中起到了积极的作用，使学生更加投入学习，更有动力去探索自己感兴趣的体育知识。由于网络教学模式强调学生的参与和互动，所以学生在与教材、教师和同学的交互中更易于形成深刻的学习理解。网络教学模式的核心理论基础是建构主义学习理论，该理论强调学生作为主体参与知识的建构过程。因为网络教学模式下，教师为学生提供了丰富多样的

---

① 丁晓昌. 学校体育现代化理论构建与实践探索 [M]. 南京：南京师范大学出版社，2008：93.

交互式学习界面，所以学生可以根据自己的学习兴趣和需求，自主地选择学习路径和内容。学生可以通过图文并茂的多媒体展示，从不同角度深入了解体育知识。而且，网络教学模式提供了超文本结构组织的知识库和信息库，使学生能够更自由地关联不同知识点，培养出色的联想思维和记忆能力。在这一新的教学模式下，学生的学习能力得到了极大的培养。

学生终身体育意识的培养是一个系统性的过程，涉及学校体育指导思想、教学目标等多个方面。虽然单一地改变教学模式并不能直接塑造学生的终身体育意识，但不可否认的是，网络教学模式在这方面具有积极的影响。学生对这种模式的评价相当高，原因在于网络教学为他们接触、掌握大量和体育与健康保健相关的知识和信息提供了便利，从而使得学习目标更加明确。网络教学能够以更直观的方式呈现丰富的体育和健康保健素材，学生更容易在这个环境中认识到健康知识和技能的重要性，从而为形成"终身体育意识"打下坚实的基础。学生在网络学习中能够深入了解健康的重要意义，并且能够自主地选择学习与自身兴趣和需求相关的内容，从而培养出更持久的兴趣。学生通过网络学习可以不断获取新的知识和信息，从而在整个人生过程中不断丰富自己的体育素养。相比之下，传统体育教学环境下的学生可能会长时间受到竞技体育项目的考核压力，在这一压力的影响下，学生可能只为了应付考试而学习，形成应试教育思想的"终结性教育观"，这使得学生对体育课的长期目标认识不足，很难在实际生活中形成持续的体育兴趣和意识。

网络教学模式下，学生对课程"锻炼身体、增强体质"的作用评价普遍较低，与传统教学模式相比存在明显差异。目前国内大多数高校仍保留一定课时用于基础素质课的设置，考核以素质达标为准。然而在网络环境下的体育教学中，课程教学目标更侧重培养学生长期锻炼的习惯和终身体育学习的能力，此种差异对体质目标的确定产生了明显影响。

在传统教学中，学生通常会接受一定课时的基础素质课，该课能使其强化体育锻炼，提升体质水平。而网络教学模式下的体育课程更加强调培养学生的长期锻炼习惯，促使其获得终身体育学习的能力，从而导致学生对于短期内直接体质提升的效果评价较低，因为其学习体验更侧重于培养可持续的体育习惯。同时，网络教学模式可能会使学生更多地待在电脑前进行学习，这会影响他们参与体育锻炼的时间。而且，长时间的电脑使用可能对学生的身体健康产生负面影响，如眼睛疲劳、颈椎压力等。这使得学生难以保持足够的体育锻炼时间，从而影响到体质的提升。

### 三、网络教育技术在高校体育教学中的实际应用

#### （一）俱乐部制体育课

1. 网站系统

（1）体育教育网络系统

在现代体育教育中，学生可以通过体育教育网络系统访问各个俱乐部的主页，在选课前了解不同项目的基本情况以及相关教师信息。在整个学年中，教师则能够随时引导学生使用体育理论网，学习体育理论和体育卫生保健等基础知识。学生有权根据个人需求选择学习运动处方、运动小常识等理论内容，还能通过网络的"百题解答"专栏向教师咨询相关问题。网络系统为学生提供了便捷的学习途径，使他们可以根据兴趣和需求灵活选择学习内容，增加了个性化学习的可能性。此外，教师的指导也变得更加及时和精准，通过在线咨询和解答，可以迅速解决学生的疑问，提高学习效率。

（2）网络选课系统

学生在了解各俱乐部情况后，根据网络选课系统进行报名，学校利用专门的网络选课管理软件进行处理。此流程为学生提供了便利，同时

提升了选课的效率与准确性。

（3）体育资源素材库

学生可以通过点击体育类"网络课件"，进入体育资源素材库，这一丰富多彩的平台为他们提供了全面的学习资源。素材库内包含多个部分，如体育课程、体育素材、智能检索、教学研究、在线交流以及网上调查。在体育素材这一部分，进一步细分为竞技体育、休闲体育、社会体育、训练要领以及精彩回放等多个栏目，涵盖了丰富的内容。特别是"训练要领"栏目通过文本、图片、视频等多媒体手段，详细讲解了各个学习项目的技巧与要领，并针对重点和难点进行了深入的分析，可帮助学生更好地理解每个动作，还能够在实践中帮助他们克服困难，提升技能水平。而"精彩回放"栏目则集结了大量精彩比赛的剪辑，可帮助学生更好地理解各项技术动作，满足他们对于观赏比赛的需求。

2. 具体教学模式

体育教学模式在网络环境下分为三个关键的体系，即自学体系、教师指导体系以及小组活动体系，这三个体系共同构建了一个多元化、综合性的体育学习平台。以某羽毛球俱乐部的教学为例，学生通过登录校园网上的体育教育网络系统，可以了解到各个俱乐部的基本情况，并根据自己的兴趣爱好在网上选课系统中报名参加相应的课程。课前，教师会设定学习目标，让学生自主学习羽毛球的基本规则和基本技术。学生进入体育资源素材库后，点击"训练要领"菜单，便可以进入羽毛球教学部分，此部分细分为基本规则、基本打法、战术介绍、羽毛球术语、各大比赛介绍等几个专栏。在这些专栏中，学生可以详细地了解羽毛球运动的基本规则、不同打法的特点、战术的运用，还有羽毛球场地、站位与击球、持拍与非持拍手、拍形角度与击球点等基本技术。专栏配以图片、图形和文字说明，使教学内容被更加直观地展现出来。此外，学生还可以通过"精彩回放"这一栏目，观看大量精彩比赛的录像，以更好地理解技术动作。在课堂中，学生以实际练习为主，而教师则在课堂上巡回指导，帮助学生纠正动作、提供反馈。如果学生在网络学习过程中遇到问题，可以通过学习论坛进行咨询，而教师会定期解答这些问题。学生还可以根据自身需要，通过体育教育网络系统，学习体育基础理论和专项知识。除了课堂和网络学习，教师还定期向学生播放单项教学课件，以此对学生加以指导。①教师采用多种多样的学习方式，旨在培养学生的自主学习能力和终身学习意识。此外，教师还为学生提供了丰富多彩的学习内容和学习方式。

### （二）刷卡健身体育课

1. 课程教学过程

课程教学的过程主要如下图所示。（图 5-1）

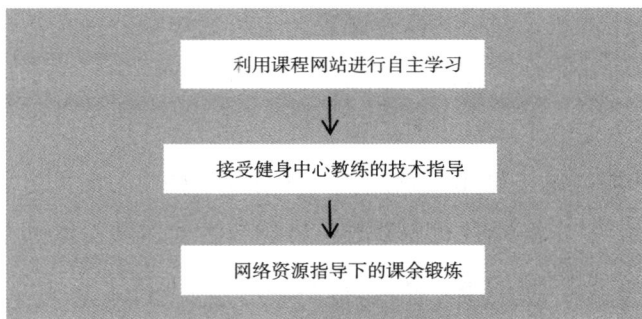

图 5-1　课程的教学过程

（1）课程学习网站

体育教学的创新已经引入了课程学习网站，该工具的基本功能的设计目的是提供更便捷、系统的学习方式。此网络平台将体育课程按项目进行划分，将主要的知识点以章节为单位进行设计，使学生能够有条理地逐步学习。同时，全文搜索功能的引入也让学生更容易找到他们需要

---

① 王丽丽，许波，李清瑶. 教育技术在高校体育教学中的实践探索 [M]. 长春：吉林人民出版社，2021：120.

的内容，从而满足个性化的学习需求。教师在此课程学习网站中的作用是通过交互系统，及时回答学生提出的问题，促进实时的师生互动。在这一网站，教师还可将教学内容中的技术动作制作成静态图片和动态动画，通过生动的演示加深学生对基本动作以及动作惯性的理解。动画演示能让学习更具趣味性，且有助于增强学生的学习效果。针对网络课程信息量较大、内部联系较复杂的特点，网站结构的设计显得尤为重要。为了使学生能够更轻松地找到所需内容，建立目录索引表成为必要。学生能够通过这样的索引表更直接地了解整个网络课程的信息结构，并迅速进入他们所需的学习页面。

（2）课时设计

针对体育课程的改革，教师引入了更为灵活的课时设计，这将为学生提供更多自主选择和参与的机会，从而更好地满足他们的兴趣和需求。新的课程设计将两年制公共体育课程转变为四年制的健身活动课程，通过"刷卡"的方式进行管理。在这个健身活动课程中，学生将在四个学年内累计参与不少于250小时的体育健身活动，且每个学年的活动时间不低于60小时。这一变革不仅延长了体育课程的学习时间，更重要的是为学生提供了更充裕的时间去参与各种健身活动，从而增强了他们的体质和健康。值得注意的是，新课程设计在时间安排上有了明显的改变。从早晨6点到晚上6点，学生都可以根据自己的时间安排选择参加健身活动。开放的时间安排模式充分考虑了学生的个体差异，使得每位学生都能够在适合自己的时间段内进行健身锻炼。此种灵活性不仅有利于学生充分参与体育锻炼，而且也能够使体育锻炼更好地与他们的日常生活和学习计划相结合。

2. 课程的管理模式

学生将通过持有的"一卡通"参与课程管理，具体做法是学生进出运动场时刷卡记录活动时间，电脑自动累计，每年活动时间达标的学生将自动获得合格的体育成绩。此种便捷的管理方式将有效监控学生参与健身活动的情况，促使他们积极参与体育锻炼。

　　3. 体育活动课程的选项与设项

　　学生在每学期开学时，可通过网上报名选择参加 1 到 2 个健身指导中心，选择一旦确定，将在整个学期内保持不变。每个指导中心涵盖 3 到 5 个不同的运动项目，并由专业的指导教师提供支持。这样的选择范围和设定，充分考虑学生的兴趣、爱好和社会体育项目的发展趋势，旨在满足学生多样化的需求。例如，球类健身活动指导中心、武术游泳指导中心以及全民健身指导中心等，下设多个分会，以提供更具体的体育活动。赋予学生自主选择权，设定多元项目，将鼓励学生在个人兴趣领域内积极参与体育锻炼。这样的系统设计不仅为学生提供了参与更多体育活动的机会，还能够使学生在不同的健身指导中心中获得专业教练的指导。

# 第二节　虚拟现实与虚拟仿真技术在高等体育教学中的应用

## 一、虚拟现实技术与虚拟仿真技术

### （一）虚拟现实技术

　　虚拟现实技术是一种引人入胜的创新，将用户带入一个全新的虚拟环境中，通过视觉、听觉、触觉等感知方式，使用户获得身临其境的奇妙体验。从根本上看，虚拟现实技术可被视为交互式仿真技术的进阶形式。与传统的交互式仿真相比，虚拟现实技术在多个方面展现出独特之处。虚拟现实技术呈现了信息的多维性，其不局限于数字信息，而是涵盖了声音、图像、图形、位姿、力反馈、触觉等多种感知方式，多维信息的融合使得用户能够更全面地体验虚拟环境，仿佛置身其中，虚拟现实技术注重人机交互的自然性；相比传统的人机交互方式，如键盘、鼠标或专用控制设备，虚拟现实技术更强调计算机对人的适应性。用户的位姿、手势等可以被计算机识别，甚至可以实现人机之间的"对话"。头戴式显示器、数据手套、数据服装等成为实现人机自然交互的关键工具，使人们可以更自然地与虚拟环境互动，理想的虚拟现实技术应当能够让人在虚拟环境中感受到类似于真实环境中的体验。这种体验除了三维视景感受外，还应包含自动定位的听觉、触觉、力学和运动等多种感知。甚至，一些先进的虚拟现实系统还可以模拟味觉、嗅觉等感觉，让用户的体验更加丰富多彩。

虚拟现实技术在当今科技领域中占据着显著的地位，给用户带来了全新的体验，将人们引入一个虚拟的世界中，实现了沉浸感、交互性和构想力等方面的突破。沉浸感是虚拟现实技术的核心目标之一，通过精心设计的虚拟环境，用户可以在其中体验身临其境的感觉，就如同置身于一个真实的场景之中。在虚拟现实技术的作用下，用户不仅能在视觉上产生真实感，还能在听觉和触觉等多重感知上获得真实的感觉，这使得用户感觉自己不再是旁观者，而是虚拟环境中的一部分。沉浸感的营造为用户创造了独特的体验，使其可以更深入地探索虚拟世界。交互性是虚拟现实技术的另一重要特征，虚拟环境与用户之间的交互是三维的、多感知的。用户不再只是被动地接收信息，而是可以通过手势、声音等方式主动与虚拟环境互动。交互性的增强使用户能够更加自由地探索虚拟环境，实现与虚拟对象的实时互动，从而进一步加深用户的沉浸感和参与度。虚拟现实技术还具备强大的构想力激发作用。过去，用户在认识事物时主要依赖于定量计算结果。虚拟现实技术的出现改变了这一状况，用户可以通过虚拟环境的体验和感知，从定量和定性两个维度综合地理解对象，从而获得更为全面深刻的认识。构想力的激发有助于用户从不同角度审视问题，产生新的创意和理念，进而为创新提供了新的思路和可能性。

　　虚拟现实技术的应用领域之广泛令人叹为观止，除了在军事领域发挥重要作用外，其还在娱乐、工业、医学、建筑、教育和商业规划等领域得到广泛应用，为各行各业带来了创新的可能性。在娱乐业，虚拟现实技术为人们创造了身临其境的游戏和体验。玩家可以穿戴虚拟现实头盔，深入游戏世界，与虚拟角色互动，沉浸式体验游戏乐趣，从而提升了游戏的趣味和逼真感。在工程设计中，如 CAD 和建筑建模，虚拟现实技术提供了逼真的虚拟环境，帮助工程师更好地进行设计和模拟。虚拟现实技术还被用于科学仿真器和空中交通控制系统等领域，为实现真实世界中难以实现的模拟和实验提供了有力工具。医学仿真训练系统利用虚拟现实技术，使医学生能够在虚拟环境中进行手术模拟和临床操作，这有利于提高其技能水平和临床应用能力。虚拟现实技术还被应用于医学图像的三维重建和可视化，为医疗诊断提供更准确的信息。在教育领域，虚拟现实技术为学生提供了更加生动、直观的学习体验。例如，通过虚拟实验室，学生可以在安全的环境中进行科学实验；通过虚拟历史场景，学生可以深入了解历史事件；通过虚拟旅游，学生可以探索世界各地的文化和风景。商业规划方面，虚拟现实技术为企业提供了新的营销和推广手段。企业可以利用虚拟现实技术创建虚拟展示厅，展示产品和服务，吸引客户。而在房地产行业，虚拟现实技术可以为购房者呈现逼真的虚拟楼盘，帮助他们更好地选房。虚拟现实技术的应用范围非常广泛，从娱乐到工业，从医学到教育，都在不同程度上受益于这项技术的发展。随着技术的进一步成熟和创新的推动，虚拟现实技术将继续为各行各业带来更多的机遇和挑战，为其未来的发展开辟新的可能性。

### （二）虚拟仿真技术

虚拟仿真技术作为一项综合性的信息技术，融合了虚拟现实技术和系统仿真技术的精华，旨在为用户创造出与真实情境相似的体验环境。不同学者对其概念的理解略有差异，但毫无疑问的是，虚拟仿真技术的核心概念在于将虚拟现实和仿真技术融合，为用户提供与真实世界相仿的交互体验。一些学者将虚拟仿真技术视为虚拟现实技术的一部分，因为它同样注重通过逼真的虚拟环境使用户感受身临其境的效果。而另一些学者则强调虚拟仿真技术是虚拟现实与系统仿真技术的结合，将图形变化、几何造型、真实图形、真实感图形的描绘、人机交互、动画生成等多种技术融为一体，创造出更为综合、真实的体验。虚拟仿真技术的关键在于为用户创造出具有真实感的环境，使其在虚拟世界中感受与真实相仿的情景。与虚拟对象进行互动，用户能够更好地理解和掌握相关技术，仿佛亲身经历一般。而在教育培训领域，虚拟仿真技术能够为学生提供更具参与感的学习体验，使他们更好地理解复杂的概念和操作。

## 二、虚拟现实技术对高校体育教学工作的积极作用

### （一）降低训练伤害概率，避免体育活动意外

传统体育教育主要聚焦于竞技类体育项目，其中包括一些对抗性较强的运动，如摔跤、跆拳道、拳击等。然而，由于这些项目在运动过程中往往伴随着无法避免的意外风险，故而很多高校在体育课程中避免涉及这些高风险项目的内容。但是，借助虚拟现实技术，学生有机会以更安全的方式学习这些体育专业课程，从而有效地减少运动意外的发生。虚拟现实技术能够为学生创造出沉浸式的虚拟环境，使他们仿佛身临其境地参与体育项目的训练。特别是在高风险的对抗性体育项目中，虚拟

现实技术的应用具有显著的优势。学生可以通过虚拟现实设备进行模拟训练，避免实际训练中可能造成的意外伤害。此种方法让学生能够深入体验体育项目的特点，并且在安全的环境中掌握技巧和策略。虚拟现实技术不仅在高风险的体育项目中具有不可替代的作用，还在一些受众面广的体育项目中发挥着重要作用。如足球、篮球等项目，虽然受伤风险相对较低，但在对抗中仍可能发生意外。学生可以结合虚拟现实技术进行高强度的对抗性训练，降低受伤的风险。同样，在高难度项目如高台跳水、高山滑雪中，虚拟现实技术能够模拟真实情境，让学生在虚拟环境中练习，减少了因技术难度带来的潜在伤害。

### （二）提升教学活动与体育训练效果

虚拟现实技术为体育教育带来了许多优势。在虚拟现实空间中，教师可以创造出各种情景和环境，为学生提供更丰富的训练体验。虚拟现实技术能为教师提供便利，教师可以精心设计训练情节，使学生能够在虚拟环境中进行多样化的体育训练。虚拟现实技术还允许教师对学生的动作进行实时监测，帮助他们发现并纠正不规范的动作。精准的指导和反馈有助于提升体育课程教学和训练的效果，让学生能够更快地掌握正确的技能和动作要领。教师引导学生与虚拟环境互动能增强其技能水平，还能够培养学生的自信和勇于挑战的勇气。虚拟现实技术的应用，为体育教育带来了更加个性化、深入的教学方式，提升了教学的质量和效果。

### （三）帮助学生克服难以轻松完成高难度体育项目的心理因素

虚拟现实技术在克服难以轻松完成高难度体育项目的心理因素方面具有显著作用，特别是对于涉及高度和风险的体育运动，如高台跳水和高空跳伞，运动员常常面临心理上的恐惧和不安，诸多心理障碍可能阻碍他们充分发挥潜力和实现技术突破。但应用虚拟现实技术，运动员可以在虚拟环境中体验高难度体育项目，尽情挑战自己的极限，而无需担心真实环境下的受伤风险。逼真的虚拟体验可以帮助运动员逐渐适应和克服心理因素，提升他们的自信心。在虚拟现实环境中，运动员可以多次尝试和探索，逐渐减少心理上的紧张感和恐惧情绪。更重要的是，虚拟现实技术还可以提供一种逐步递增的训练步骤，帮助运动员逐步适应高难度动作和环境。渐进式的训练可以使运动员逐步建立起对技术的信心，减少对未知情境的不安感。教练和指导员可以在虚拟环境中提供实时反馈和指导，帮助运动员纠正动作和改进技术。因此，虚拟现实技术为克服难以轻松完成高难度体育项目的心理因素提供了一种创新的方法。其通过创造出一个安全且逼真的虚拟环境，使运动员可以积极面对挑战，克服心理障碍，实现技术和心理的双重突破，并能提升运动员的表现，培养他们的勇气、决心和适应能力。

### （四）弥补体育设施的缺陷与不足

在实际体育教学中，高校常常受限于场地设施不足和经费有限的情况，难以为学生提供全面的体育训练场地。这种情况下，许多体育项目的教学计划可能因为场地条件无法满足而被迫搁置。针对这一情况，虚拟现实技术可以提供一种创新的解决方案。应用虚拟现实技术，教师可以在教学过程中，让学生在虚拟环境中进行体育项目的学习和训练，无需受限于实际场地的局限。虚拟现实系统可以模拟各种体育场地，无论是室内还是室外，无论是足球场还是游泳池，都可以在虚拟环境中实现。这为学生提供了更大的灵活性和选择性，使他们能够在不同的场地和环境中体验不同的体育项目。特别是对于一些受季节和气候影响较大的体育项目，虚拟现实技术更是能够发挥巨大作用。例如，冰雪类运动项目在南方地区受制于气候条件，很难进行正常的训练。然而通过虚拟现实技术，学生可以在任何时间、任何地点体验冰雪项目的训练。全季节性的教学方案可以使学生不再受季节限制地获得更广泛的体验。

### （五）适应课程教学改革新趋势

虚拟现实技术为体育专业的课程教学改革带来了新的机遇，适应了时代的发展趋势。新时代下，我国明确提出了"体育强国"和"健康中国"的建设目标，为体育专业的发展提出了新的要求。为满足这一需求，体育专业需要进行课程教学的深刻改革，以培养更多的优秀人才，提高人才培养质量。在此种大背景下，虚拟现实技术成为课程教学改革的有力支持。虚拟现实技术的应用使体育课程教学更具交互性和趣味性，激发了学生的学习兴趣，提高了学生的参与度。一方面，虚拟现实技术的应用能使学生在虚拟环境中进行体育项目的实际操作和训练，使学生的学习环境与真实情境更贴近，身临其境的学习体验有助于提高学生的学习效果和实践能力。另一方面，虚拟现实技术的应用也符合新时代教育的发展趋势。现代教育强调创新教学方法和手段，推崇交互式和网络化的教学模式。虚拟现实技术正是这一理念的体现，将课堂带入虚拟环境，打破了传统教学的界限，为学生提供了更广阔的学习空间。

## 三、虚拟现实技术在高校体育教学中的具体应用

### （一）课程学习

#### 1. 理论课程的学习

在体育专业中，理论课程的学习是比较基础的。然而，在某些领域，如运动解剖学、运动康复学和体育产业，传统的理论教学常常难以满足学生的实际需求。以运动康复学为例，教师通常会介绍特定肌肉的康复练习，但在实际操作方面的讲解相对较少，这导致学生在实践中不可避免地遇到困难，缺乏动手操作的能力。这种情况下，虚拟现实技术可以

为体育专业的理论课程带来革命性的改变。学生在虚拟环境中进行学习，可以更深入地理解理论知识的实际应用。以运动康复学为例，学生可以在虚拟环境中模拟进行康复练习，观察肌肉的活动情况，并实时调整练习动作和负荷量。虚拟环境中的互动性使学生能够实际体验练习的效果，从而更好地理解不同动作和负荷对康复的影响。

2. 专业性课程的学习

在体育专业中，专业性课程教学能提升学生的动作技能和体能素质，但是一些技术性运动如健美操、排球、体操等，在传统的教学过程中可能受到教师能力和场地限制，学生的学习效果不尽如人意。虚拟现实技术为这些专业性课程带来了新的可能性。以体操课程中的转体180°为例，传统教学中，教师可能因自身能力的限制难以准确示范动作的要领，学生只能通过反复实践来体会动作。而在虚拟环境中，学生可以清楚地观察肌肉的发力程度、发力顺序以及运动轨迹等关键点。虚拟环境为学生提供了一个更直观、更详细的学习平台，其能结合文字说明，加速学生对动作技能的理解。学生可以反复观看虚拟模拟的动作，深入了解动作的细节，进而更快地掌握技术要点和难点。学生能在虚拟现实技术的作用下，在一个虚拟但逼真的环境中练习动作，感受肌肉的发力过程和身体的协调性；实践性学习方式不受教师个人能力和场地限制，学生可以更加专注地练习和体验，提高动作的准确性和流畅性。

（二）运动训练

1. 提高运动技能

运动训练的核心目标是提升运动员的技能水平和成绩，从而使其在比赛中取得优胜。虚拟现实系统为运动训练带来了新的方法与机会。虚拟现实系统中有着诸多创新性的教学手段，应用这些手段有助于提升训练效果。虚拟现实系统可以记录并回放运动员的练习过程，将其动作与虚拟教练的标准动作进行对比,从而准确找出不足之处。系统还能分析运动员在练习动作时的肌肉发力程度、动作速度和完成度等,借此,运动员能够更深入地理解自己在动作执行中的表现,从而有针对性地进行调整和提升。具体而言,虚拟现实系统能够及时纠正运动员在练习中出现的错误动作。结合这些实时的反馈和分析,运动员可以更好地理解何处出错以及如何进行改进。系统还可以为运动员制定个性化的练习计划,并根据其表现和需求进行调整。精准的指导和调整有助于运动员更快地纠正问题、提高技能水平。

2. 训练计划的规定

在运动训练过程中,教练员需要根据运动员的身体素质、恢复情况以及场地器材等因素来制定合适的训练计划,而虚拟现实技术的应用则为训练计划的制定带来了新的可能性。教师对虚拟现实技术的有效应用能够消除场地和器材条件对训练计划的限制,并能够将学生的技术动作与标准动作进行对比分析。通过分析,教师能够更直观、系统地了解学生的身体状况和训练进度,更好地制定科学、合理的训练方案,更精准地调整每位学生的训练内容和负荷。虚拟现实技术还可以在训练计划中发挥重要作用,教师可以根据虚拟系统中的实时数据和分析结果,调整每个学生的训练强度、频率和时长,以便更好地满足他们的需求和激发他们的潜力。

3. 运动员的选材

运动员的选材是运动训练的基础,而虚拟现实技术的应用为运动员选材提供了更精准和科学的方法。学生在使用虚拟现实技术进行选材时,将个人资料(包括身高、体型、技术水平、骨龄等)输入到计算机系统中,同时与项目模拟运动员的数据进行对比分析,可以准确地判断自己适合的项目和潜在的发展方向。虚拟现实技术的优势在于能够模拟多种情况和环境,所以其可以提供更全面的选材依据。结合与模拟数据的比对，学生的个人特点与理想的运动项目之间的匹配程度可以被量化评估，学生可以借此判断自己在不同项目中的潜在优势和发展潜力。

### （三）课外体育运动

虚拟现实技术在课外体育活动中的应用，为学生提供了全新的体验和学习机会。以篮球比赛为例，这项技术为学生创造了一个逼真的比赛环境，让他们可以仿佛身临其境地与世界著名的运动员同场竞技。在这个虚拟环境中，学生有机会与体育明星同台竞技，这激发了他们的兴趣，并发挥了榜样的作用，使他们更加积极地投入体育活动中。在虚拟比赛环境中，学生可以远离高难度和复杂技术动作可能带来的身体伤害。虚拟现实技术使学生能够在安全的虚拟世界中体验高水平的竞技活动，而无需担心受伤问题，所以学生可以更加专注于比赛的技巧和策略。虚拟技术的应用使学生能够真正地投身到比赛中，感受到竞技带来的兴奋和挑战。

### （四）娱乐游戏活动

虚拟现实技术为体育课程中的娱乐游戏注入了新的创意和活力，在传统的体育课程中，由于教师的个人能力、场地、器材等方面的限制，很多娱乐游戏缺乏创新性和趣味性。然而，虚拟现实技术可以通过重新塑造虚拟环境，将原本的游戏内容重新呈现在虚拟系统中。在虚拟环境中，学生可以得到最真实的体验，仿佛置身其中。虚拟现实技术可以使娱乐游戏更加丰富多彩，使学生不再受到现实的限制，而是能够在虚拟世界中尽情畅游。学生实际操控虚拟角色参与游戏，可以体验到身临其境的感觉，享受游戏带来的乐趣。虚拟现实技术可以结合声音、图像等元素，为学生创造出身临其境的感官体验，从而让他们在游戏中获得更强烈的感官刺激。学生在虚拟环境中能够更加放松地参与娱乐游戏，从而能够更好地享受体育活动的乐趣。

## 四、虚拟仿真技术渗透于当代高校体育教学的原则

### （一）围绕学习运用多重教学资源

虚拟仿真技术在高校体育教学中的运用原则之一是多元化教学资源的整合，传统体育教学主要依赖教师作为主要的知识传授者，通过师徒传承的方式传授运动项目的理论、技术和战术。在现代教育技术的背景下，将虚拟仿真技术引入体育教学，可以将烦琐的教学内容和枯燥的教学形式转变为生动、真实、多样的体验和模拟。此种创新使得教学更具有趣味性和互动性，拓展了学生获取学习资源的途径。虚拟仿真技术通过制作具有强交互功能的课件，如在线课程，可以实现师生间信息即时互动与沟通。借助虚拟技术，教师可以设计丰富多样的教学内容，让学生能够在虚拟环境中体验实际的运动项目，同时通过模拟和互动，更好地理解理论、技术和战术。将虚拟仿真技术融入体育教学，强调"以学生为中心"的理念。学生是积极参与的主体，他们可以在虚拟环境中进行模拟操作，感受真实的运动场景，从而更深刻地理解和掌握运动技能。虚拟仿真技术可以对多重教学资源进行整合，使学生可以自主选择适合自己学习风格的方式，丰富了学生学习的渠道和途径。虚拟仿真技术的运用还可以优化教学过程中的学习情境和师生交互，教师可以根据学生的实际情况，制订个性化的教学计划，帮助学生更好地掌握运动项目的理论和实践。

### （二）标准展示运动技术动作

高校体育教学的核心在于传授运动项目的理论、技术和战术，其中技术教学是体育教学的重心，尤其对于体育专业的学生，他们未来将成为学校体育和健身领域的教练和指导人员，因此掌握正确的运动技术显

得尤为重要。然而，当前高校体育教学中存在着体育教师自身技术规范性的不足以及教学水平的差异，这导致学生在技术动作的习得方面面临挑战。基于此，将虚拟仿真技术引入体育教学成为一种有前景的创新。然而，要保证这一技术有效发挥作用，需要遵循一些原则，如正确展示运动技术动作。以体操项目为例，虚拟仿真技术可以通过光学运动捕捉系统捕捉高水平专项运动员的技术动作数据，然后利用三维人体模型进行建模，再将这些技术动作展示给学生。这样一来，学生可以直观地观察到正确、规范的技术动作，从而形成正确的动作表象。虚拟仿真技术的另一种应用方法是在学生身上安置电子肌肉贴片，对学生的技术动作进行模拟，将学生的动作与高水平专项运动员的标准动作进行比较，电子计算机可以显示出学生的动作与标准动作之间的差距。实时的反馈可以帮助学生更好地找出自己的问题所在，从而使其更及时地进行调整和改进。虚拟仿真技术在技术教学中的应用，可以弥补体育教师技术水平的不足，还可以提供有针对性的指导，促使学生的动作更加准确、规范。与高水平运动员的动作比对能帮助学生清楚地看到自己的差距，从而有针对性地进行练习和改进。

## 五、虚拟仿真技术在当代高校体育教学中的应用

### （一）构建虚拟学习情境

从认知心理学的角度来看，运动项目的理论、技术、战术的学习与掌握实际上是学习者与学习环境相互作用和建构的过程。在高校体育教学中，想要有效地培养学生的体育技能，必须创设积极参与、互动的学习情境，以形成开放、自主、互动的学习模式。虚拟仿真技术的引入正是为了满足这一需求。教师可以使用虚拟仿真技术在体育教学中构建虚拟学习情境，帮助学生更好地掌握运动项目的理论和技术。体育教学中

应用虚拟仿真技术可以创造出一个虚拟的学习环境，其中包括电子计算机生成的可视化运动场地、设施、器材以及虚拟的运动员。情境创设使学生能够从多个角度观察和分析运动技术动作，从而更准确地理解正确的动作形态。语音提示可以为学生提供理论知识和技术要点，帮助他们更好地理解和掌握运动技术，同时加深对战术应用的认知。通过触觉等感官交互，学生可以模拟实际运动动作，尤其是那些高难度的技术动作，从而在虚拟环境中获得更充分的练习和巩固。在虚拟学习情境中，学生还可以扮演高水平专项运动员的角色，全方位地体验各类运动项目。而角色扮演有助于学生将课堂学习、技术实践、积极情绪体验和课余训练相互融合，提升学习的趣味性和深度。这种沉浸式的学习方式能使学生更好地理解运动项目的要素，习得更高水平的技能。虚拟学习情境还为体育教师提供了更多的教学资源和互动机会，教师可以在虚拟环境中与学生进行有效互动，丰富教学内容，增强学习效果。

### （二）构成有效的教学模式

虚拟仿真技术在高校体育教学中的应用显然不能简单地按照传统的模式来进行，而是需要根据体育教学的规律和特点构建适合的教学模式。此模式是一种结构化的教学模式，是对传统单一、公式化体育教学方法的创新，其结合虚拟仿真技术将体育教学的规律、认知机制和情感体验整合在一起，创造出一种有益于学生自主学习和自我提升的交互式教学机制。此种创新教学模式在方法上与以往强调记忆技术动作的方法有所不同，其更加注重培养学生的整体思维和理念。传统的体育教学往往强调运动技术动作的正确性，而这种结构化模式则将运动项目的理论、技术和战术学习融为一体，强调综合性学习和应用能力的培养。虚拟仿真技术能够促使学生在虚拟环境中进行全面学习和实践，将所学理论知识与实际技能相结合，鼓励学生在学习过程中进行创造性思考，深化和拓展所学知识，从而形成更为系统的运动项目学习能力。除此之外，这种教学模式能够为学生提供全方位、多角度的体验。在教学中，教师灵活运用虚拟仿真技术可以帮助学生身临其境地参与各类运动项目，从不同角度感受和体验，使学习更加生动和有趣。

在教学内容方面，这种创新教学模式能够将传统抽象、晦涩的体育教学内容转化为具体、形象、易于理解的多媒体形式。相较于仅仰赖运动场地设施的传统教学方法，此种模式使得学生更容易理解教学内容中的难点和重点。这种转变不仅提高了学生的学习积极性和创造性思维，还解决了教学内容晦涩难懂的问题。传统的体育教学往往呈现出教师主导、学生被动的教学氛围，这一创新模式有助于打破这种单调、呆板的氛围。在这一模式下，多媒体教学内容的呈现可以使教学更生动、有趣，能激发学生的兴趣，让学习变得更有活力。积极的教学氛围有助于培养学生的自主学习能力，促使他们形成正确的自我评价机制，不断改进不足，增强自己的学习效果。

### （三）实现多重教学目标

传统的高校体育教学往往聚焦于使学生熟悉和掌握某一运动项目的基础技术动作，让他们能够在运动中运用这些技能完成基本的动作和简单的战术配合。然而，虚拟仿真技术的引入为体育教学的目标设定带来了全新的可能性，包括情感目标和技能目标的实现。体育教学并不仅仅关乎技能的传授，还涉及培养学生的情感体验，而虚拟仿真技术在体育教学中的运用能够为学生创造丰富多样的情感体验。传统的体育教学往往侧重于技术的传授，较少关注学生在体育活动中的情感体验。然而虚拟仿真技术可以通过创造虚拟的运动场景，使学生身临其境地体验运动项目，从而激发出他们的情感反应。例如，在虚拟环境中参与一场紧张激烈的比赛，或者与虚拟运动员互动，能够给学生带来成功体验、赛场体验、社交体验等，这有助于达成情感目标。另一方面，虚拟仿真技术在体育教学中的应用也能够实现技能目标，尤其是在镜面刺激、形态刺激和听觉刺激等方面。虚拟环境中的镜像效应可以让学生更清楚地观察自己的动作，及时纠正不规范的部分，从而提高技能水平。教师通过应用虚拟仿真技术，使学生可以以更直观的方式了解动作的正确形态，从而更好地掌握技能。同时，虚拟环境中的音效可以模拟真实比赛的氛围，帮助学生更好地适应赛场压力，提高应对挑战的能力。

## 第三节　多媒体技术在高等体育教学中的使用

### 一、多媒体技术应用于高等体育教学的优势

多媒体技术在体育教学中的应用给体育教学带来了许多优势，其中之一是能够激发学生对体育学习的兴趣和求知欲。兴趣是最好的老师，兴趣在学习中起着重要的推动作用。激发学生的兴趣有助于学生建立积极的学习态度，从而提高学习效果。在高校体育教学中引入多媒体课件作为辅助工具，可以为学生带来新鲜的学习体验，激发他们对课程内容的好奇心和探索欲。传统的教学方式可能会让学生产生疲倦感，而多媒体技术可以通过图像、声音、视频等多样的展示方式呈现教学内容，让学生感受到不同的感官刺激，从而提升他们的兴趣。例如，在体育课堂上，通过多媒体展示精彩的比赛画面、运动员的技巧表演，可以让学生更加投入，并产生对运动技能的兴趣。通过多媒体技术，教师可以设计生动的课件，将抽象的概念和理论内容变得具体可见。

多媒体技术在体育教学中是能够实现因材施教，促进学生主动学习，充分发展个性。多媒体课件的灵活性使得每位学生都能根据自身的学习进度、速度、方法以及兴趣，自主选择学习内容和时间。个性化的学习

方式有助于打破传统教学的刻板模式，让学生参与教学过程中，成为学习的积极主体。传统的教学方法可能无法满足每个学生不同的学习需求和节奏，而多媒体课件可以根据学生的学习风格和兴趣，提供丰富的教学资源和学习材料。学生可以根据自己的理解程度，随时回顾和复习课程内容，确保自己的学习更加牢固和全面。

## 二、多媒体技术在体育教学中的实际应用

### （一）动画应用

在高校体育教学中，多媒体技术的应用非常广泛，其中之一是动画的运用。通过应用多媒体技术中的图形和动画效果，教学内容可以以生动的方式呈现，这可以增强教学效果促进学生的理解。在体育教学中，教师可以运用动画展示运动动作的移动、旋转、定格、慢速播放、闪烁、色彩变化等，同时辅以同步解说，将抽象的运动动作变得更加直观和易于理解。学生通过观看图形和动画，可以更加清晰地掌握运动动作的要点，加深对运动技巧的理解，准确掌握正确的动作概念，从而在较短的时间内形成对运动动作的准确表述。动画技术的运用使得体育教学更具趣味性和生动性，学生可以通过视觉感受到动作的变化和细节，从而可以更好地理解和模仿。

### （二）人机对话

多媒体技术在高校体育教学中的另一种应用是人机对话。多媒体教学的交互性强，教师可以根据教学目标和内容制作相应的课件，实现学生与课件之间的人机对话。此种方式可以有效促使学生与多媒体内容进行互动，使学生更好理解和消化教学内容。人机对话的交互性和娱乐性能显著提高学生的练习效果，因此，教师可以设计互动式练习，让学生

参与其中，从而帮助学生轻松地巩固已学知识。

### （三）素材演示

多媒体技术在高校体育教学中的应用还体现在视频、音频、图片等素材演示方面。教师可以根据教学的需要，收集与体育教学相关的视频、音频、图片等素材，并将它们巧妙地融入课件中，以丰富教学内容，提升教学效果。教师可利用多媒体技术，将分散在网络上的丰富素材整合到课件中。体育教学素材可以是实际运动操作的视频演示、运动员的实际比赛录像、技术要点的音频解说以及运动项目相关的图片等。通过课件素材的演示，学生能进一步直观地了解和掌握运动技术的要领，同时能够体验到实际比赛的场景和情感。

# 第六章 "翻转课堂"在高等体育教学模式中的研究

## 第一节 "翻转课堂"的内涵

### 一、"翻转课堂"的基本内涵

近年来，"翻转课堂"这一创新的教学模式逐渐在美国学校兴起，并引起了国内教育界的广泛关注。翻转课堂模式的核心概念是对课堂内外的学习体验重新定义，以提高学生的主动性和参与度。传统的课堂教学模式中，教师扮演着知识的传授者，学生被动接受教育。而在翻转课堂中，教学过程发生了根本性的转变。翻转课堂模式强调利用多媒体技术，如视频讲解、课件制作以及电子书和文章提供等，让学生在课外自主学习。他们可以通过观看教学视频、查看课件和阅读材料，提前获得对知识的基本理解。随后，学生回到课堂，与教师和同学们展开互动交流、深入探讨和解答疑问，从而更深入地理解和应用所学知识。翻转课堂教学模式打破了传统课堂的教学模式，将课堂变为学习的共同创造空间。在翻转课堂中，学生的角色发生了明显的转变，他们成为学习的主体和导向者。学生可以根据自己的兴趣和学习习惯，自主选择学习内容、学习方式，调整学习进度。而教师的作用也发生了重大改变，他们不再是传统意义上的知识传授者，而是指导者和促进者。教师可以更多地关注学生的学习需求，通过与学生的交流合作，调整教学策略，提供个性化的辅导，从而更好地满足学生的学习需求。翻转课堂模式的出现颠覆了传统的教学范式，强调学生在学习过程中的主动性和自主性。[①]多媒体技术的应用使得学生可以在课外预习，课堂内实现深度交流和合作。应用翻转课堂模式，可以使教育朝着更为灵活、个性化和创新的方向迈进。

## 二、"翻转课堂"的发展

从开放课件到开放教育资源，从微课到翻转课堂，教育模式发生了一系列演变。最终，"翻转课堂"成为开放式教育不断优化之后的选择。

### （一）从开放课件到开放教育资源

2001 年，麻省理工学院开启了开放课件计划，通过互联网向全球分享其教学资源，此举措标志着开放教育资源的兴起。随后，联合国教科文组织也举办了多次开放教育资源国际会议，推动这一概念的发展。2005 年，国际开放课件联盟的成立进一步巩固了全球范围内的开放教育资源体系，成为推动教育领域变革的重要力量。这种趋势表明，教育资源的共享和开放已经成为当今教育领域的重要发展方向。

### （二）从网络微课到网络微课程

微课的概念源于传统课堂教学的精华，其将教学内容紧凑地呈现。而微课程的概念则是受到可汗学院的"翻转课堂"实践启发，其将完整课程拆解为一系列有资源、目标、任务、方法、作业、互动与反思等要素的微小课程体系，反映出教育领域在适应现代学习需求方面的创新探索。网络微课以其短小精悍的特点，有效利用了学生碎片化的时间，从

---

① 韦雄师．"翻转课堂"模式在高校体育教学中的实践应用 [M]．西安：陕西人民教育出版社，2021：160．

传统教学中提炼精华，适应了当今追求高效学习的趋势。网络微课程则更进一步，将完整课程分解为各个小模块，使学习变得更加模块化、个性化。学生可以根据自己的需求和兴趣选择相应的微课程，实现个体化的学习路径。网络微课和网络微课程与现代学生需求高度契合，强调学习的自主性和多样性。从网络微课到网络微课程，展示了教育的创新脚步，教育逐渐从单一教学形式拓展到更大的教育体系，为学生提供了更多选择。教育创新有效推动了教学方法的多样化，也挑战着传统课程设置和教育资源的传递方式。在数字化时代，教育创新势必会引领未来教育发展的方向。

### （三）从混合式学习到"翻转课堂"

从混合式学习到"翻转课堂"，教育领域的变革正逐步塑造着现代学习方式。混合式学习，融合线上和线下元素，创造了多样性的学习环境。学习论坛、线上学习、小组协作等丰富了学生的学习体验，同时保留了教师在引导和监控方面的作用。混合式学习注重学生的自主性和创造性，培养了学生的合作意识和解决问题的能力。而"翻转课堂"则在混合式学习的基础上做出了更进一步的创新，将课堂与课后学习进行了前所未有的调换，让学生在家中通过视频、课件等逐步掌握知识，而将课堂时间用于互动和应用知识。"翻转课堂"模式让课堂变成了一个真正的讨论和探究的场所，学生在师生互动中主动提问、讨论、应用知识，从而更深入地理解和掌握知识。教师则成为指导者和引导者，引导学生深入思考，帮助他们解决难题。"翻转课堂"强调了学生在课堂中的积极参与，并更好地利用教师的专业指导能力，优化了教育模式，提升了教学效果，引导学生提前学习知识，使其能够更有针对性地参与课堂互动，增强了学生的学习效果。

### （四）可汗学院的教育应用

可汗学院的教育模式基于微课教学的"翻转课堂"，在教育领域引起广泛关注。随着全球信息化水平的不断提高以及移动终端的普及，可汗学院不断完善"翻转课堂"模式。借助移动终端应用软件，他们在网易公开课等平台开设了线上课程，推动教学从传统课堂走向线上，使教学走向了每个人的指尖，实现了知识的无缝传播。可汗学院的实践证明了"翻转课堂"模式的优越性，此种模式赋予学生更大的自主性，让他们可以在家自主学习，在课堂上进行互动与应用，以进一步巩固知识。教师则作为学习的引导者，通过互动与讨论促进学生的深入思考与探究。该模式的成功推广也使更多教育机构意识到了"翻转课堂"的潜力，许多优秀公开课通过线上平台汇聚，教育也逐渐从线下走向线上，为全球范围内的学生提供了更便捷的学习机会。

## 第二节 "翻转课堂"在体育教学中的价值及实施策略

### 一、"翻转课堂"在高校体育教学中的价值

"翻转课堂"是信息化时代的重要产物，其中，以学生为中心的自主学习理念转变了学生的学习方式，提升了学生的综合水平，教师从讲授者变成了引导者，在角色发展变换的同时，教师自身的设计与管理能力也在不断提升，并且翻转课堂模式在潜移默化中有效强化了教育的系统化管理。

### （一）对学生的价值

"翻转课堂"在高校体育教学中的价值体现在改变了学生的学习方式为学生提供了多方面的价值。学生通过"翻转课堂"可以更自主地安排

学习时间，根据自身习惯和学习计划进行知识探索，培养自主学习的能力。自主性的学习方式使学生更加积极主动，增强了他们的学习兴趣。"翻转课堂"模式契合了素质教育的理念，强调个性化学习，使学生在课堂中实现个性发展。通过预习，学生能在课堂上更深入地交流与讨论，这有利于提高学生的表达与交流能力，有助于培养学生的批判性思维和团队合作精神，从而可以全面提升学生的综合素质。"翻转课堂"鼓励学生在课外探索更多的知识，这可有效拓宽他们的知识视野。综合性的学习方式有助于培养学生对不同领域的兴趣，提高他们的综合素质。

### （二）对教师的价值

在高校体育教学中，"翻转课堂"除了对学生有价值，对教师也有重要的价值。教师在采用"翻转课堂"模式时，课堂管理水平得到显著提升。与传统课堂相比，"翻转课堂"更强调教师的引导和互动。在"翻转课堂"中，教师能够更深入地与学生交流，答疑解惑，这可促进师生之间的密切互动，使师生关系更加融洽。教师在"翻转课堂"中能够灵活地设计有序的课堂活动，不断发现教育模式的优劣，并根据学生的学情进行改进。教师能够更深入地了解学生的学习状态和进度，从而制定更具针对性的教学内容和辅导计划，使得教学更加高效，能够更好地满足学生的学习需求。采用"翻转课堂"模式还能够减轻教师在课堂组织和管理方面的负担，教师可以提前制作教学资源，供学生在线预习，将课堂时间用于互动交流和深入讨论，从而更好地发挥教师的专业能力，使课堂教学更具价值。

### （三）对教育管理者的价值

借助云教育教学平台，首先，教育管理者能够全面了解教师的备课内容，包括教学计划、教学课件、教学视频、教案内容等。教育管理者通过这些信息能够深入了解教师的教学设计和准备情况，有针对性地提供支持和指导，从而提升教学的质量和效果。其次，教育管理者可以了解学生的课下学习情况，根据在线人数、在线时长、下载量、答题情况等指标，了解学生的学习活跃度和学习进度，及时发现问题并采取相应的措施，提高学生的自主学习意识，推动他们更好地参与学习。再次，教育管理者还能够了解课堂上师生互动讨论的内容，他们可以查看教师和学生之间的交流，了解教师是否解决了学生遇到的问题，以及学生在课上协作小组中的讨论内容，这有助于管理者把握教学的实际情况，及时作出调整和优化。[①] 最后，教育管理者通过了解在线测试成绩，能够掌握班级学生的学习检测情况，了解学生的掌握情况，发现学生的薄弱环节，从而有针对性地组织辅导和提供支持，帮助学生取得更好的学习成绩。

## 二、"翻转课堂"在高校体育教学中的实施策略

### （一）建设在线虚拟体育教学平台

#### 1. 体育教育内容上传模块

在高校体育教学中，虚拟教学平台的应用为体育课程内容的上传提供了新的模块。体育课程具有知识性和技能性的特点，因此在虚拟平台上，体育学习材料的上传模块具有多样化的形式。知识性的体育学习材料主要采用 PPT、文字以及音频等形式进行上传。教师可以以 PPT 形式将体育项目的理论知识清晰地呈现，让学生了解相关的背景、规则和基本概念。同时，音频也可用于解说复杂的运动动作和战术，帮助学生更好地理解和记忆。而对于技能性学习材料，虚拟教学平台主要依托体育

---

① 韦雄师．"翻转课堂"模式在高校体育教学中的实践应用 [M]．西安：陕西人民教育出版社，2021：10.

教学微视频和动画等形式来展现，短小精悍的视频能够将体育技术、战术和体能练习方法直观地展示给学生。学生可以通过微视频观看专业运动员的表现，模仿他们的动作，从而更好地掌握正确的技术要领。动画则可以从多个维度展示复杂的运动过程，帮助学生领会技能的具体要点。

2. 师生交流与答疑模块

虚拟教学平台中的师生交流与答疑模块在高校体育教学中具有重要价值，此模块的设立旨在促进师生之间的沟通，解决学生在自主学习体育知识和技能过程中所遇到的问题，使教学更具互动性，更加个性化。学生在课前学习体育知识和技能时，常常会遇到各种问题产生各种疑惑。为了及时解决这些问题，虚拟教学平台设置了学生内部小组交流的环节。学生可以在小组内部共同探讨问题，互相解疑答惑，促进彼此的学习进步。如果有小组内部无法解决的问题，学生可以通过小组长向体育教师提出，体育教师将在预定的时间内回复解答，确保学生获得及时的指导和帮助。该师生交流与答疑模块还可以扩展至课堂环节，使体育课堂变成学生与教师面对面互动的场所。学生可以在课堂上直接向教师提问，解除自己在学习中的困惑。并且通过与同学的互动，学生也能够从不同角度获得解答和启发，这可有效促进彼此的共同进步。

3. 体育课程学习在线测试及评价模块

虚拟教学平台的体育课程学习在线测试与评价模块在高校体育教学中具有重要作用，该模块可以对学生的学习成果进行全面评价，激发学生的学习动力，提高体育课程的教学质量。在线评价通常包括自我评价、小组评价和教师评价三个方面。学生可以对自己的学习情况进行反思和评价，了解自己的学习成果以及不足之处，从而更好地调整学习策略。小组评价则促使学生在合作中互相评价，提高团队合作和交流能力。而教师评价则可以从专业角度给予学生有针对性的反馈，引导学生更加科学地学习。在设计测试内容时，体育教师需要精心把握课程重点和难点，避免测试设计过于烦琐，打消学生的学习兴趣。评价内容既可以简洁明了，也可以具有实质性的点评。评价要求客观准确，注重培养学生的学习兴趣，鼓励他们积极参与体育实践。

4. 体育课程学习的跟踪及监控模块

虚拟教学平台的体育课程学习应建立跟踪与监控模块，不同学生的学习目标和自主性差异较大，体育教师可以结合该模块更好地了解学生的学习情况，实施有针对性的教学引导。该模块旨在跟踪学生的在线体育课程学习进程。需要注意的是，学生上体育课的目的和需求因人而异，一些可能是为了增强体能，而一些可能是为了提升技能。体育教学平台可以通过监控学生的学习活动，分析其学习倾向和效果，从而更好地满足不同学生的需求。对于自主性差的学生，体育教师可以通过跟踪和监控模块及时了解他们的学习情况。如果问题源于体育课程设计，教师可以及时调整教学内容，使其更贴近学生的实际情况；如果问题是学生自身原因导致，教师可以通过引导和辅导帮助他们克服困难，提高学习效果。对于学习自主性强的学生，体育教师可以通过跟踪和监控模块及时看到其学习成果，对他们给予肯定和表扬。正向反馈能够激发学生更大的学习兴趣，并为其他学生树立学习榜样，促使所有学生更积极地投入学习中。

5. 体育课程的学习总结与成果展示模块

虚拟教学平台的体育课程学习总结和成果展示模块在高校体育教学中具有重要意义，一方面，该模块有助于体育教师更深入地了解学生的学习情况和学习成果，以便教师更好地进行教学指导和优化。学生在该模块中进行体育课程学习总结，反映了他们对学习过程的思考和自我评价，从而可以直接揭示学生在体育学习中遇到的问题和困难，方便教师有针对性地进行教学调整。学生的体育课程学习总结也促使他们对自己的学习过程有更深入的认识，培养了学生的自我反思和自我管理能力。

另一方面，学生的体育课程学习成果展示是他们对学习成果的自我肯定。学生展示自己在体育课程中获得的技能和知识，不仅可以增强自信心，还可以激发对体育学习的兴趣，促使自己更积极地参与团队协作，提高自己的沟通和表达能力。

### （二）重视体育课程评价主体及方式的翻转

在"翻转课堂"教学模式下，体育课程评价机制经历了一次革命性的变革，呈现出多元化和综合化的趋势，此次变革不仅涉及评价的主体，还包括评价的内容和方法等。在评价的主体方面，体育教师不再是唯一的评价者，小组成员和学生本人也成为评价的参与者和决策者，多元化的评价主体确保了评价过程的公正性和客观性。个人评价、小组评价和体育教师评价各自具有一定的权重，最终综合形成学习评价结果，合作性评价模式激发了学生的自我认知和团队协作能力，体现了"以学生为中心"的教学理念。评价的内容和方法也发生了革命性的变化，传统的体育评价主要关注知识与技能，而在"翻转课堂"模式下，评价不再仅仅基于统一的评分标准，而是更注重学生的进步和个性化发展。评价内容扩展到学生在课程中的表现、在线学习情况、在线测试结果以及小组学习成果展示等多个方面，使得评价更加全面准确。同时，评价方法也更加多样化，融合了线上评价和线下评价，旨在全方位地了解学生的学习情况。

### （三）重视体育教师素养及能力的综合提升

在现代教育中，无论何种教学模式的实施，教师始终是推动改革成功的核心要素。体育教学改革亦不例外。因此体育教师要注重自身素养和能力的综合提高，以适应"翻转课堂"模式下的新需求。体育教育的改革需要教师在素养和能力上有质的飞跃，建立起职前培养、入职教育和职后培训一体化的体育教师培养体系，能够为教师提供全方位的培训和支持。培养模式应该综合考虑外促式发展和自发式发展，以确保体育教师在教育理论和实践技能方面都得到充分培养。与传统体育教学相比，"翻转课堂"对体育教师提出了更高的要求。教师必须不断地更新教学理念，深入了解并适应新的教学模式，不断提升自己的教学能力和素养，如此，才能更好地应对学生的学习需求，实现教育改革的目标。只有教师不断努力提升自身，才能确保"翻转课堂"模式在体育教学中的成功实施，才能为学生成长提供更加优质的教育。

1. 转变教学观念，做好角色转换

体育教育的演变伴随着教师教学观念的转变，教学观念会对体育教学产生深远的影响。传统的体育教学观念以教师为中心，强调知识传授和模仿，"填鸭式"教学方式限制了学生的主动性和创造性。而在"翻转课堂"模式下，体育教师的角色必须经历转换，从传统的教学者转变为学习的引导者和课程的设计者。体育教师应重新审视教学观念，认识到教育的本质是培养学生的能力和素质，神威教师应关注学生的学习方式、学习习惯以及解决问题的能力。在"翻转课堂"中，体育教师需要鼓励学生自主思考、积极探究，以培养学生的创新和合作能力。"翻转课堂"模式强调学生在课前通过预习等方式主动获取知识，而课堂时间则用于深入讨论、合作实践和问题解决。体育教师需要充分准备课堂活动，提供丰富的学习资源，创造积极的学习环境。体育教师也需要放手让学生成为学习的主体，鼓励他们在团队中交流讨论、分享见解，并在实践中运用所学。角色转换需要体育教师具备更加综合的素质和能力，需要不断学习、探索新的教学方法，熟悉各种教学资源的应用。同时，教师的沟通和引导能力也要得到提升，以便在课堂上有效地引导学生讨论和合作，促进他们的思维碰撞和知识建构。

2. 提升教师自身组织管理能力与沟通能力

在"翻转课堂"模式下，体育教师需要合理设计课程，让学生的课前预习与课堂内容有机衔接，实现深度的学习，这要求体育教师具备卓越的组织管理能力。体育教师在设计"翻转课堂"教学过程时，需要结合教学目标和学生的学情，制定合理的学习计划和活动，应当精心策划课前预习的内容，确保学生在课堂上能够充分探讨、交流和应用所学知识。体育课程的特点决定了教师必须在活动设计中考虑如何让学生在实践中掌握体育技能，这需要体育教师具备理论体系实际的能力，要能很好地组织体育实践活动，确保学生的实际体验和理论学习相结合。需要注意的是，体育教师的沟通能力也是实施"翻转课堂"模式的重要因素，此种模式下，师生之间的交流更为频繁，教师需要与学生进行更多的互动和讨论，引导他们思考问题、表达观点。因此，体育教师应当善于倾听学生的想法和建议，积极回应他们的疑问和困惑，营造积极的学习氛围。体育教师还需要运用多种沟通工具，如在线讨论平台、即时通信工具等，与学生保持联系，及时解答问题，为学生提供学习支持。

3. 提高自身信息技术水平与专业能力

在引领"翻转课堂"模式的体育教学中，体育教师的角色变得多元化且具有挑战性。他们不仅需要在教学中充当指导者，更要在信息技术和专业领域担当重要角色。体育教师应该提升自身的信息技术水平和专业能力，以确保这一模式得到有效实施。体育教师只有具备较高的信息技术水平，熟悉各种在线教育平台、学习管理系统以及多媒体工具的使用，才能顺利建设和管理虚拟体育教学平台，上传教学资源，组织在线课堂活动，并监控学生学习情况。而了解网络安全、数据隐私等方面的知识，也是保障在线教学平台稳定运行的重要环节。因此，体育教师需要进一步加强专业能力，不断更新体育知识和教学理念，以便更好地指导学生的学习。体育教师应该能够将体育理论与实际体育技能相结合，在虚拟教学环境中设计丰富多样的学习活动，以满足学生的不同需求。同时，体育教师需要关注学生的学习进展，根据他们的反馈及时调整教学策略，以提高教学效果。要实现"翻转课堂"的目标，体育教师还需深入了解该模式的理念和实施策略。而要做到这一点，体育教师可以参加相关培训、研讨会，与同行交流经验，并汲取前人的经验和教训。

4. 切实做好安全防范工作

在实施"翻转课堂"模式的体育教学中，安全防范工作具有重要意义。特别是在学生进行课前自主学习和练习的过程中，体育教师需要切实做好安全防范工作，以确保学生在体育活动中的安全。体育教师在"翻转课堂"中应当深入评估教学内容中可能存在的运动损伤风险，充分了解体育动作学与练的安全问题，对不同体育动作的风险进行评估，并根据评估结果为学生提供有针对性的安全建议，帮助学生正确掌握动作技巧，减小潜在伤害产生的概率。培养学生的安全意识是防范运动损伤的关键，体育教师可以通过在线交流平台向学生传达体育活动中的安全注意事项，以文字、图片、视频等形式展示正确的动作示范和练习方法。结合多种媒体手段，体育教师能够生动地呈现安全防范知识，让学生深刻理解和记忆。通过多媒体技术，体育教师可以向学生展示运动损伤的案例和后果，让学生深刻认识到安全的重要性。此外，体育教师还可以邀请专业医师或健康专家进行线上讲座，使其，提供关于预防运动损伤的知识和技巧，让学生通过讲座增强安全意识。

**（四）追求体育课堂实效性，避免异化"翻转课堂"**

1. 避免过度强调学生主体，从而弱化教师作用

在"翻转课堂"教学模式中，强调以学生为中心，但并不代表体育教师的作用被淡化。实际上，体育教师在这一模式下的作用得到了强化，而非削弱。虽然部分课堂时间被学生探究和讨论所使用，但体育教师的

角色在课前、课中和课后都更加多样且至关重要。在课前，体育教师通过录制和搜集教学视频，准备教学资料，优化整合资源，为学生提供有针对性的学习素材。在这一阶段，教师应深入研究教材和课程内容，以确保学生获得高质量的学习资源。在课中，体育教师更应成为课程设计者和学习引导者，指导学生进行讨论、探究和实践，激发学生的兴趣和积极参与，通过精心设计学习活动，引导学生深入学习和思考。在课后，体育教师对学生的学习成果进行评价和反馈，确保学生达到预期的学习效果。同时，教师根据学生的表现和反馈，优化教学内容和方法，以满足学生的学习需求。此外，体育教师还承担着课程资料整理、在线平台管理、学生交流引导等重要任务。如果过度削弱体育教师的作用，可能导致学生的学习失去系统性和指导性，影响学习质量。因此，实施"翻转课堂"并不意味着体育教师的作用被削弱，而是要在充分尊重学生主体性的同时，发挥体育教师的多重作用，确保教学目标的达成。"翻转课堂"模式下，体育教师仍然是教育过程的中坚力量，承担着多项重要职责，为学生成长提供有力支持。

2. 避免高估学生自主性，从而忽视对学生的课前体育课程学习的跟踪与监测

在倡导"翻转课堂"教学模式时，学生的自主性学习被强调，但不能因此高估学生的自主性，而忽视对他们课前体育课程学习的跟踪和监测。虽然这一模式基于"掌握学习"理论建构，但每位学生的自主学习水平可能存在差异，需要体育教师的有效引导和支持。在课前的在线学习过程中，学生的自主性不同，有些可能会积极主动地进行深入学习，而有些可能表现出消极或敷衍的态度。因此，体育教师的职责还包括跟踪和监测学生的学习进度和情况。要做到这一点，体育教师可以通过在线平台进行学生学习情况的监控，了解学生是否完成了预习任务，是否遇到了困难，是否需要额外的指导。根据及时的反馈和沟通，教师可以

针对学生的不同情况调整教学策略，确保每位学生都能够有效学习体育知识和技能。而且，跟踪和监测也有助于培养学生的自主学习能力，具体体现是体育教师可以根据跟踪和检测结果，给予学生自主学习的指导和建议，帮助他们制定合理的学习计划，提醒他们按时完成学习任务。

3. 避免过度强调提高体育知识与技能，从而忽视学生综合能力培养

在推行"翻转课堂"教学模式时，不能过于强调学生体育知识与技能的提升，而忽视了对学生综合能力的培养。虽然这一模式在形式上对传统教学进行了颠覆，但其真正的价值在于帮助学生培养综合能力。在设计"翻转课堂"的各个环节时，体育教师需注意除了关注学生体育知识与技能的学习，还要注重培养学生的沟通、组织、协作、创新和知识应用等能力。"翻转课堂"教学模式鼓励学生在课前自主学习，但学生的自主学习并不仅仅局限在吸收体育知识与技能上。体育教师在引导学生制定学习计划和解决学习问题的过程中，可以着重培养学生的组织能力和自我管理能力。

4. 避免为借鉴其他学科经验，从而忽视体育学科与其他学科的区别

在当前推广"翻转课堂"教学模式时，教师应避免盲目借鉴其他学科的经验，而忽视了体育学科与其他学科之间的差异。"翻转课堂"模式的理论与实践研究主要源于其他学科，且在体育学科领域的研究还相对不足。因此，在体育教学中引入这一模式时，体育教师需要谨慎地借鉴其他学科的理论和经验，以免忽略体育学科的特点和需求。在实施"翻转课堂"教学模式时，体育教学的特点和要求是必须考虑的重要因素。与其他学科相比，体育教学更加注重实践能力和运动能力的培养。因此，在设计课前自主学习任务时，体育教师需要结合实际体育动作和技能的练习，避免将纯理论知识过多引入。体育教学的评价也需要与体育知识和技能的实际表现相结合，不应仅仅追求知识点的掌握。在引入"翻转课堂"模式时，教师要充分了解体育学科的特殊性，同时要保持开放的

思维，从其他学科的经验中汲取有益的部分。总之，教师必须审慎选择借鉴的内容，避免过度强调其他学科的理论而忽视体育学科的本质。只有在确保"翻转课堂"模式与体育学科的特点相匹配的前提下，才能使"翻转课堂"模式在体育教学中真正取得有效的教学效果。

# 第三节　高等体育教学中的"翻转课堂"教学设计

## 一、教学目标设计

2003 年实施的《全国普通高等学校体育课程教学指导纲要》为高校体育教学设定了五个领域的基本目标，包括运动参与、运动技能、身体健康、心理健康和社会适应。这一系列目标的确立为体育教育提供了广阔的发展方向，然而对于一线的体育教师而言，目标的丰富性和综合性也在无形中带来一定的困惑。同时，长期以来，"培养三基""技术健身""快乐体育""成功体育""健康第一""终身体育"等多种体育课程指导思想对体育教育产生了影响，使得体育教师在实践中感到无所适从。

当前，体育教育领域中理论逻辑的混乱已经导致实际教学陷入了困境。在有限的 90 至 100 分钟课堂时间内，教师需要涵盖诸多内容，包括讲解动作概念、示范动作方法，以及介绍运动健身、运动损伤和体育文化知识等，这些内容占据了大部分时间，而学生的实际练习时间相应减少。加之班级规模庞大，学生的学习动机和模仿能力存在较大差异，所以在有限的几周时间内，以每周一次的课堂频率学习一项体育技能成为一项相当具有挑战性的任务，从而使得运动技能目标和身体健康目标不可避免地受到影响。然而问题不仅止于此，传统的教学模式往往采用"以教定学"的方式，导致学生在学习中养成依赖心理，自主性和自觉性受到削弱，阻碍了运动参与、心理健康和社会适应等目标的实现。而学生缺乏主动性，无法充分发挥自身潜力，进一步加大了这些目标的达成难度。

当前，体育教学改革正朝着一个明显的方向发展，即将课堂教学目标从简单的知识和技能传授转变为更加注重能力培养。在这个背景下，广大教师可从"参与—情感—能力"这三个维度来描述翻转课堂的教学目标，为体育教学注入新的活力发现新的方向。参与目标是教学的根本和基础，翻转教学的核心是激发学生的主动参与，使学生在学习过程中参与范围广、自主性强且程度深。没有广泛的参与，后续的情感体验和能力发展都将无从谈起。在翻转课堂中，学生进行自主学习和互动交流，实现知识和技能的深度掌握。情感目标关乎于师生双方，有效的翻转教学应当让学生和教师都能够从中获得快乐。学生的学习兴趣被激发，教师的教研热情得以提升。在翻转课堂中，学生与教师之间的思维沟通和情感表达变得更加畅通，互动的机会增多。积极的情绪体验成为学习过程中的重要组成部分，使学习变得更具有吸引力和愉悦感。能力目标贯穿整个教学过程，从课前到课后形成一个连贯的能力培养系统。翻转教学的成功除了体现在提高了学生的自主学习能力，还在于培养了学生的独立思考、有效求助和勇于实践的能力。在学习过程中，学生与他人合作和竞争的能力也得到了提升，使他们能够更好地适应社会的多样性。在翻转课堂中，学生不仅仅是知识的接受者，更是能够对所学知识和技能进行创造性运用的创新者。

## 二、教学内容设计

尽管"翻转课堂"在多个方面相对于传统课堂表现出许多优势，但其也带来了新的挑战，这些挑战涉及教学资源制作、教师的综合能力与工作投入以及学生的自主学习能力。基于此，"翻转课堂"的实施成本较高，需要更多的资源和努力。因此，将"翻转课堂"作为传统课堂的有益补充似乎更加合理和可行。如此一来，两种教学方法可以相辅相成，互相补充，从而更好地满足学生的学习需求。相较于传统课堂，"翻转课堂"最引人注目的特点在于其教学内容的"生成性"，这意味着教学内容不再是简单地依据教材或课程标准预先设定，而是在教师、学生、教材和环境等多种因素的相互作用中不断演化。但教师并非失去了对教学内容设计的主导权。相反，教师仍然需要从学科角度对知识图谱进行梳理，考虑学生的现有认知结构和兴趣点，从而创造出更具针对性的教学内容。在"翻转课堂"中，教学内容的加工和制作尤为关键。教师需要将经过精心策划的教学内容加工成微课视频等形式，使其更符合学生的学习方式和需求。值得一提的是，教师制作的微视频既要满足教育课程的要求，又要适应翻转教学的特点。因此，教师的角色在"翻转课堂"中并未减弱，反而变得更加重要，他们需要在不同层次上进行深入思考和精心设计，以确保教学内容的质量和有效性。

深入理解知识学习和动作技能习得的原理有助于教师更明智地选择适合的教学内容，从皮亚杰的认知发生论和邓巴博士的神经科学实验结果中可以得知，在知识内化的三条途径中，渐进式的知识内化是一种逐步激活新概念、抑制旧概念的过程。该过程需要逐步积累，不可能一蹴而就，而翻转课堂所倡导的正是这样一种渐进式的知识内化过程。"翻转课堂"模式实际上契合了渐进式的知识内化原理，学生首次接触知识是通过观看微课视频，在这个环节学生既有的认知结构（旧概念）和新学的知识（正确概念）相互作用。接下来，在问题解决环节学生将围绕学习的重难点和疑点进行一系列探究活动，实现知识的再次内化。在这个环节，因为有同伴的帮助和引导，新知识更容易在学生的记忆中留下深刻的痕迹，从而可以更好地抑制旧概念的干扰。通过多次的知识内化，渐进式的叠加效应逐渐显现，尤其适用于复杂、非良构且难以自发建立的知识领域，例如运动损伤机理、体能训练原理等。基于知识内化原理的翻转课堂设计，旨在引导学生通过多次的渐进性学习过程，逐步建立正确的概念体系，并在解决问题的过程中加深对知识的理解。在传统课堂中，由于时间和资源的限制，学生难以在有限的时间内深入掌握复杂的知识内容。而通过"翻转课堂"的方式，学生可以在更有压力的环境下进行多次的知识内化，从而更好地理解和掌握知识。

在认知心理学领域，运动技能被归类为程序性知识，学习任何运动技能都需要通过实际的反复操作来逐步领悟其中的规律和技巧。"内隐学习"概念指的是学习者在无意识的情况下获得刺激情境中复杂知识的过程，与之相对应的是"外显学习"。众多实验研究在运动技能学习领域证实了内隐学习在其中的优势，特别是因为运动技能的迁移性较强，使用环境复杂多变，因此内隐学习在此领域的应用更加有利。值得一提的是，结构复杂、受干扰因素影响较大、瞬时变化较明显的运动技能，如篮球组合技术、基础战术等，更需要在教学中创设内隐学习环境。此种环境包括多样化的练习方式和运动情境，以多渠道传播运动知识和体育文化。而幸运的是，这正是"翻转课堂"教学所能够有效实现的。在运动技能学习中，内隐学习的特点与"翻转课堂"的设计相吻合。"翻转课堂"可以提供丰富的学习渠道，让学生通过观看微课视频等方式在课前获取基本知识，然后在课堂上通过问题解决等互动活动深化对知识的理解。该过程类似于内隐学习的概念，即学生在无意识中获得知识，通过与同伴合作探讨和实践，逐渐领悟技能的精髓。因此，"翻转课堂"教学模式能够在运动技能教学中创造出更符合内隐学习原理的教学环境。

## 三、教学方法设计

教学方法的定义在不同领域有着多种表述，近年来得到广泛认可的观点是"为了达成教学目标而采取的活动方式的总称，包括教师教授学生的方法、教师指导下学生自主学习的方法以及教师组织课堂活动的方法"。我国的体育教学方法体系最早源于苏联，主要包括讲解法、动作示范法、完整与分解练习法以及纠正错误动作的方法。该体系以传授知识和动作技能为主要目标，强调以教师、课堂和教材为核心，在培养学生的体育知识和技能方面起到了积极作用。然而，在过去的几十年里，我国教学理论研究者不断引进外来教学方法并独立探索本土方法，在教学领域取得了许多成果。从领会教学法、发现教学法、问题教学法、案例教学法、情景教学法到游戏比赛法等，诸多方法在理论层面丰富了我国的教学方法体系。然而在实际教学中，仍然以苏联体系的方法为主流，此现象与长期以来体育教学目标的反复调整、教学评价体系的滞后以及教学实施过程中的种种条件限制（如大班人数、教学资源不足、缺乏信息技术手段等）密切相关。近年来，翻转课堂的出现带来了教学活动的颠覆性变革，促使教学方法在实践层面发生了深刻的改革。翻转课堂通过将传统的教学流程颠倒，将基础知识的传授放在课前，将实际练习和问题解决置于课堂中。翻转课堂激发了学生的学习主动性，培养了他们自主思考和解决问题的能力，将学生置于知识建构的核心地位，强调学生的参与和情感体验，推动教学方法向更加灵活多样的方向转变。

与建构主义相适应的教学方法：支架式教学、抛锚式教学和随机进入教学。尽管这些方法在形式上存在差异，但均强调情景创设和协作学习，包括学生之间的会话，同时强调学生在学习过程中的主体作用。在这种新的教学观念下，教师变成了学习过程中的引导者、组织者和协助者，在学生遇到困难的时候提供帮助。有一项体育教学实验研究甚至发现，录像示范和现场示范对运动技能观察学习的影响并没有显著性差异，这意味着微课视频中的动作展示在很大程度上能够替代教师的亲身示范，这无疑对传统的体育教学方法构成了一大挑战。

## 四、教学步骤设计

教学步骤设计是关于教与学这一复杂活动的顺序及内在联系的具体规划，而在"翻转课堂"的教学中，最显著的特点就是教学流程的颠覆，即先让学生自主学习，然后再进行教学。此方法的引入为传统的教学模式带来了新的思考。例如，美国富兰克林学院的罗伯特·塔尔伯特提出了课前预先学习和课中集中研讨的两段式结构，充分利用了学生在课前自主学习的时间，使学生在课堂上更加专注于讨论和深入学习。同样，格斯坦等学者提出了四分段的"翻转课堂"教学步骤，强调了体验学习、概念探究、意义建构和展示应用等阶段的重要性。有关步骤的设计旨在激发学生的主动学习和思考，促使他们在课堂中更深入地互动。国际上的"翻转课堂"实践也为国内的教学探索提供了借鉴，比如，波多黎各大学马亚圭斯校区工程学院实施的"翻转课堂"分为三个部分：课前模块、课中模块和课后问题解决会议。学生首先进行线上学习，然后在课堂上进行焦点讨论，最后通过问题解决会议来巩固学习成果。分阶段的设计使学生能够在不同的环节中积极参与，从而能够使学生更好地理解和应用所学内容。然而，尽管国内学者也在探讨"翻转课堂"的本土化实践，但在体育实践课的教学步骤设计和教学组织方面的研究还相对较少。

我国传统体育课堂的教学步骤通常划分为"开始、准备、基本和结束"四个部分，各部分的安排与体育锻炼的生理适应规律相契合，且便于教师组织。然而，随着学生对自身需求的日益关注和对个性化学习的追求，单一教师主导的课堂结构在体育教学中逐渐引发学生对练习的不耐烦情绪。如何在解决这一问题的同时保留体育课程的特色，成为迫切需要解决的问题，而"翻转课堂"提供了一个有希望的解决方案。在运用"翻转课堂"的理念时，教学步骤的设计不仅需要参照经典的教学流程翻转框架，也应当兼顾体育知识和运动技能的习得规律。这意味着教师需要在保留"开始、准备、基本和结束"等基本元素的同时，为学生创造更多的学习参与、情感表达和能力培养的机会。教师在课前引导学生自主学习相关知识，然后在课堂中进行互动性强的讨论和实践，最终用"以学生为中心"的方式完成总结和反思，可以更好地激发学生的兴趣和积极性。

　　研究前人的工作并结合自身的教学实践经验，教师可以将高校体育教学"翻转课堂"的教学步骤划分为课前、课中和课后三个部分，此设计的目标在于充分发挥翻转课堂的优势，将学生置于更主动、参与性更强的学习环境中，进而达到更好的学习效果。在课前部分，教师通过制作精心设计的微课视频和学习资源包，围绕教学重点或难点，为学生提供课前学习的材料。学生在在线学习平台上观看视频、完成测验题以及学习资源包中的任务，此过程使学生能够在课前自主学习，并为教师提供了了解学生学习进度和问题的机会。进入课中部分，学习步骤变得更为精细，教学环节细分为任务设置、准备活动、小组探究性学习（练习）和成果展示四个部分。在这四个部分中，小组协作学习成为学生学习的主要形式，教师可事先在传统课堂中引入小组学习，培养学生的团队合作意识。任务设置阶段，教师根据课前学习情况，提出值得探究的问题，为学习小组设定任务。准备活动由各组自行完成，随后进入小组探究性学习练习，教师在此阶段全面观察和指导。成果展示部分，小组展示学习成果，学生通过比赛或游戏的方式进行展示和自我评价。这能促使学生在团队中互相协作，共同解决问题，产生学习兴趣和积极性。课后部分，通过在线学习平台建立课后学习与反馈通道，学生完成课后练习题并自主学习延伸资料。学生可以在反馈通道中与教师互动，发表感想和提出建议。此环节延续了学习的过程，为学生提供了进一步深化学习和讨论的机会，并且为教师提供了了解学生学习状态的途径。

以上三个教学步骤紧密相连，构成了一个完整的体育教学流程，旨在将学生带入全新的学习模式，从而促进体育参与、情感体验和能力培养。通过课前预习，课中实践探究，课后反思互动，学生在更为自主和互动的环境中掌握知识和技能，更好地养成和提升合作精神和解决问题的能力。

## 五、教学评价设计

在"翻转课堂"的教学评价中，首先要关注教学活动的每个重要环节。从课前的预习到课中的实践探究，再到课后的延伸学习，每个阶段都应被综合评估，进而以此全面了解学生在不同阶段的学习情况和教师的教学效果。对学生的学习活动进行评价是至关重要的，因为"翻转课堂"鼓励学生自主学习和合作探究，所以需要关注他们在课前预习、课中合作和课后延伸学习中的表现具体做法是查看课前预习的测验结果、课中小组合作的互动质量以及课后学习反馈的质量。教师的教学活动也需要进行全面评价，教师在翻转课堂中更多地扮演着引导者和协助者的角色。因此，教师的指导和互动质量需要被重点考察，教师的微课视频制作、在线指导和课后反馈都应该在评价中有所体现。

在高校体育翻转课堂的实施中，教学评价成为确保教学质量的重要一环。为了全面评估教学效果，可以将教学评价划分为三个关键部分：课前、课中和课后教学评价。课前教学评价聚焦于教学准备阶段，教师制作的微课视频和学习资源包需要能够激发学生的学习兴趣，降低课堂学习的认知负荷。在这一阶段教师与学生之间的网络互动交流也是关键，有效的互动可以提前引发学生的思考。学生是否能够利用信息技术进行自主学习也是评价的一部分，他们的学习积极性和自律能力都能在这一环节得以体现。最重要的是，教师能否在课前发现学生的学习难点，并据此设计出后续课堂中的探究性问题。课中教学评价关注课堂实践阶段，教师要引导学生在小组协作中营造积极的学习氛围，进行探究性学习。学生的参与度和互动质量将成为评价的重要指标，因为合作学习是实施翻转课堂的重要环节。教师与学生之间、学生与学生之间的互动是否增加，也可以反映出课堂氛围是否积极。而学生是否能真正解决问题，展示自己的学习成果，也是课中评价的关键要素，同时，快乐和成就感是否被教师和学生体验到也是需要考虑的。课后评价旨在总结教学效果，如学生是否掌握了所学知识和技能，他们的自主学习意识和能力是否有所提高，都是课后评价的关注点。教师和学生对"翻转课堂"的满意程度也需要被综合考虑，他们的反馈可以为未来的教学改进提供宝贵意见和建议。

# 第四节　"翻转课堂"教学模式在当代高等体育教学中的实际应用

## 一、"翻转课堂"模式在高校篮球教学中的应用

### （一）"翻转课堂"在高校篮球教学中应用的积极作用

#### 1. 利于激发学生的篮球学习兴趣

在现今教育领域的创新探索中，一种备受关注的教学方法——"翻转课堂"，正逐渐在篮球教学中展现出其显著的优势。"翻转课堂"不仅有利于激发学生的篮球学习兴趣，而且还能促使他们更深入地参与学习，有效地提升篮球技能水平。"翻转课堂"模式的核心理念在于打破传统教学的局限，通过课前预习和课堂实践的结合，引导学生主动探索和学习。在篮球教学中，"翻转课堂"方法能够激发学生对篮球的浓厚兴趣，学生只有在掌握了篮球知识和技能后，才会更加渴望亲身体验篮球运动的乐趣。在"翻转课堂"中，教师通过提供微课、指导学生的研究和练习，

帮助学生更好地理解和运用篮球技能。学生在这一过程中成为学习的主体，他们在课堂上不仅能够向教师请教问题，还能与同学一起交流讨论，从而加深对篮球知识的理解和掌握。相比传统的课堂教学模式，"翻转课堂"在篮球教学中具有明显的优势。传统模式下，学生往往在课堂上首次接触篮球知识，难以在有限的时间内深入理解和掌握。而在"翻转课堂"中，学生通过课前预习，已经对篮球知识有了一定的了解，从而使课堂变成了更有价值的互动环节。在课堂上学生可以与教师和同学一同讨论，解决疑惑，分享见解，从而更加深入地理解篮球技能的运用。

2. 利于强化高校篮球教学质量

在迅速变化的时代，高校体育教学作为培养学生综合素质和体育兴趣的重要环节，也在不断地寻求创新与改进。在这个背景下，"翻转课堂"教学模式脱颖而出，成为教师提高高校篮球教学质量的有力工具。此模式的引入不仅可以为学生提供更丰富的学习体验，还有望在培养体育兴趣、推动身心协调发展等方面发挥积极作用。高校篮球教学作为体育教育的一项重要任务，关系到学生的健康成长，更影响到体育学科的深入推广。提升篮球教学质量，不仅有助于培养学生对篮球运动的热爱，而且还能够让他们更好地了解篮球的规则和技术，为以后的深入学习和实践奠定坚实基础。"翻转课堂"模式中，教师通过提前准备微课，让学生在课前自行学习相关的篮球知识。学生可以根据自己的学习进度进行预习，对于难以理解的地方，他们可以在课堂上随时向教师请教，这令学生更有积极性和主动性，也能够使教师更加了解学生的学习情况和问题，从而能够有针对性地进行指导。在篮球教学中，教师可以根据学生的掌握程度，有针对性地进行技能讲解和示范，从而更加有效地提高教学质量。

3. 利于强化学生篮球自主学习能力

在"翻转课堂"教学模式下，学生的篮球自主学习能力得以显著提升。通过微课的学习和教师的指导，学生不断完善篮球技能，取得更优秀的学习成果。教师的有效引导激发了学生的学习思维，培养了他们的自主学习能力。学生可以利用篮球教学视频拓展知识，作为正式学习的补充。他们能够多次学习微课，强化关键内容的掌握，还可以在小组内自主进行训练，以共同提升实践技能。教师可以通过课堂和在线平台与学生讨论篮球知识与技巧，引导学生更自主地展开篮球学习，培养学生的独立思考能力和解决问题能力，为他们在篮球领域的自主发展创造更有利的条件。

### （二）"翻转课堂"在高校篮球教学中的应用方式与流程

1. "翻转课堂"在高校篮球教学中的应用方式

（1）制作高质量的篮球教学微课

为了有效地支持"翻转课堂"教学模式，体育教师在篮球教学中需要制作高质量的微课。微课作为篮球知识传授的载体，具有极大的潜力，能够在学生的课前自主学习中发挥重要作用。体育教师应该精心设计微课内容，以确保学生能够在课前明确学习重点，从而在课堂中更快地理解教师的指导，提高整体篮球教学效率。一节成功的微课应当突出一个特定的知识点或技能重点，确保学生可以在短时间内获得精准的学习内容。基于此，体育教师应该根据学生的实际学情，精心挑选和整合教学内容，以确保微课既有深度又有针对性。微课的时长应控制在 10到 15 分钟之间，确保微课内容紧凑，避免过长的视频导致学生失去学习兴趣。高质量的微课能够提升学生对篮球学习的兴趣，激发他们的思考，并引发问题的提出。学生通过观看微课，可以在课前积极思考所学内容，提前产生问题和疑惑，而学生积极的学习态度将在课堂中得以体现，学生将更有期待参与"翻转课堂"，更积极与教师和同学们交流讨论。

（2）强化课堂指导与师生交流

在落实"翻转课堂"教学模式的过程中，加强课堂指导和师生交流显得尤为关键。教师可以通过网络平台让学生在观看微课后回答问题，从而深入了解学生的微课学习状况。此种反馈机制使教师能够更准确地了解学生的学习进度和问题，为课堂教学提供针对性指导。教师可以根据学生的反馈信息，灵活调整教学设计，确保课堂教学更具吸引力更有效果。在课堂教学中，教师充当着引导者的角色，引领学生更深入地理解篮球技能。通过动作示范和对篮球技巧的讲解，教师能够对学生进行更为细致的指导。针对学生需要提高的技能重点，教师能够进行有针对性的训练，为构建高效的篮球课堂打下基础。学生在课堂上也有机会提出在微课学习中产生的问题，而教师的答疑解惑则能够激发学生的思考，帮助他们在实际的篮球训练中获得更好的体验。为进一步提升学生的篮球技能，教师还可以引导学生组织小组学习和进行集体篮球训练。学生参与团队合作，有利于在互助的氛围中共同进步。教师可以针对学生在训练中出现的共性问题进行讲解，帮助他们明确自身的优势和改进的方向。此外，多媒体辅助教学也是优化课堂效果的有效手段。教师将需要详细讲解的动作以慢速播放的形式呈现，能够帮助学生更好地理解动作细节，巩固学习重点。

（3）重视"翻转课堂"教学评价

关注"翻转课堂"教学评价是提高篮球教学效果的重要步骤，教师应从多角度综合评价学生的篮球学习，以推动学习水平的不断提高。学生的篮球学习成果展示是评价的重要依据，教师通过这种方式评估学生的表现，帮助他们理清学习重点和方向。在评价过程中，教师应给予鼓励，以激发学生更大的学习动力，并应尊重学生的差异，指导他们探索符合个性的篮球学习方法。教学评价的多元化有助于教师更准确地了解学生的篮球学习状况，除了成果展示外，教师还可以通过课堂表现、课后作业、小组合作等多种形式进行评价。通过让学生全面展示篮球技能和学习态度，教师可以获得更充分的信息，从而可以更好地指导学生的学习进程。在评价中，教师应以鼓励和正面反馈为主，让学生感受到自己的进步和努力得到认可。积极的评价能够增强学生的自信心，鼓励他们继续努力，持续提升。

2."翻转课堂"在高校篮球教学中的应用流程

"翻转课堂"的策略设计改变了学习方式和学习的时间、空间，其是一种引导师生互动合作的方法。结合优质教学资源的共享和教学信息的交换，"翻转课堂"策略为学生提供了丰富的学习机会。结合探究、交流等活动，学生与教师之间的互动被最大程度地激发，这可提高学生的学习兴趣和能力。教师在此过程中也需要不断提升自己的教学水平与技能，以更好地引导学生的学习。基于对"翻转课堂"教学经验的总结和理论分析，笔者构建了一个具有清晰流程的教学模型，分为课前、课中和课后三个部分。（图6-1）

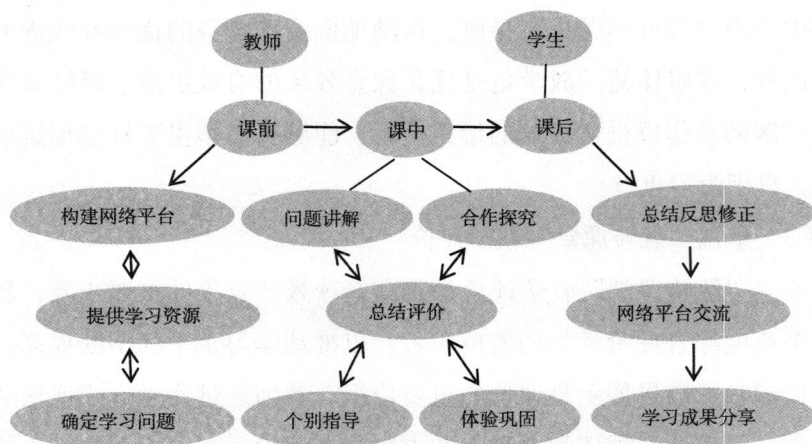

图6-1 翻转课堂模式流程

（1）课前传递知识

在"翻转课堂"模式下，课前的知识传递是关键环节，旨在将教学重点和难点转化为精简的微视频，供学生自主学习。以"原地双手胸前传球"为例，教师可制作 5 到 10 分钟的微视频，并上传至网络平台。该视频应涵盖动作细节的解释以及实际运用的场景，以便学生在了解动作本身的同时，还能理解其在实际应用中的意义。学生自主选择学习方式，在课前能够根据自己的学习节奏进行微视频学习，可以更好地理解传球动作的要领。学生在学习过程中需积极思考，遇到问题和疑惑时可以随时停下来回放视频。还可以将问题和心得与同组同学汇总，将其上传至网络平台，以便与教师和同学们进行讨论交流。教师制作的微视频应当简洁明了，紧扣教学重点，确保学生能够在短时间内获得关键信息。通过观看微视频，学生能够了解基本知识，为课堂互动做好准备。

（2）课中内化知识

"翻转课堂"的教学过程在课中体现为知识的内化，教学始于学生提交的探究问题。教师在课堂上分析这些问题，结合实际操作等方式帮助学生吸收和内化所学知识。学生在讨论中积极探究，教师及时总结，对学生的表现给予简明扼要的评价。在课中，教师既是指导者又是引导者，他们通过解答问题、讲解理论等方式帮助学生更好地理解和掌握知识。教师的角色是引导学生深入思考，培养学生的批判性思维和问题解决能力，同时根据学生的差异提供个性化的指导，落实因材施教，确保每位学生都能得到有效的帮助。课堂中，问题探究可以成为学生知识内化的契机。讨论活动可以使学生互相启发，激发新的思路。教师还可以根据讨论的情况，调整小组成员，使拥有不同知识点的学生可以相互碰撞，从而促进学生对知识的巩固和升华。

（3）课后总结反思

课后总结反思是"翻转课堂"教学的关键步骤，有助于学生巩固知识，促进学习效果的提升。教师在这一阶段应以正面的表扬和激励为主，将评语上传至网络交流平台。教师还需要对自己的教学进行反思，找出不足之处，积极改进和提高。教师的表扬和激励能够激发学生的自信心和学习动力，将评语上传至网络交流平台，使学生可以分享自己的成绩和进步，这可以激励他们在学习上更加努力。此外，教师还应在反思中找出教学中的不足之处，将其视为改进的契机。教师可以根据课堂实践和学生的反馈，不断地改进和提升自己的教学方法和技巧。学生的总结反思则是对教学过程和学习感受的一种回顾，他们可以将自己的学习体会上传到网络交流平台，与同学们分享。

### （三）高校篮球教学应用"翻转课堂"的成果与反思

1. 高校篮球教学应用翻转课堂的成果

（1）实现篮球教学与信息技术的融合

"翻转课堂"在高校篮球教学中的引入带来了显著的成果，首先体现在篮球教学与信息技术的有机结合上。随着信息技术的飞速发展，大学生的学习方式和生活习惯发生了深刻变化，智能手机的广泛应用使得信息化教学平台成为当代大学生学习的重要平台。在这种背景下，引入"翻转课堂"模式恰逢其时，该模式与学生的日常习惯高度契合，通过网络平台进行学习和交流是学生自然而然的选择。相比传统的呆板、单一、被动的教学方式，翻转课堂更具有趣味性和主动性，能激发学生的学习兴趣。教师篮球教学过程中通过"翻转课堂"模式将内容以微课视频的形式传递给学生，视频包含了篮球技术和战术的详细解说，学生可以根据自己的节奏进行学习，这能激发学生的学习动力，让他们更积极地参与到课程中。校园网络平台为教学提供了便捷的交流途径，学生可以随时向教师提问，向同学分享自己的学习心得，实现了与教师和同学的互动。

（2）转变了教师的传统教学观念

"翻转课堂"模式在高校篮球教学中的引入，不仅带来了技术成果，更促使教师的教学观念发生了转变。此种新型教学方式重新定义了师生角色、教学时空、教学形式、教学策略以及评价方式等各个方面，实现了教学方式的深刻变革。在教学过程中，教师的教学思维经历了转变，传统模式被重新塑造。学生成为学习的主体，而教师在教学中起引导和主导的作用。教师不再是简单地灌输知识，而是注重让学生精讲多练，培养实际能力，此种转变有效提高了学生的篮球技术水平。"翻转课堂"的微视频讲授可激发学生的好奇心，引起师生之间的互动和讨论。学生可以通过讨论、提问和交流，创建一个良好的学习环境。同时，视频的应用有助于学生在实践中积累经验，培养自己的技能。特别是对于难度较大且不易分解的篮球动作，例如篮球行进间单手肩上投篮技术，利用传统教学方式难以获得满意效果，而通过微视频的方式进行讲解，教学效果则取得了大大提高。

（3）实现了篮球知识吸收与内化的最大化

教师通过对"翻转课堂"模式的应用，使学生在高校篮球学习中实现了对篮球知识最大程度的吸收和内化。"翻转课堂"充分利用了学生的主动性和网络平台的便捷性，将课前、课中、课后的教学过程有机融合，取得了显著效果。学生在课前通过网络平台进行自主学习和认识分析，预习学习资源，积极实践与理解。自主的学习过程使学生更深入地理解所学内容，为课堂互动打下坚实基础。在课堂上，教师与学生进行探讨和交流，共同解决学生在课前学习中遇到的问题，促使学生将抽象的理论知识与实际应用相结合，提升他们的实践认知。微视频的运用在"翻转课堂"中具有重要意义，微视频为学生深度内化篮球知识提供了便捷途径，能够在短时间内将复杂的篮球技术分解成易于理解的片段。此种视觉化的教学方式能够激发学生的兴趣，帮助他们更好地理解篮球动作的要领。通过反复观看微视频，学生可以逐渐掌握技能，将知识内化为自己的实际能力。调查数据表明，绝大部分学生对"翻转课堂"模式表示认可。他们认为这种教学方式既提高了学习效率，也提升了他们欣赏篮球比赛的水平。"翻转课堂"改变了过去教师主导的教学方式，摆脱了传统"填鸭式"的学习方式。学生通过自主学习、课堂探讨以及实际操作，可以全面地吸收和内化篮球知识。

（4）实现了教学评价的多元化

"翻转课堂"模式的引入对篮球教学产生的影响还体现在教学评价的多元化上。教学评价作为衡量教学效果的关键环节，在这一新教学模式下得到了进一步的拓展和创新。教学评价旨在根据科学标准，利用有效的技术手段对教学过程和结果进行测量，并对其进行价值判断。传统评价主要聚焦于教师的教学和学生的学习两个核心环节，然而，"翻转课堂"模式的引入使得教学评价变得更加多元化。在这一模式下，评价不仅关注学生对知识的掌握，更强调学生学习能力的培养和实际应用。"翻转课堂"模式倡导学生的主动学习，鼓励他们在课前通过微视频进行自主学习，课堂上进行互动探讨，课后进行总结反思，使得学生在实际操作中能够更好地掌握知识和技能。

2. 高校篮球教学应用翻转课堂的反思

（1）高校篮球教学应用翻转课堂的不足与反思

"翻转课堂"是教育教学领域的一种新理念、新方法、新模式，是教育形态在信息化社会背景下的有益探索。将"翻转课堂"应用于体育教学，能够有效解决当前体育教学所面临的问题，并显著提升整体体育教学质量。在实施"翻转课堂"于体育教学时，实效性应成为根本出发点。需要注意的是，虽然"翻转课堂"带来了新颖的教学方式，但如果过于注重形式而忽视教学效果，将失去其意义。使用这一模式时重要的是确保学生真正从这一模式中受益，令他们不仅能够理解知识，更能够将其应用于实际运动中。如今，体育教学领域正迫切需要改革，而"翻转课堂"为这一改革提供了有力支持。但是在引入"翻转课堂"模式初期可能会遇到困难和挑战，学校应积极面对这些问题，紧密关注模式的发展，结合实际情况积极探索。学校还应密切关注模式在体育教学中的应用障碍和优势，不断总结经验并进行改进，以推动体育教学质量的提升和我国体育教学的快速转型。

将翻转课堂引入高校篮球教学，学生们在上课时的积极性被极大地调动起来。但是不容忽视的是，在教学的过程之中也暴露了诸多问题，比如学生与教师不能很快转变与适应在翻转课堂中的角色、课堂组织与开展困难重重、课后反馈不及时等，这就需要教师及时对翻转课堂篮球教学进行深刻反思。

第一，为实现"翻转课堂"的有效实施，建设网络教学平台是基础和前提。教师应根据教学大纲和培养方案，明确教学重点与难点，并巧妙地制作微视频，上传到篮球教学的网络平台上，为学生提供丰富的学习资源，为"翻转课堂"模式的成功运行提供技术保障。教师可以充分利用网络教学平台的功能，灵活地布置作业、组织探讨交流、设计自我测试等。互动式的教学方式可以激发学生的学习积极性，使得他们能够在轻松的环境中掌握篮球知识和技能。教师还可以通过平台跟踪学生的学习进展，监控学生的学习过程，及时调整教学策略，确保每位学生都能够得到适当的指导。学生也能够通过网络教学平台获取丰富的学习资源，进行自主学习，随时下载学习材料，提前预习新课内容，练习相关的篮球动作。此外，平台还为学生提供了与教师及时进行沟通与交流的机会。

第二，改革教学评价机制是"翻转课堂"成功实施的另一个关键因素。传统的学生考试和教师打分方式已不足以适应"翻转课堂"带来的教学变革，教学评价应当突破传统模式，紧密围绕"以评促学"和"以评促教"的原则展开，实现评价标准与内容的多元化。教学评价应该从内容到主体，从方法到阶段都紧密围绕教师的教学和学生的学习展开。评价的内容应当包括学生在"翻转课堂"中的学习表现、实际能力的提升等多个方面，旨在全面了解学生在教学过程中的发展。此外，教师的教学方法、教学设计和互动方式也应该纳入评价的范畴，以确保教学质量的提升。而要想使评价更加科学，多样化的评价方法必不可少，对学生的学习表现，教师可以通过课堂讨论、作业完成、项目展示等多种方式进行评价，以全面了解学生的学习情况。教师的教学效果则可以根据学生的反馈、教学观察、教学成果等来进行评价，以确保教学方式的优化和提升。此种教学评价机制不仅可以更好地适应"翻转课堂"的教学特点，还能够更准确地反映学生和教师在教学过程中的真实表现。通过不断地改进和完善教学评价机制，可以实现教学目标的有效达成，推动"翻转课堂"在篮球教学中的深入应用，避免其陷入空洞的形式主义。

第三，实现"翻转课堂"在高校篮球教学中的成功应用，需要教师提升综合素养。"翻转课堂"教学模式对教师的要求较高，要求他们具备多方面的素养和能力。在教学过程中，体育教师需要充当多重角色，既是网络教学平台的设计者和使用者，也是学习资源的上传者，更是学生学习的引导者、学习成果的评价者以及教学过程的监督者和完善者。在应用"翻转课堂"模式进行篮球教学时，教师应从传统的讲授者转变为引导者的角色，激发学生的主动学习能力，帮助他们在自主学习中取得进步。教师应提高自身的组织与管理能力，在"翻转课堂"模式下，教师需要合理地组织学习资源，顺利制作上传微视频，引导学生有条理地进行自主学习，并在课堂上展开有效的讨论和交流。教师还应增强信息技术和专业能力，他们需要熟练运用网络教学平台，掌握微视频制作技巧，灵活运用多媒体手段，创造性地设计教学内容，以提高教学吸引力和效果。

第四，在高校篮球教学中，引入"翻转课堂"需要注意防止其变味和异化，确保其内涵和特点得到充分体现。教室使用在实践这种新型教学方法中应当遵循其原则，避免过度强调某些方面，以保证其有效性。如首先，要避免过度强调学生的主体性，虽然"翻转课堂"鼓励学生自主学习，但教师的引导和指导同样不可或缺，教师应在课前精心设计教学内容，确保学生能够有针对性地进行学习。但是如果过度依赖学生主动性，可能导致学生在自主学习中迷失方向，影响教学效果。其次，避免过高估计学生的自主性，虽然"翻转课堂"鼓励学生自主学习，但并不是每个学生都具备较强的自主学习能力，教师应提供足够的指导和支持，确保每位学生都能够理解和掌握所学内容。再次，避免过度强调学生知识技能的提高，虽然"翻转课堂"可以提高学生的篮球知识和技能，但教育教学不仅仅是知识和技能的传授，还包括德、智、体、美等多方面的培养，教师应在教学中注重培养学生的综合素质，而不仅仅是关注生 单一的技能提升。最后，避免过度追求形式，虽然"翻转课堂"是一种创新的教学方法，但它并不是适用于所有情况的银弹，教师在引入"翻转课堂"时应根据实际情况进行调整，以确保教学目标的达成。

（2）高校篮球教学应用翻转课堂的对策与思路

笔者根据研究提出解决高校篮球课程"翻转课堂"教学模式中触弦的问题的方法，为篮球教师提供对策和思路。实现预设目标需要优先培养学生的自主学习能力，激发兴趣，引导讨论，同时发挥教师的创造力，丰富教学资源，创造互动环境，最终提升"翻转课堂"效果。

在实施"翻转课堂"教学模式时，促使学生养成自主学习习惯是至关重要的。"翻转课堂"模式的核心在于引导学生在课前独立学习，积极参与课堂互动。因此，学生是否能够主动学习课程内容成为影响教学成效好坏的关键要素。"翻转课堂"鼓励学生通过自主学习获取必要的知识储备，以便在课堂上更好地参与讨论和思考，要求他们内化所学内容，还要求他们在课堂互动中能够积极发言、提出问题、参与交流。因此，学生在课前应采取有效的自主学习方法，包括深入阅读教材、观看教学视频、进行思考和练习。如此，学生能更深入地理解课程内容，为课堂上的互动做好准备。

在应用"翻转课堂"教学模式时，教师的教学设计和课堂引导能力显得尤为关键。教师需要不断提升自身的专业素质和教学设计能力，以应对学生可能出现的质疑和问题。"翻转课堂"模式将学生的练习时间延长至课堂外，因此，教师必须有效引导课堂练习，确保学生在自主学习、观看技术和战术视频时能够取得良好的效果。教师可以通过巧妙的课堂引导方式，提高课堂练习的效率，保障学生自主学习成果的展现。一种方法是将视频观看与练习任务相结合，教师可以在向学生推送视频的同时，布置相关的观看任务，要求学生在观看过程中思考并探索问题。这样，学生在实际练习中就能有针对性地解决视频所示动作相关的具体问题。通过这种方式，教师能够得到学生自主学习效果的真实反馈，从而根据反馈及时进行调整和改进。此外，网络上已经存在大量高校篮球课程视频教学资源，但其质量和连贯性参差不齐。因此，在应用"翻转课堂"教学模式时，教师应精心设置学习主题，进行任务引导。举例来说，教师可以针对特定技术动作或战术，搜索或制作高质量的教学视频，帮助学生提高学习效率。并为每个主题设置学习任务，引导学生在自主学习中更有针对性地掌握相关知识。在教学过程中，教师还可以采取分组学习的方式，促进学生之间的互助与合作。教师通过组织学生在小组内自主学习特定主题，可以鼓励学生相互帮助，共同解决问题，有助于学生的学习，还能够获得小组层面的反馈，从而不断改进教学方法。

"翻转课堂"教学模式的广泛应用离不开信息技术和互联网的支持，而教师的信息技术处理能力成为这一模式的关键支撑。随着互联网技术的迅猛发展，体育类高校需要在教师培训和学术交流中推广信息化教学理念，并为教师提供丰富的信息技术培训活动。

在教师培训中，应增加与信息技术应用相关的课程，让教师掌握在

"翻转课堂"模式下的信息技术应用方法,包括教学应用软件的使用技巧,如何搜集学生行为的大数据来了解学生对教学视频的反馈。教师通过对学生的行为数据加以分析,可以更准确地判断学生对教学内容的掌握情况,从而调整课程内容和引导方向。教师还可以利用视频分析软件等工具,对学生提交的视频作业进行分析;结合动作叠加和动作分解等技术,准确评估学生完成技术动作的精确程度,及时发现问题并提供针对性的反馈。教师采用有关技术不仅可以提高教学效率,还能够获得关于师生互动的更有价值的信息。通过信息技术的支持,教师和学生之间的互动变得更加紧密和高效。教师可以远程监控学生的学习进度,了解学生的学习情况,并据此数据调整教学策略。此种方式降低了沟通成本,提高了课堂效率。

## 二、"翻转课堂"模式在高校足球教学中的应用

### (一)"翻转课堂"模式在高校足球教学中应用的价值

将"翻转课堂"教学模式引入足球教学可实现多方面的创新,教师成为学生学习的导师和兴趣的培养者,而学生则主动探究足球知识和技术战术。教学形式从传统的单向传授变为"学生课前自主学习 + 课堂中师生互动探究 + 课后知识巩固",教学评价也演变为多维度的过程化考核评价体系,该系列创新有助于足球教学取得优异成果。

1. 信息技术与足球教学的结合

信息技术与足球教学的结合是推动高校教育现代化的重要途径之一,体育教师可以在课前将精心制作的教学材料和视频上传至学习平台,让学生提前熟悉学习内容,理解技术动作的要领和难点,从而有效提升课堂学习效率。同时,通过在线交流,师生之间的互动与情感也得以增进,这不仅满足了学生对灵活学习方式的需求,还促进了教学的互动性与适

应性，为体育教学创新带来了新的可能性。信息技术在足球教学中的应用提升了教学效果，并为学生提供了更多自主学习的机会，进一步激发了他们的学习兴趣和积极性。

2. 利于学生对足球知识与技能的深入理解与掌握

在"翻转课堂"教学模式中，教师通过在课前将教学视频上传至学习平台，向学生进行虚拟授课，这样做可以将教师的讲解和示范融入学生自主学习的过程中，为学生深度内化足球知识与技能创造了条件。在课前，学生通过观看教学视频，了解技术动作的要点和难点，为课堂上的练习做好准备。课堂上，学生有更多的时间用于练习，这有助于提高他们的技能水平。教师则可以将更多时间用于与学生进行面对面的指导和交流，解答他们的疑惑，纠正错误动作，帮助学生更全面、准确地掌握技能要领。"翻转课堂"模式的应用，使得教师在课堂上可以针对学生的个体差异进行更精准的指导，帮助他们更好地理解和掌握技术动作。然而，虽然"翻转课堂"模式有诸多优势，但也需要注意平衡。教师在设计教学视频时，需要确保内容准确、清晰，并能够激发学生的学习兴趣。另外，在课堂上，教师需要紧密关注学生的学习情况，及时纠正错误，防止学生因错误动作一直未被纠正而形成不良习惯。

3. 利于完善足球教学评价体系

在高校足球教学中引入"翻转课堂"教学模式，使教学评价体系得以进一步完善。"翻转课堂"模式将教学评判从单一的评判主体中解放出来，实现了评价的多元化。除了教师可以对学生的学习情况进行评价，家长和学生也能参与评价过程，这样可以更加客观地体现学生的学习成果。"翻转课堂"模式的特点使得学生在课前通过自主学习准备知识，课堂上进行互动和练习，进而在课后巩固所学，连贯的教学流程为教学评价提供了更多的切入点。家长可以从学生的课前准备和课后巩固情况中了解学生的自主学习能力和学习态度，而学生在课堂互动中表现出的积极性和合作精神也可以作为教师评价的参考因素。"翻转课堂"模式促进了学生思维的发展和能力的培养，这些方面也可以纳入评价体系。学生通过自主学习和课堂互动，培养了解决问题、合作交流、批判思考等能力，这些均为评价的重要组成部分。

4. 利于师生互动与生生互动

"翻转课堂"模式在高校教学中引入后，极大地促进了师生互动和生生互动。教师引导学生在课前进行自主学习，并在课堂上更多地与学生互动，为其提供有针对性的讲解和指导，节约了课堂上的宝贵时间，使得师生之间的互动更加深入。此外，课堂时间的节约也为学生之间的互动提供了更多的机会，教师可以组织学生进行练习活动，让学生在实践中互相学习和交流。同时，教师还可以引导学生对课程中的某一知识点或技能进行深入的讨论，从而激发学生的思维和创造力。这种互动不仅促进了学生之间的合作与交流，也加强了师生之间的互动关系。

5. 突出学生学习主体地位

"翻转课堂"模式的引入为高校足球教学带来了重要的变革，体现了学生在学习中的主体地位。传统足球教学往往以教师为中心，而"翻转课堂"模式使教学过程更加围绕学生展开。"翻转课堂"教学模式下，学生在课前通过自主学习来准备，在这一阶段，学生可以按照自己的节奏和需求进行深入学习。在课堂上，学生可以根据课前的学习情况，积极提出问题、参与讨论，与教师和同学共同探讨学习内容，这令学生在课堂上更加投入，并能培养他们的批判性思维和解决问题的能力。通过"翻转课堂"模式，学生的学习主动性得到了增强。他们不再仅仅依赖教师的传授，而是在课前主动获取知识，在课堂上积极与他人交流和分享这可促使他们在学习过程中建立更强的自信心，产生更大的学习动力，以更好地适应现代社会对其综合素质的要求。

6. 丰富高校足球教学内容体系

高校足球教学通过引入"翻转课堂"模式，使内容体系得到丰富。教师在这一模式下需要积极寻找和选择多样的教学资源，如网络上的足球开放课程、多媒体教材以及在线学习社区等，从而使得教学内容更加丰富和多元化。"翻转课堂"要求学生在课前进行自主学习准备，因此教师制作教学视频和课件成为必要工作。在这个过程中，教师需要深入研究各种足球教学资源，以确保选用的资源质量优良且与课程内容相符。这进一步激发了教师的创新意识提升了教师的专业素养，促使他们更深入地了解足球教育的发展趋势和前沿知识。

**（二）高校足球教学应用"翻转课堂"的策略与流程**

1. 高校足球教学应用"翻转课堂"的策略

（1）建设在线虚拟教学平台

高校足球教学中的"翻转课堂"应用策略之一是建设完善的在线虚拟教学平台，该平台不仅是实施"翻转课堂"的基础，更是促进师生互动和在线交流的重要纽带。在线虚拟教学平台的建设为教师和学生提供了便捷的教学和学习环境。一方面，教师可以提前准备好教学资源，如教学视频、资料等，通过平台进行上传和发布，从而为学生提供课前自主学习的机会，使他们能够在课前预习课程内容，为课堂讨论和互动奠定基础。另一方面，学生可以在学习过程中通过平台向教师提问、寻求帮助，并在学习过程中随时与教师进行沟通交流。教师则可以及时回应学生的问题，为他们提供针对性的指导和解答，确保学生的学习顺利进行。

（2）提升高校足球教师的综合水平

"翻转课堂"教学模式在高校足球教学中的成功实施要求提高足球教师的综合能力，该模式与传统的教学方式有着显著不同，对教师的要求也更加全面和多元化。在高校足球教学中应用"翻转课堂",教师不仅需要具备深厚的足球专业素养,还需要掌握现代信息技术。从在线虚拟教学平台的建设到教学资源的开发,再到教学视频的制作与上传,都需要教师具备高水平的信息技术运用能力。教师应当熟悉各种教学应用软件、多媒体制作工具等,以便为学生提供多样化、互动性强的教学内容。要想成功应用"翻转课堂"教学模式,教师的教学设计能力和课堂引导能力也是关键。教师需要能够根据学生的自主学习情况,灵活地设计课堂活动和讨论,引导学生深入探究和讨论足球知识与技能。此外,教师还要善于提问,激发学生思考,促使他们积极参与课堂互动,形成良好的师生互动氛围。需要注意的是。教师的综合素养也包括教学评价能力,在"翻转课堂"教学中,传统的考试分数评价不再适用,教师需要创新评价方法,如基于项目的评价、学生作品展示等,更全面地了解学生的学习成果和表现。因此,为提高足球教学质量,足球教师应不断进行自我提升,拓展和提升自身的知识面和技能;积极参加专业培训,掌握新的教学技术和信息技术工具,增强自己的教学设计和引导能力,以应对"翻转课堂"模式带来的挑战。高校足球教师应积极适应时代的发展,不断提高自身的综合能力,从而更好地实施"翻转课堂"教学模式,提升足球教学的质量和效果。

(3)构建多维度的足球教学评价体系

在高校足球教学中应用"翻转课堂"模式,必须关注构建多维度的足球教学评价体系,以更好地了解每位学生的个体差异和学习过程,从而提高教学的针对性和效果。传统的教学评价模式主要以期末考试成绩为主,忽略了学生个体的差异和学习过程。每个学生的学习能力和兴趣都不同,因此,教师在足球教学中应设计不同层次的教学内容和目标,以满足学生的不同需求。为此,构建多维度的足球教学评价体系至关重要。在该体系中,除了学术成绩外,还应考虑学生的学习态度、努力程度、参与度等因素。与期末成绩相比，学生的积极参与、主动探究和刻苦训练同样重要，这些方面的表现也应成为评价的一部分。学生自评、互评和班级集体评价能够更准确地反映每位学生的学习状况，增加评价的客观性和全面性。

2."翻转课堂"在高校足球教学中的应用流程

"翻转课堂"在高校足球教学中具有较高的应用价值，所以将"翻转课堂"应用于高校足球教学是十分有必要的，针对"翻转课堂"在高校足球教学中的应用流程可作出以下分析。

（1）课前准备环节

在高校足球教学中运用"翻转课堂"模式时，课前准备是一个重要的环节。在该阶段，教师需要精心制作或选择适当的学习材料，以确保学生在课前能够充分准备，为课堂互动和深入学习奠定基础。以教授脚背内侧踢定位球为例，课前准备环节至关重要。教师可以针对这一技能制作教学视频，展示正确的姿势、动作和技巧。学生可以通过视频详细了解助跑、站位、踢球动作等要点，为了激发学生的思考，教师可以在视频结束时提出与脚背内侧踢定位球相关的问题，鼓励学生在课前对这些问题进行思考，为课堂讨论做好准备。课前准备环节的目标是让学生在课堂上能够更有针对性地进行讨论和深入学习，提前了解基本概念和技巧可以使学生在课堂上更专注于解决问题、分享观点和参与互动，这样可以提高学生的学习效率，培养学生的自主学习能力和批判性思维。

（2）课中教学环节

课中教学是在高校足球教学中应用"翻转课堂"模式的核心环节，通过有效的组织和引导，教师能够使学生在课堂上实现更深入的互动和学习。仍以脚背内侧踢定位球的教学为例，教师应与学生互动，了解他们在课前自学脚背内侧踢定位球的情况，这一互动可以通过提问、小组讨论等形式进行，从而确保自己了解学生的掌握情况和潜在问题。接下来，教师应组织专项准备活动，为学生在课堂上的实践练习做好准备，可以包括一些热身活动，如拉伸和简单的足球技能练习，以帮助学生进入状态。随后，学生可以进行脚背内侧踢定位球的实践练习，教师可以安排学生两人一组，进行对练。教师应密切观察学生的练习情况，及时发现并纠正他们存在的错误，确保学生在正确的指导下进行练习。在练习完成后，教师应对学生的练习情况进行点评和指导。教师可以集中关注学生在练习中遇到的问题，并提出引导性的问题，鼓励学生思考并解决，从而增强学生的自主学习能力和问题解决能力。教师可以让学生回答之前提出的问题，并进行自我展示。该环节可以鼓励学生积极参与课堂互动，分享自己的经验和观点。同时，教师也可以对学生的展示和回答进行评价和指导，促使学生更好地理解和掌握脚背内侧踢定位球技能。

（3）教学结束环节

课程结束时，学生将进行放松练习，随后教师引导学生对课程内容进行总结和反思。该阶段旨在确保学生能够获得及时的教学反馈，以促进他们对所学内容的理解和应用。通过反思，学生可以加深对知识和技能的理解，同时也有机会提出问题或分享观点。

教学的全过程，从课前准备到课中教学，再到课程结束，都旨在创造积极的学习环境，培养学生的自主学习能力和综合素质。

# 第七章　移动网络课堂在高等体育教学模式中的研究

## 第一节　移动网络课堂教学的形成背景

### 一、计算机信息技术发展的时代背景

#### （一）信息技术的持续发展

第三次科技革命涵盖了多个领域，其中空间技术、原子能技术和电子计算机技术的快速应用和发展成为其重要组成部分。特别是电子计算机技术的广泛应用，催生了生产自动化、管理现代化、科技手段现代化和国防技术现代化，同时加速了情报信息的自动化处理。在这场科技革命中，信息技术的迅猛发展成为一股重要的推动力，引发了信息革命的浪潮。信息革命的一个显著标志就是全球范围内互联网的普及和应用，互联网的普及使得信息的交流与传播更加便捷和全球化，极大地改变了人们的生活方式、工作方式以及社会交往模式。信息技术的革命性变革引发了更多新技术的涌现，对整个社会的发展产生了深远的影响。

当今社会正处在数字化和信息化时代的关键转折点，新技术的迅猛发展和广泛应用对个人的成长提出了更高的要求。在这个转型的关键时期，教师必须重新审视教育制度和教学模式，思考如何充分融合现代技

术，并最大程度地发挥现代技术的效用。在信息潮流中，教育的目标必然包括培养学生处理信息的积极性、提升信息处理能力（包括信息获取、分析、加工等方面的能力）以及培养信息素养。《国家中长期教育改革和发展规划纲要（2010—2020 年）》深刻地指出："信息技术对教育发展具有革命性影响，必须予以高度重视。"信息技术正在促使教育在方方面面产生革命性的变革，它正在改变人们的学习方式和学习习惯，也在改变学校的教学模式。在面对如此变革的挑战时，教师必须重新审视教育观念，重新定位教育技术的角色。并且有必要从不同的角度积极主动地探索信息革命背景下的教育变革，以及如何充分利用现代信息技术来推动教育的创新发展。

### （二）继续变革的教育现实

工业革命之前，学徒制一直是主要的教育模式。学徒制度强调实地教学、个别化指导和代际传承，学习发生在真实的工作环境中，学徒在师傅的引导下学习和实践，人们通过这种模式培养出了高水平的技艺人才。学徒制在很大程度上强调实际操作和实践经验，将理论与实际紧密结合。学徒们通过观察和参与真实工作，获得宝贵的技能和经验。师傅们传授他们技巧、知识和工作原则，促使学徒逐步熟练掌握技艺。这种"一对一"的指导模式允许师傅根据每位学徒的特点和进度进行个性化教学，确保每位学徒都得到充分的关注和指导。学徒制也鼓励了代际间的传承和口头传播，将知识和技能通过口述和示范传递给后代，口耳相传的方式使得经验和智慧能够流传下来，不受书写和印刷的限制。这也强调了实际经验和实践的重要性，学徒们从师傅身上汲取知识和技能，逐步成为技艺高超的专家。尽管学徒制在工业革命后逐渐被新的教育模式所取代，但它仍然为现代教育提供了宝贵的经验。学徒制强调的实践、个性化指导和传承的价值观依然适用于今天的教育，现代教育可以借鉴学徒制的精神，强调实际操作、实践经验和个性化教学，使学生能够更深入地理解和掌握所学内容。

工业革命的兴起带来了工厂规模的扩大，这进一步扩大了对具备一定知识和技能的劳动力的需求。资本主义的发展要求普及教育，提高教育的规模和质量，以满足快速培养大批受过优质教育的劳动者的需求。然而，传统的学徒制无法满足这一需求，于是班级授课制作为一种新型的教学组织形式应运而生。班级授课制以班级为单位，教师按照固定的课程表向固定的学生群体传授相同的内容。在班级授课制下，教育可以更大规模地实现，教师可以同时向多个学生传授相同的内容，提高了教学效率。这种集中式的教学方式也为学生提供了更多互动和交流的机会，使得知识可以更迅速地被传递和消化。同时，班级授课制强调标准化的教学内容，保证了教育的公平性和一致性。

分析班级授课制的基本特点，人们能够更好地理解为何这种教学模式顺应了工业革命的需求，并且在创立后一直持续发挥着重要作用。班级授课制的一个显著特点是能够在有限的时间内使学生掌握大量系统化的知识，该模式通过固定的课程表和教学进度，确保了学生在预定时间内获取广泛的知识。教师可以进行"一对多"的教学，有效地向整个班级授课，从而提高了教学效率。集中式教学方法能够同时满足大量学生的需求，适应了工业革命时期大批量劳动力培养的需要。班级授课制按照统一的"课"来规划教学进度和学习要求，使学生在同一步调下学习，有助于提高教学管理的效率，教师能够更好地掌握整个班级的学习进度。因此，班级授课制能够高效地培养出大量的人才，这正好迎合了工业革命对大量劳动力的迫切需求。

随着计算机和网络信息技术的飞速发展和广泛应用，人们已经进入了信息化时代。这个时代对个人的要求不仅仅停留在传统的知识和技能层面，而是涵盖了更高层次的发展要求。信息革命的浪潮催生了新的思维方式，要求人们具备更多的能力，例如熟练掌握信息技术、迅速应对应急事件、拥有独特的创新思维、主动学习新知识、敢于探索未知领域等。因此，教育在信息革命的大潮下，也面临更高层次的目标和要求。然而，传统的班级授课制教学模式已经逐渐显露出其无法适应这些新要求的局限性。信息革命所提出的新理念挑战了教育的传统思维方式，推动着教育向更加开放、灵活、个性化的方向发展。终身学习和自主学习成为当下的热点话题。在这个新时代，每个人都需要接受终身教育，不断进行自主的学习。人们需要主动适应社会的变革，根据自身需求进行有选择性的学习，以适应时代的发展和满足个人成长的需要。持续学习的态度不仅有助于个人实现自我价值，还能够使个人在快速变化的社会中保持竞争力，拥有更加丰富充实的生活。终身学习的理念要求人们跳出传统的教育观念，不再局限于课堂的边界，而是将学习融入日常生活中。人们可以通过各种渠道获取知识，如从网络、书籍、社交媒体等多方面汲取养分。自主学习则需要人们具备良好的自我管理和自我驱动能力，能够有效地制定学习计划，寻找合适的学习资源，解决学习中的问题，从而有效实现个人的自我提升。

第一次教育革命发生在农业社会向工业社会的转型中，而工业革命的浪潮催生了教育领域的巨大变革，这一时期，教育的组织形式从传统的学徒制向更为规范的班级授课制过渡。第二次教育革命则在信息革命的推动下初现端倪，它将教育的组织形式从班级授课制逐渐转变为注重终身学习和自主学习的模式。通过梳理教育发展历程明显可以看出，教学组织形式经历了从手工学徒制到班级授课制，再到如今终身学习和自主学习的变迁和发展趋势。这种变迁不仅是教育制度的改革，更是社会进步的需求。随着时代的演变，社会对人才的要求也发生了深刻的变化。传统的学徒制和班级授课制在一定时期内适应了社会需求，但随着信息技术的革命性应用，新的发展要求催生了教育的第二次革命。现代社会对人才提出更高层次的要求，包括不断学习新知识、主动解决问题、自主创新等。因此，教育也必须相应地进行变革，引导学生养成终身学习的习惯，培养他们的自主学习和批判性思维能力。在面对第二次教育革命的大潮时，人们需要审视教育教学的现状，从传统的教学方式中解放出来。借助现代信息技术的力量，人们可以更加自由地获取知识，进行跨时代、跨地域的学习。

同时，现在教育也存在以下问题。

第一，学生们在毕业后普遍感受到学校教育与社会实践之间的明显脱节。许多人抱怨所学知识很少在实际生活和工作中发挥作用，这一现象引发了人们对传统教学方式的反思。虽然在学习的过程中，学生可以培养逻辑思维等能力，但传统教育很难直接适应现实社会的多变需求，因此必须对教育模式进行改革，使之更贴近实际。当前，重视学校课程体系与学生发展的结合是非常重要的。教师需要建立起一套既能够培养学生基本能力，又能够与社会实践相结合的课程体系。这意味着教育应更注重培养实际技能，强化与职业和社会实践的联系。教师通过引入实践项目、实际案例等教学元素，能够使学生更好地将所学知识应用于实际情境中，提升他们的综合素质。另一方面，构建生活化和实践化的课程也要注重教学方法的创新，传统的单向授课方式已不足以满足现代学生的需求对此，教师可以借助现代技术，开展实时互动、小组合作、项目研究等多元化的教学活动，激发学生的学习兴趣，培养他们的合作能力和解决问题的能力。在面对知识爆炸和信息时代的挑战时，重新构建课程体系，将教育与社会紧密结合，成为现代教育改革的重要任务。只有这样，才能让学生在学校获得的知识更有实际用途，才能使学生更好地适应社会发展的需要，才能让教育走向更加贴近实际、更富有活力的方向。

第二，传统的教学模式常常面临一个普遍问题，即"一刀切"的现象。这意味着教师按照统一的进度和内容进行教学，而学生的学习进度和能力却存在差异。此种情况常导致两类学生产生不满和挫折感，进而影响他们的学习效果和积极性。具体来看，对于那些学习速度较慢的学生而言，他们可能会感到压力重重。教师的进度过快使得他们来不及消化吸收前面的知识点，导致后续内容更难以理解。这些未解之谜在积累中逐渐发展成深层次的疑问，最终可能妨碍他们的整体学习进程。与之相反，学习速度较快的同学可能会感到无趣，渴望更深入的学习内容，但受限于统一进度，他们的需求无法得到满足。因此，如何在教学中满足每个学生的不同需求变得尤为重要针对这一问题，个性化教学是一个解决方案。教师可以结合现代技术，为学生提供自主学习的机会。例如，为学生提供线上学习资源，让他们可以根据自身情况自由选择学习进度。同时，教师可以采用分层教学方法，将课堂划分为不同层次，让学生根据掌握情况自由选择、参与。此种做法不仅能够满足不同学生的需求，还能够激发他们的学习热情，提高学习效果。在教育个性化时代，教师需要思考如何在课堂中让每一个学生都能够根据自身特点实现个性化发展，而不是被固定的教学模式束缚。教师通过借助现代技术和创新方法，可以为学生提供更灵活、更多样的学习路径，使每个人都有机会充分发挥潜能，更好地迎接未来社会的挑战。

第三，这个问题在传统教学中也十分显著，即注重教学结果而轻视学习过程的培养。此种做法往往使得学生只是单纯地获取知识，却未能真正培养他们的智慧和情感体验。在教育过程中，教师应该更加重视学生的内在成长和全面发展。传统教学常常关注学生对知识的掌握程度，却忽视了他们对知识的理解、体验以及情感的投入。传统教学模式将学生视为知识的容器，强调的是结果，而缺少了对于思维过程和情感体验的关注。然而，真正的教育应该注重培养学生的思维能力、创新能力和情感表达能力，使他们能够在面对问题时具备独立思考的能力，同时，还能够理解和应用知识。要想解决该问题，教师应该从课堂教学中走出，注重学生的全面发展。如教师可通过启发式教学、讨论式教学等方法，培养学生的问题解决能力和批判性思维。此外，教师需要关注学生的情感体验，在教学中融入实际案例和情境，让学生在体验中学习，从而提升他们的情感投入和学习兴趣。教育不仅仅是知识的传递，更是智慧的培养和情感的塑造。在教学过程中，教师应该更加关注学生的学习过程、思维方式和情感体验，而不仅仅是注重他们的学习成绩。

传统的教学模式在教师主导下，往往将学生置于被动接受知识的角色中。教师按部就班地讲授课程，学生机械地听课、做笔记、完成作业，这在很大程度上限制了学生思考能力和创造能力的发展。因此，如今的教育迫切需要从这种单向传授的模式中解脱出来，使学生成为学习的积极主体，主动发挥他们的潜能。传统教学模式下，学生面对的多是被动学习，缺乏思考和探究的机会。在这样的环境下，学生容易缺乏学习的热情和好奇心，从而导致有些学生只是为了应付考试而学习。他们被灌输知识，但缺少思考的机会，所以难以培养出独立思考和解决问题的能力。因此，教师需要改变教学方式，让学生从被动的知识接受者转变为主动的知识创造者。在新的教学模式中，教师应该扮演好引导者和支持者的角色，为学生创造一个积极探索的环境。学生应该被鼓励提出问题、思考解决方案，并参与到课程设计和实践中。教师可以利用讨论、小组合作、实践项目等方式，全面激发和提高学生的学习兴趣和动力，让他们在学习中发挥创造力和个性。

## 二、数字化时代的教育变革

信息技术正在引领世界经济向数字化、信息化转型，这一趋势将推动社会逐步朝向扁平化发展。在这个背景下，全球分散式的信息传播成为信息传播的重要渠道，每个人都需要掌握理解全球知识的基础技能。

以互联网为核心的产业革命将创新者置于创新链源头，要求创新人才具备丰富的知识体系，具备自主获取新兴科技和勇于探索未知领域的能力。这类创新人才在互联网上能够巧妙地应用各种科技知识，成为时代的领军者。在教育领域，信息技术带来了全新的学习理念，如个性化、智能化和定制化等，这些理念推动了各种创新的学习方式的涌现。新的人才培养方法将融合新技术和信息技术，强调学习能力的培养，这顺应了社会发展的需要，更满足了人类全面发展的迫切需求。所以，传统的教育模式需要适应这个新的时代要求。教育需要从以知识传授为主转向培养学生的学习能力、创新能力和终身学习能力，学生不再是被动的知识接受者，而是主动、积极的知识探索者和创造者。信息技术为个性化学习提供了平台，学生可以根据自己的兴趣和需求定制学习内容，从而更好地发展自己的特长，挖掘自己的潜能。

### （一）数字化与学习方式的变革

#### 1. 学习方式

传统的学习方式是教师向学生进行单向传输的过程，学生需要在特定时间内按照统一标准达到测试要求，学习过程呈现同质化和线性发展的趋势。然而，现代信息技术的崛起改变了这一局面，使得知识以网状形态传播和应用，具有时效性和前瞻性。学生运用多元化的思维探究碎片化的知识点，学习的内容不再受限于教材，获取知识的途径和时间变得更加个性化，真正实现了"以人为本"的理念，成为构建学习型社会的关键组成部分。信息技术创造了跨越时空的扁平化、交互式教育平台，消除了全球人与人之间的距离。新的学习结构从传统的金字塔型转变为分散的网络型，围绕着实时的目标进行信息交流，将教育与世界紧密融合。在这个意义上，信息技术呈现出为每个人在任何时间和地点提供服务的价值导向，此种趋势为全球化学习奠定了坚实的基础。基于不同领域新技术的个体组合形成了交互式平台，这个平台见证了人们通过互联网形成了交叉知识链接的协同学习结构。学生可以在这个开放的环境中根据自己的兴趣和需求进行知识的获取与分享，不再受制于传统教育范式的限制。多元化、协同式的学习模式有助于培养学生的创新思维、问题解决能力和团队协作能力，使他们能够更好地应对未来社会和职业的挑战。

2. 学习地点

在新的形势下，学习方式不再局限于传统的教室，而是延伸到全球范围的共同学习环境中，提升了个体对全球变化的分布式体验。从课内到课外，从学校到家庭，从国内到国外，面对面的师生互动实现了可扩展和可选择的大规模教育状态，打破了传统师生关系的主从格局，对学习产生了深远影响。信息技术，尤其是互联网，催生了移动学习、微学习、泛在学习等一系列数字化学习方式，人们根据自身需求创造的社会学习系统，为教育提供了多样化渠道。而多样化渠道实现了人们的同步与异步交流，消除了人们与教育环境之间的距离，促使教师创新学习环境设计，践行了"时时、处处、人人皆学"的理念，塑造了全新的学习环境。资源共享、多重交互、自主探究、协作学习等特征赋予了这些学习方式智能化、快捷化、超链化的特点。这些特点使得学生能够身临其境地体验客观世界的变化，为学生提供了一个"技术、环境与人"相互协调的教育生活空间。此种学习方式的优势在于它能够激发人的内在动力，使学生成为更为主动的知识探索者和问题解决者。

（二）数字化与教学方式的变革

教育历程中涌现出许多先驱教育家，他们的教学思想和方法在不同历史时期得到了应用和发展。古希腊时期的苏格拉底和柏拉图采用诘问法和辩论，激发学生的思维和讨论能力。洛克强调经验教学，认为教师应有坚实的经验基础，以帮助学生掌握深层次的概念。裴斯泰洛齐则创造了实物教学，通过实际物品使学生更深入地理解抽象概念。卢梭则强调自然教育，关注儿童身心发展，强调与自然互动。古代教育思想和方式并未随时间消逝，而是在不断改进中逐渐演变为现今的教育实践。随着科技的迅猛发展，教育理念也在不断变化。从以教师为中心到以学生为中心，从单一课程到多元选择，从死记硬背到个性化发展，这些变革体现了教育的与时俱进。然而，随着科技的高速发展，现行的教学方式和技术已不能完全满足当今学生的实际需求，因此，改革势在必行。

在当今科技日新月异的环境下，传统教学方式已经不足以达到学生对于实际应用和创新能力的需求。新的教育理念将更加强调学生的主体性，鼓励他们积极参与课程设计和学习过程，从而培养出更具创造力和适应力的人才。新兴科技也将成为教学的重要工具，如虚拟现实、人工智能等技术可以为学生提供更为丰富的学习体验和实践机会。在信息技术的影响下，教育正经历一场前所未有的变革。在这个充满挑战和机遇的时代，教师不仅需要保留先进的教育思想，还需要紧密结合科技的发展，不断创新教学方式和方法。从古至今，教育始终在不断进化，以适应社会的变革和发展。未来，人们将迎来更加个性化、多元化的教育体系，培养更加全面发展、具备创新能力的新一代人才。这一教育变革的大潮已经来临，教师必须紧跟时代步伐，敢于创新，以更加灵活的教学方式满足学生的多样需求，助力他们在未来发展中取得更加出色的成就。

在计算机技术诞生之前，教师在课堂上传授知识往往以口头叙述或黑板记录为主，然而这些方法难以将知识清晰、全面、深入地传递给每位学生。如教师为了解释数学公式的由来，可能要耗费大量时间在黑板上书写，这既浪费时间，又难以让学生直观地理解。但随着计算机技术在教育领域的应用，教学方式发生了巨大变革。计算机技术的应用使得教师能够将知识以数字化形式存储在电脑中，然后应用多媒体展示给学生，从而让学生更加直观地理解和掌握知识。借助图像、动画、视频等多媒体元素，教师可以将抽象的概念变得具体形象，帮助学生更好地理解和吸收。此外，远程教学也是教育领域的一大突破。远程教学的出现，使得学生可以通过网络获取丰富的教学资源，如网易公开课等。甚至在国外，远程教学早已被用于函授提供学位教育。该教学模式消除了时空的限制，让优质的教育资源可以更广泛地服务于学生，实现了教育资源的最大化利用。计算机技术突破了传统教学方式的局限性，使教育变得更加灵活、个性化。计算机技术不仅改善了教学效果，还促进了教育的全球化。学生可以通过网络获得来自世界各地的优质教育资源，不再受到地理位置和学校资源的限制。此外，计算机技术的发展也催生了在线学习平台、远程课程等新的教育形式，这些教育形式为学生提供了更多选择和自主学习的机会。

### （三）数字化时代课堂教学变革的历史机遇

数字化时代的兴起为教育领域带来了巨大的变革，尤其是对课堂教学产生了深远的影响和冲击。传统的教师与学生通过教科书进行简单互动的模式在数字化时代已经过时，数字化的浪潮为课堂教学提供了全新的可能性，其引入了以前未涉及的领域，值得引起广泛关注。数字化教育的影响不仅在于技术工具的引入，更在于它为教学研究和实践开辟了崭新的前景。这种影响体现了课堂教学领域面临的历史机遇，同时凸显了课堂教学改革和创新所面对的新挑战。这一历史机遇体现在以下六个方面。

#### 1. 推动了教学理念的创新

教学理念是教师根据自身教学实践所形成的对教学的根本观点和基本看法，以及在这一基础上构建的一系列思想和观念体系。这种理念不仅是一种主观认识体系，还直接影响和引导教师的教学实践，体现着教师对于教与学本质的认知。教学理念的形成和演变是一个渐进的过程，通常基于教育领域的变革和发展。数字化时代的到来，对教学理念提出了新的挑战和要求。教育环境的数字化转变意味着教师需要具备更广泛的技能，包括掌握数字工具、了解虚拟世界的运作方式等。传统的教学理念或许无法完全适应这种新的教育背景，因此，教师需要审视和调整自己的教学理念，以适应数字化时代的教学需求。数字化催生了新的教学方式，如在线学习、远程教育、虚拟实验等，这些变化使教师和学生在教学过程中有了更多的选择和灵活性。传统的教学理念强调师生的相对角色，而在数字化时代，这种角色的界线变得更加模糊。因此，教师需要转变教学观念，在教学中使用更加开放、灵活和合作的教学形式。教育领域的数字化变革也需要教师具备持续学习和创新的能力，教育技术的快速发展意味着教师需要不断更新自己的知识和技能，以适应新的教学工具和方法。这也对教学理念提出了更高的要求，要求教师能够积极地适应变化，拥抱新的教育理念，不断寻求教学创新的可能性。

2. 打破了教学思维瓶颈

在教育领域，数字化时代的到来具有深远的影响，其中之一便是突破了教学思维的瓶颈，为教育的发展注入了新的活力。教学不仅是知识传递，更是一种认知活动，教学思维在其中起着关键作用。教学思维包括了师生在教学实践中所涉及的各种思维方式、过程和结果，它决定着教与学的质量和效果。在数字化时代，教学思维得以全面拓展和更新。数字化技术为教育带来了新的范式和方式，使得教学不再局限于传统的课堂边界。教师和学生可以进入虚拟的赛博空间，探索更广阔的教学世界。数字化世界在基于现实的同时又超越现实，创造了更为丰富和多样的教学情境，这使得教师和学生的认知思维在更为自由和开放的环境中展开，突破了原有的思维限制。传统的教学思维往往受到时间、空间和资源的限制，而数字化时代的到来打破了这些限制。教师和学生可以通过在线平台进行远程教学、协作学习和虚拟实验，跨越了地域的限制，实现了全球范围内的知识共享和交流。数字化教学模式使得教育不再受制于传统的教学模式，这一改变激发了教学思维的创新和变革。数字化时代的教学思维也强调了个性化和多样化，教师可以根据学生的兴趣、学习风格和需求，量身定制教学内容和方式，使教学更加具有针对性和效果。学生也可以根据自身的情况选择适合自己的学习路径，增强学习的自主性和积极性。个性化的教学思维推动了教育从"同质化"向"多样化"转变。

3. 超越了教学时空限制

在当今数字化时代，教育领域正在经历着巨大的变革，其中之一便是超越了传统教学的时空局限，为教学创造了全新的可能性。传统的教学模式主要受限于时间和空间，课堂活动在教室内以固定的时间进行，而数字化时代的到来为教学打开了一扇窗，让教育走出了传统的边界，基于空间的课堂不再仅限于教室。数字化时代赋予了学生更大的自主权和灵活性，"翻转课堂"模式的兴起是一个典型例证。在翻转课堂中，学生在课前自主学习，获取基础知识，而课堂时间则更多地用于讨论、实践、探究。"翻转课堂"模式打破了传统课堂的时间限制，将学习延伸到了课外，使学生有更多机会在课堂上进行深入的互动和实践，同时也使基于时间的课堂也发生了改变。数字化背景下的课堂教学不再仅仅是向40分钟或45分钟要质量，而是充分利用现代教学媒体的优势帮助学生从信息潮中寻求需要的信息。学生可以根据自己的学习进度，随时随地获取所需的知识，摆脱了传统教学时间的限制。不仅如此，数字化技术还为虚拟世界与现实世界的融合提供了可能。结合虚拟现实和增强现实技术，学生可以在虚拟环境中进行各种实验、模拟操作，甚至参与现实中难以参与的活动，如抗灾演练等。此种超越现实的体验丰富了教学内容，使学习更具趣味性和实用性，还拓展了教学的时空维度。

4. 引发了教学结构变化

教育领域正面临着数字化时代的深刻变革，而这一变革也直接推动了课堂教学结构的演变。教学结构作为教育活动的基本构成，承载着教师、学生、教材和教学媒体之间的联系与互动。传统教学结构主要包括以教师为中心、以知识为中心和以学生为中心的形式，而在数字化时代，课堂教学结构正经历着由辅助教学向以学生为中心的转变。传统教学结构中的以教师为中心和以知识为中心的模式在数字化时代逐渐受到挑战，计算机辅助教学模式虽然为教师提供了更多的教学资源和工具，但仍然强调教师在课堂中起主导作用，信息技术主要用于辅助知识传递。然而，数字化环境下的"E学习"，尤其是"翻转课堂"模式，将教学结构推向以学生为中心。在这种模式中，学生通过自主学习获得基础知识，教师则转变为指导者和辅助者，信息技术则为学生提供了与知识互动的平台。数字化时代的教育不再将教师、学生、教材和教学媒体各自视为单一要素，而是将其融合为一个紧密联系的整体。在以学生为中心的教学结构下，学生的自主性和参与度得到了极大提升。学生通过自主学习能够根据个人兴趣和学习节奏进行知识获取，从而产生学习的主动性。教师则从传统的知识传授者转变为学习的引导者，关注学生的需求和发展，提供个性化的指导和支持。信息技术的应用则使得学习方式变得更加丰富多样，多媒体、在线资源等形式的应用拓展了知识传递的渠道。数字化时代的"E学习"也为跨时空的学习提供了可能，学生不再受制于传统的课堂时间和地点，可以随时随地获取教学资源，实现了课堂学习与自主学习的有机结合。虚拟现实、增强现实等技术则将虚拟世界与现实世界相融合，并且有效创造了更为丰富的学习体验。

5. 实现了教学方式变革

数字化时代的到来为教育领域带来了革命性的变化，其中包括了教学方式的全面革新。传统的教学方式受限于时间、空间和资源等因素，主要以讲授式、讨论式、问答式和表演式为主。而在数字化时代，教学方式正在经历一场深刻的变革，教师融合了现代化教学手段，构建了更具创新性和多样性的"虚拟＋现实"的教学模式。在传统教学中，教室被定义为教学的唯一场所，教师通过粉笔和黑板向学生传递知识。然而，随着信息技术的创新应用，课堂的边界被打破，教学方式开始呈现多元化和丰富化。数字化时代，教学方式的变革已经成为教育界关注的重要议题之一。课堂不再受限于传统的教室，而是融入了虚拟世界，实现了"虚拟＋现实"的新型教学形式。变革的核心在于充分利用现代信息技术，将其融入教学过程中。信息技术为教学方式的创新提供了强大的支持，虚拟实验、模拟场景、在线互动等技术使教学变得更加生动和具有互动性。学生可以通过虚拟实验来理解抽象的知识，通过模拟场景来体验真实情境，而在线互动则促进了师生之间的直接对话，加强教学的交流效果。教学方式的质变也带来了量变，云技术、教学软件、在线学习平台等应用推动了教学方式的多样化。学生可以运用云技术进行多方位的学习展示。教师可以设计开发教学软件，为学生提供丰富的教育资源。学生也能够通过网络平台实现在线学习和咨询，灵活度大大增强。教学方式的变革不仅在质和量上实现了突破，还拓展了时空维度。传统课堂教学受时间和地点限制，而数字化时代的"虚拟＋现实"教学模式突破了这些局限。学生不再受制于课堂时间和教室地点，他们可以根据自己的节奏进行自主学习，通过网络平台随时随地获取教学资源，与教师和同学进行互动。同时，虚拟现实技术将虚拟世界与现实世界融合，学生可以在虚拟场景中进行模拟实验、知识探索，开展真实世界中难以开展的学习活动。

### （四）数字化时代课堂教学变革的路径反思

数字化的应用正在颠覆传统的课堂教学方式，在这个机遇与挑战共存的时代，如何更有效地运用数字信息来提升教学质量？针对这一问题，可以从以下几个方面进行思考。

1. 谨慎面对数字化时代的教学变革步调

在数字化时代的浪潮中，课堂教学正在经历着前所未有的变革。然而，变革不能轻率行事，教师必须保持谨慎和逐步进行的态度。尽管人们欣赏数字化所带来的无限可能性，但也应理性对待其引发的课堂教学革命的步调。数字化世界虽然为人们打开了广阔的知识海洋，但也可能产生混淆真实与虚拟的效应。虚拟世界呈现的信息往往经过精心处理，可能失去了真实世界的多样性和复杂性，容易误导学生将虚拟经验当作现实经验。教育应该注重培养学生的批判性思维，使他们能够辨别信息的真伪，并在虚拟世界中保持理性判断。数字化时代便利可能导致学生对网络搜索产生过度依赖，削弱他们独立思考和解决问题的能力。如有的学生习惯于从搜索引擎获取答案，而忽略了深入思考和探究的重要性。因此，教育要引导学生发展自主学习的能力，让他们在数字化世界中找寻信息的同时，也要进行思考和创造。正如有学者所指出的那样，教育的数字化变革并不意味着盲目追随趋势，而应该是有目的、有计划的改造过程。教师在数字化教学的探索中，需要将技术与教育相结合，将数字化工具融入教学中，而不是使教学被数字化技术所取代。因此，教师要保持谨慎的态度，不仅要借助技术提升教学质量，还要根据教育需求有针对性地改造数字化工具，使其真正为教学服务。谨慎对待数字化时代的教学变革步调，并不是消极退缩，而是在积极探索中寻找平衡点。数字化世界的多变性使教师不得不反思自己的教育实践，不断调整与创新，以适应时代的发展。面对数字化的虚实交融，教师不能被迷惑，而应该紧跟教育实际，逐步推进教学改革，同时需要勇敢克服难题，勇于探索，将教学改革与时代变革相结合，将理念付诸实践。只有如此，教学实践才能真正成为改革成果的检验标准，引领人们走向教育的新境界。

2. 极力匹配数字化时代教学变革辅助系统

在数字化时代的浪潮中，课堂教学正经历着前所未有的变革。然而，变革需以科学而谨慎的步调进行，教师也应思考如何建立适应数字化时代教学变革的辅助系统。对此教师需要提高思想意识，要认识到数字化已成为时代发展的必然，应清晰认识到在这一背景下进行课堂教学变革的迫切性。数字化时代的学生追求知识的态度与方式已经发生巨大改变，教师不能仅仅停留在传统的教学模式中，必须紧跟时代的脚步，使教学变革适应时代的需要。加强科学研究是建设辅助系统的关键，在数字化时代，课堂教学既面临机遇又面临挑战，教师不能盲目前行，但也不能因困难而止步不前，应有计划地进行课堂教学变革，加强对数字化时代课堂教学变革的科学研究，探索适合数字化环境的新型教学模式，确保教学改革的有效实施。注重实践探索是辅助系统的重要组成部分，课堂教学变革不应只是纸上谈兵，更需要深入实际教学中进行探索和实践，通过实际操作，教师可以不断总结经验、发现问题、探索解决方案，从而在实践中不断优化教学模式，实现教学的创新与进步。确立相应的政策文件是构建辅助系统的保障，政策文件应该赋予师生进行课堂教学变革的权利，鼓励他们积极探索和创新，同时需要制定明确的规章制度，以规范教学变革的方向和步骤，确保教学改革的有序进行。

3. 重新界定课堂教学时空概念

数字化时代的教学变革带来了明显的变化，其中最引人注目的莫过于课堂教学的时空概念的重新界定。在这个数字化浪潮中，课堂教学正以前所未有的速度从传统的单一现实世界走向兼顾现实与虚拟的双重世界。此种变化使得现代课堂教学不再局限于每节课 40 分钟或 45 分钟的时间和教室的空间，而是跨足大千世界。然而，这也意味着单一的教室活动已经无法满足数字化时代课堂教学的需求针对这一情况，教师必须重新审视课堂教学的时空概念。为了更深入地理解当代课堂教学，教师必须在数字化时代的背景下重新解读课堂教学的时空概念。传统的理解已经无法充分发挥数字化时代赋予课堂教学的新意义，因此人们提出了"泛课堂教学"的概念，只有在"泛课堂教学"的理念下，教师才能准确地定位数字化时代课堂教学的时空观念。此概念强调课堂教学不再受限于传统的时间和空间范围，而是在数字化环境下展现出更为广泛、多样的可能性。然而，提出"泛课堂教学"的概念，并非仅仅是为对数字化时代的课堂教学进行重新定位，更是为大家提供一种全新的思维视角。在"泛课堂教学"的理念指引下，教师可以更加自由地探索课堂教学的创新方式，将现实世界与虚拟世界融合，扩展教学的时空维度。这不仅要求教育工作者具备跨界思维，还需要他们积极探索适应数字化时代的新型教学模式。

## 三、日益创新社会背景下的需求

### （一）社会发展需要

社会的迅猛发展对个体提出了更高的要求，教师需要以求知者的姿态，快速学习，以适应快节奏的生活。无论何时何地，求知都是人生不变的要求，人们通过不断学习来完善自己，以适应社会的变革和未知的未来。在如今这个时代，紧跟时代的步伐、融入时代潮流，审视生活、学习和工作，成为人们努力的方向。社会的快速演变也对教育提出了全新的需求，当今社会不再仅仅需要拥有知识和技能的专业人才，更需要具备独特个性、强大学习能力、广泛发展潜力和创新能力的高层次人才。这种需求的改变促使教师重新审视教育，思考如何培养学生，以使其更好地应对社会的不断演变。

### （二）学生学习差异化需求

学生的认知方式呈现多样性，即认知风格的个性差异，指的是学生在信息处理和组织时展现出的独特特点，反映了他们在感知、思维、记忆和想象等认知过程中的偏好和习惯。举例来说，有些学生倾向于在宁静的环境中阅读，而另一些学生则更喜欢在喧闹的场所解数学题；一些学生独自沉思，而另一些则愿意与人交流，善于表达；还有些学生善于抽象逻辑思考，而另一些则更擅长以具象的方式看待事物。综合来看，学生的认知方式千差万别。因此，教师需要灵活地应对学生的个体差异，"一刀切"的教学方法虽然无法满足每个学生的需求。在课堂中，教师应该创造多样化的学习环境，允许学生根据自己的认知方式进行学习。

学生的学习风格因个性差异而多样，这是一个不容忽视的教育因素。学习风格是学生在学习过程中较为偏好和习惯的方式，体现了他们的学习策略和倾向。该概念强调了学生的差异性，以及教育应该根据学生的学习风格来设计和实施。学生的学习方式因个体差异而显著不同。学生的学习步调因人而异，教师不能用同一套教学计划来满足所有学生。学习能力较强且进度快的学生可能会觉得教师的授课缓慢无趣，而学习能力较弱且进度慢的学生可能会觉得难以跟上课堂进度，从而丧失学习兴趣。需要明确的是，学习风格没有优劣之分，也不与智力水平相关。不能简单地将"学得快"的学生视为好，将"学得慢"的学生视为差。学习风格的差异也体现在对知识点的掌握上，在传统课堂环境中，有些学生可能因时间有限而难以完全吸收和内化知识。然而，知识的内化是需要时间的，不可急于求成。过于快速的学习进度可能导致学生只是在脑海中流转知识，而没有真正理解和掌握知识。若给予"学得慢"的学生更多时间，其往往能够更深入地理解、更牢固地记忆知识。传统课堂的"一刀切"教学模式忽视了学生学习风格的多样性。面对学生学习风格的多样性，教师应该采用差异化教学策略。

学生的学习动机差异是教师在教育过程中需要重点关注的一个方面，学生的学习动机涵盖了诸如学习兴趣、学习需求、情感和意志力等非智力因素。学习动机在激发和维持学生的学习行为方面起着至关重要的作用，学习动机影响着学生参与学习的态度和投入程度，从而间接影响他们的学习效果。学习动机发挥作用并不是通过直接介入学习的认知过程，而是通过激发学生的参与积极性，让学生保持学习状态这两种方式增强学生的学习效果。举例来说，在学习意志力方面，一些学生能够保持坚持努力学习的毅力，而另一些学生可能会在一段时间后逐渐失去学习的意志力。所以这种动机的差异会影响他们的学习结果。因此，在教学中了解每个学生的非智力影响因素至关重要。在教学过程中，教师应当紧密关注学生的学习动机差异。针对这些差异，教师可以制定个性化的学习目标，为每个学生制定适当的学习计划。

就如同世界上没有两片树叶是完全相同的，同样地，每个学生都是独一无二的。每个学生都拥有自己独特的认知方式、学习风格和学习动机，这些特质汇聚在一起构成了他们的个性。在这个高度重视个体差异的时代，教师的任务是发现每个学生固有的特质，并引导这些特质得到最大程度的发展。当前正处于信息革命的浪潮中，社会发展的要求使每个人都需要成为"终身学习者"和"自主选择学习者"。基于此，教师必须探索新的教学模式，摆脱传统教学的束缚，推动学生个体更好地实现终身学习和自主选择学习。这就要求教师以学生为中心，充分尊重和发展他们的个性，从而培养出能够适应社会发展需要的具有创新能力的人才。

# 第二节　在线教育与传统教育的对比分析

在线教育作为现代教育技术的产物，呈现出一种全新的教育模式，其核心是依赖学生的自主和独立学习。在线教育的特点在于将学习责任更多地交给学生，强调了"独立学习"的概念，为培养个性化、独立思考的学生奠定了坚实基础。因此，教师不能低估在线教育的发展以及它在推动教育教学改革方面的积极作用。然而，尽管在线教育在自主性和灵活性方面具有优势，但传统教育依然在某些方面发挥着重要作用。

## 一、在线教育的窗口期

传统教育机构与互联网公司纷纷押注在线教育市场，对其前景充满信心。虽然参与方式不同，但他们都意识到了在线教育市场的巨大潜力。在线教育的发展态势正向好的方向迅猛发展，竞争者的增多反映了用户对在线教育的强烈需求。此种现象意味着在线教育市场已经成熟，因而吸引了众多淘金者的目光。现今，用户对在线教育的使用已经形成习惯，市场不再需要大量资源来培养用户的在线教育使用习惯。在线教育的发展已经迎来了窗口期，越来越多的人开始意识到在线教育的便捷性和高效性。用户对在线学习的认可和接受，为在线教育的长期可持续发展提供了有力支持。随着技术的不断进步和用户需求的不断增长，在线教育市场将持续繁荣。尽管竞争者增多，但这种竞争有助于不断提升在线教育的质量和服务。在线教育已经不再是一个新鲜事物，是现代人学习的重要方式之一。随着时间的推移，此种趋势将更加明显，这为教育领域带来全新的发展机遇。

## 二、在线教育的根基仍是传统教育机构

在蓬勃发展的在线教育市场上，更多的是为传统教育机构提供在线平台，通过合作与融合，共同创造教育新格局。传统教育机构寻求互联网企业的支持，以获取大量流量，并将传统教育内容转化为在线资源。与此同时，传统教育机构帮助互联网企业扩展其在数字领域的业务范围。实际上，互联网企业对于传统教育机构的需求更为迫切，因为在内容至上的时代，缺乏高质量内容的平台将变得毫无价值，唯有高质量的内容才能吸引互联网公司的在线教育平台，获取更多用户。教学质量是在线教育市场的核心竞争力，而在此方面，传统教育机构具有显著的优势。优秀的教学质量是互联网公司难以复制的优势所在，只有那些具备优质师资的传统教育机构，才能提供出色的教学产品。无论是线上还是线下，真正能够吸引用户的关键在于高质量的教学内容。因此，在线教育的根基仍然是传统教育机构。随着在线教育市场的进一步发展，互联网公司也在逐渐认识到教育质量的重要性。许多互联网教育平台开始投入更多资源提升教学内容和师资水平，以确保用户获得高质量的学习体验。这促使传统教育机构与互联网公司之间的合作更加深入，从而共同推动在线教育行业的创新和进步。

## 三、颠覆与互补

近年来，随着大量在线教育产品的推陈出新，"随时随地，想学就学"已然成为一种教育时尚。众多教育领域专家认为，传统教育将会在在线教育的冲击下被颠覆。客观而言，在线教育确实具备一些传统教育所不可比拟的优势。在线教育的方式极为灵活，打破了时间和空间的限制，使得学生学习不再受束缚，学生可以根据自身情况自由规划学习进度，充分利用碎片化时间。此外，在线教育提供的课程更加丰富多样，

学生拥有更大的选择空间。与传统教育环境中被动接受知识的情况不同，在线教育赋予学生更多的主动选择权，让他们能够根据个人需求挑选适合自己的教育内容。

在科技不断进步、科技产品普及的背景下，许多人推测着教育未来的发展走向。特别是在线教育的崛起引发了关于传统教育是否会被完全颠覆的猜测，甚至有人认为传统学校会消失，教师将失去工作机会。然而，历史上对传统教育产生冲击的新技术并不止于在线教育。以印刷术为例，这一新技术的诞生极大地降低了图书的生产成本，使得书籍变得更加普及。图书的获取变得方便，图书馆的藏书也日益丰富。尽管印刷术带来了重大的变革，但它并未颠覆传统教育。相反，它对传统教育的发展产生了积极的推动作用，图书成为传统教育的重要组成部分。类似的，虽然在线教育带来了诸多便利，但传统教育并不会轻易消失。在线教育和传统教育可以共同存在并相互补充，在线教育为学习提供了更灵活的方式，让学习可以超越时空的限制，使个性化的学习路径也成为可能。然而，传统教育中师生互动的情感联系和现场互动仍然无法被替代，传统教育的亲密氛围和综合性体验为学生提供了更为丰富的教育资源。从历史经验来看，新技术的出现并不一定意味着传统模式被完全颠覆。相反，新技术往往促进了传统领域的创新与进步。传统教育和在线教育可以相辅相成，共同为学生提供多样化的学习路径和体验，进一步丰富教育的内容和形式。

在线教育的兴起引发了人们对传统教育被冲击与取代的猜测，然而，传统学校中所蕴含的独特价值是无法被简单替代的。在线教育固然具有许多优势，但传统学校中师生互动所提供的巨大价值却是在线教育无法完全取代的。传统学校中的师生互动不仅仅是知识的传递，更是情感的共鸣与心智的塑造。师生之间的交流能够激励学生，给予他们安慰与启发，使他们分享自己的情感。学生在传统学校中能够感受到来自教师、同学、班级和学校的关心与温暖，这种情感体验对学生的心智发展至关重要。在线教育虽然为学习提供了便利，却难以复制这种真实情感的交流。传统学校中的师生互动还能够培养学生的社会化关系。在传统学校中，学生不仅能够系统地学习知识，还能够在与教师和同学的互动中，形成深厚的社会化关系。社会化关系对每个人都具有巨大的潜在价值，其作用延伸至终身，不仅师生情深厚，同学关系和校友网络也是珍贵的社会资源。然而，在线教育的社会化关系相对较弱，人们很难在网上课堂中形成同样的深厚情感和社交网络。虽然在线教育在提供灵活学习方式、丰富课程选择等方面有其优势，但传统学校中的师生互动所蕴含的情感体验和社会化关系是无法被取代的。传统学校为学生提供了更丰富、更全面的教育体验，通过与教师和同学的互动，学生的情感、社交和人际关系能力得到很好的培养。总之在线教育的发展可以为教育领域带来创新，但传统学校的独特价值将长久存在。

## 第三节　构建移动网络自主课堂教学模式

当前，课程改革已经迈入了更深层次的阶段，这要求学生的学习方式必须及时跟进，使他们不仅仅是学习的参与者，更要成为生活的积极主人，具备独立思考、积极融入社会参与和勇于担当责任的品质。在这样的背景下，培养学生的自主学习能力和综合素养显得尤为迫切。高校体育课程改革正紧密结合学生的特点和需求，探索出一种新的教学模式。这种基于校内网络的自主学习网络教学模式，主要用于辅助课堂教学，旨在培养学生的独立学习能力、创新思维和团队协作精神。

## 一、自主课堂的内涵与基本特征

### （一）自主课堂的内涵

"自主"概念在教育领域中至关重要，自主是个体通过意识与能力展示出的主体状态，是个体主动、独立地认识和处理问题的意识和能力表现。自主意味着个体能够明确目标，掌控外部环境，控制自身的情感和冲动。教师在教学中，培养学生的自主意识和能力是一个重要目标，通过让学生自主地了解、理解、掌握和应用知识，可以帮助他们培养自主思考和解决问题的能力。然而，在实际教学中，教师对于"自主"的理解和应用存在一定的分歧。在我国，传统的教育模式强调教师的主导作用，而学生则以被动的角色接受知识。虽然教学目标中通常提到"使学生了解、理解、掌握、应用"等，但这些目标中的"应用"往往只是一种表层理解，缺乏对学生自主思考和创造性应用能力的培养。同时，西方的"自主"理念强调学生个性的张扬和满足学生需求，课堂教学更加偏向满足学生的情感和动机。此种模式下，教学内容和方法往往完全由学生来决定，教师的角色变得较为被动。

面对以上分歧，可以采取一种更为综合的理念。针对不同的地区差异和学生特点，教育应以人为本，因材施教。在这种情况下，教师可以借鉴西方的"自主"理念，强调学生个体的差异和需求，与此同时，也需要融入我国传统教育的优点，引导学生在自主的基础上进行深入的思考和创造。自主课堂不应是完全由学生主导的，而是师生共同发展、双向控制的。教师在这个过程中扮演着引导者的角色，根据学生的特点和需求，引导、组织和控制课堂教学。学生则在教师的引导下，其需要根据学习内容的特点，发挥主观能动性，积极参与。要构建自主课堂，教师需要具备多方面的素质，除了需要在专业知识上精益求精，还需要深入了解教育学、心理学、社会学等领域的理论，并且需要深入了解学生的生活，理解他们的需求和动机，从而更好地进行课程设计和教学引导。此种双向的教学模式能够更好地促进教师和学生的共同发展，实现真正的自主教学。

**（二）自主课堂教学的基本特征**

自主课堂在教师的参与下呈现出一种独特的自主模式，与西方完全由学生主导的自主课堂有着明显不同。自主课堂模式在学生需求、教学环节、教师教学理念以及教学环境等方面受到政治、经济和文化等因素的影响。且在地域文化、生活习惯等背景下，学生的动机、情感需求等呈现出不同的特征，体现出较为主动的参与性和较强的自控调节能力。

1. 自主课堂设计应满足学生学习动机与情感需要

当前社会价值观对学生的影响是不可忽视的，从追求高分到进入名牌高校，再到获取高学历文凭，最后追求高就业机会和高薪水，这一路径似乎成了许多学生的主要动机和需求。然而，这并不一定能够满足他们真正的情感需求。一些学者曾指出，有些在国际奥林匹克数学竞赛中获得金牌的学生并未从事数学领域的职业，此种现象说明了才能与情感之间的脱节。目前，许多大学毕业生选择了与其专业不相符的职业，导致了我国教育资源的巨大浪费。此外，为了满足学生应试的需求，一些教师不得不采取题海战术，过度加班加点，导致教学过于机械。这种情况下，所有学生似乎都被同一标准衡量，这削弱了学生的个性，造成了优劣生的划分，而这并不是真正符合学生需求的结果。

上海市为了应对这一现状，率先推进了二期课改，提供了五种学习经历，涵盖品德的发展、潜能开发、体育健身、艺术修养和社会实践等领域，以满足每一位学生的发展需求。此举体现了多元智能理论，也表明了学生各有所长，需求各异。事实上，社会对人才的需求也是多样的，正如古语所说，"三百六十行，行行出状元"。因此，在教育中不能简单将学生塑造为单一模式的"标准"产品，而应更加关注并培养学生的个性和多样性。基于此，教师的教育理念和实践需要从应试教育向素质教育转变，更加注重学生的内在需求和情感发展。只有这样，才能使学生在成长过程中充分发展自身的特长，更好地适应多变的社会环境。

在教育领域，教师的关键任务之一是深入思考学生的内心世界：他们在想些什么？他们希望实现什么？他们需要什么？只有透彻分析这些问题，教师才能够正确引导和帮助学生，从而促使他们的个性得以充分展示和发展。这一点尤为重要，因为学生的需求和期望是多样而复杂的。例如，一些学生的成绩可能不太出色，为了吸引教师的注意，他们可能表现得调皮捣蛋。然而，根据研究数据显示，每个学生都有被尊重的渴望，包括兴趣、感受、观点、家庭背景、文化等方面，他们有权利要求在课堂中得到充分的表达（比如在课堂管理中有权选择、共享资源等）。同时，学生也希望能教师够培养他们的自信心，让他们承担一定的责任和义务。然而，由于不同学生个性的差异，其需求也会有所不同，因此教师需要通过观察和了解，去发现这些微小的心理差异。以学生的思维和语言能力为例，有的学生可能思维敏捷，但语言表达能力较弱，数学和物理方面成绩较好，但外语成绩较差。教师需要结合学生的不同情况，考虑如何针对不同学生的需求提供个性化的支持。需要注意的是，学生需求不仅限于学术方面，还涉及学生在课堂中的身份、态度、情感以及自我调控等方面。专家调查表明，学生的需求主要包括情绪安全感、趣味性、自信心、归属感以及权利和自由。这是学生最基本的动机和情感需求，也是衡量自主课堂教学是否成功的重要标准。因此，教师应该致力于满足这些需求，为学生提供一个兼顾个性和发展的教学环境。只有当教师真正关注并满足学生的多样化需求时，自主课堂教学才能够取得成功，学生的全面成长才能得以实现。

2. 自主课堂教学各环节中渗透自主意识

当前，许多在校学生在课堂上于教材、知识体系、大纲要求、进度安排以及学习环境等方面难以实现真正的自主，这导致学生难以养成较好的学习习惯，自我控制能力也不够强。这是教师面对的现实困境，也是实施自主教育时所面临的一大难题。然而，教师不应该仅仅因为这些问题就否定学生的自主学习能力，或者放弃对他们自主能力的培养。一方面，在自主课堂教学中，教师需要在教学中体现出学生的元认知、动机和行为等方面的自我调节策略。教师要根据学生的具体情况来设计教学过程，确保教学目标、内容、组织形式、教学方法等方面能够贯彻自主教育的思想意识。举例来说，在整个教案的宏观教学设计中，教师可以通过设置问题、阅读相关材料、提出新问题、讨论解决问题、反思解决问题的方式，进一步体现自主课堂教学的整体架构。在教学目标的指导下，问题设计是教师常用的方法之一，但在后续的阅读、提问、讨论、反思和训练等环节中，学生的自主能力得到了充分培养，尤其是在提出新问题、反思和训练中体现了自主学习中的自我监控和调节作用。另一方面，在微观教学设计中，教师也应该注重学生的主动性和实际需求。学生的自主学习主要取决于其元认知、动机和行为是否真正自主。自主课堂教学是从各个教学环节出发，体现了自主教育的核心理念。虽然目前学生面临着诸多挑战，但广大教师不能因此放弃对学生自主能力的培养。相反，教师应该在教学实践中精心设计，引导学生逐步培养元认知、自我调节和自我控制能力。这不仅需要教师充分了解学生的需求和特点，还需要教师将教育融入学生的生活中，让他们在探索和实践中培养自主精神。在此过程中，自主课堂教学将真正成为激发学生潜能，培养学生创新能力和自我驱动力的有效途径。

3. 自主课堂教学体现教师的教学自主与个性发展

自主课堂的核心目标是满足学生的需求，但这并不与教师的个性发展相矛盾。虽然在课堂教学中，关于自主权的分配是教师和学生都关心的问题，但从实际的教学情况来看，受到教学时长、任务以及内容的客观限制，教师在某些方面仍需拥有更多的自主权。要实现真正意义上的自主课堂教学，教师的自主权和个性发展必须建立在学生自主学习的基础之上，这对教师的素质提出了更高的要求。教师应充分地引导学生进行自主学习，在完成规定的教学任务的同时，培养学生良好的学习习惯。面对有限的课堂时间，教师需要遵循"有所为，有所不为"的原则，对教学内容和方法进行合理的选择，根据学生的需求，在教学中进行取舍，将教学内容与学生的现实需求相结合，酌情选择跳过或简要提及某些内容，以便在有限的时间内更好地满足学生的需求。同时要求教师在教学的前、中、后三个阶段中不断反思，确保教学的针对性和实效性。然而，课堂不仅仅是一个知识传递的场所，更是一个培养学生综合素质的环境。教师在自主课堂中，需要根据自身的专业信念，灵活运用教学策略，同时注重实施反思性教学。教师可以通过运用教学智慧，更好地适应不同的教学情境，创造积极的教学氛围。而通过反思性教学，教师可以不断审视自己的教学实践，从而提升教学质量和效果，反思性的实践也是教师专业发展的重要组成部分。

4. 自主课堂教学中的教学环境具有自主学习氛围

"师道尊严"是我国古代教育思想的重要理论基石，这导致学生对老师产生畏惧之情。然而，严苛的教育模式非常不利于学生的自主发展，与自主课堂的理念背道而驰，并与传统的权威教育有着本质的区别。自主课堂的核心原则是满足学生的动机和情感需求，而这种严苛教育则是对学生自主性的一种剥夺。为了创造一个有益于学生积极、安全、自主学习的氛围，教师需要打破这种权威式的教育观念。值得一提的是，古代也有一些自主学习的经典名句，如"授人以鱼，不如授人以渔"，强调的是知识的传承和学习方法的培养。学习的责任应当由学生自己承担，自主学习才是学生真正善于学习的表现。因此，想要构建一个积极向上、自主发展、高效运作的自主课堂，师生需要共同努力去探讨、实践，找到教师和学生共同发展的平衡点。在自主课堂中，教师不再是严厉的权威，而是充当着引导者和合作者的角色。教师需要利用自己的体态、肢体语言、表情以及语言艺术等方面的要素，激发学生的学习动机。

## 二、移动网络自主课堂教学模式的构建

在移动互联网和数字化科技日新月异的背景下，高校体育教学也必须与时俱进。

### （一）体感技术与移动设备的结合

随着体感技术的不断进步，移动设备与体感技术的融合正在为教育领域带来新的可能性。学生现在可以借助移动设备，体验体感运动，如跳舞、瑜伽等，即时收到反馈。这一创新不仅使得学生能够随时随地进行体育锻炼，还能够根据个人情况获得精准的指导和建议。通过与移动设备的结合，体感技术在教育中的应用将更加多样化，为学生的身体健康和个性化发展提供更为便捷和丰富的途径。

### （二）基于 AI 的个性化教学推荐

利用人工智能技术，教师可以实现基于个人特点的智能化教学推荐，在自主课堂教学模式的构建中为学生提供更精准的锻炼指导。教师通过系统对学生的运动数据加以分析，能够深入了解每个学生的身体状况和运动习惯。例如，系统可以根据学生的心率、运动量等信息，智能推荐适合的运动方式和强度，以确保每位学生都在安全、有效的范围内进行锻炼。基于人工智能的个性化教学推荐不仅有助于提升学生的体育锻炼效果，还能够激发他们的兴趣和积极性。人工智能为每位学生量身定制的锻炼计划，为教育领域带来了更深入、更精细化的教育方式，使体育

教学更具针对性和效益性。人工智能技术应用为学生的健康发展提供了有力支持，并且为教育的个性化需求提供了创新的解决方案。

### （三）虚拟现实与体育教学的结合

虚拟现实技术融合于体育教学，为学生带来了一种前所未有的身临其境的学习体验。通过虚拟现实技术，学生得以置身于仿真的体育场景中，如足球场、篮球场等，仿佛身临其境。虚拟现实在高校体育教学中具有巨大应用潜力，能够以视觉、听觉等多维度的沉浸感激发学生的学习热情与主动性。虚拟现实技术的应用为体育教学带来了创新性的改变。学生不再局限于传统的课堂教学，而是能够亲身参与各种体育活动和比赛，从而更加直观地理解和掌握体育技能。例如，在虚拟足球场中，学生可以模拟不同角度的射门，实时观察每次射门的效果，从而调整动作和力度，提升技能水平。这种沉浸式的学习体验使学生更加专注和投入，激发了他们学习的积极性。

### （四）区块链技术在体育教学中的应用

区块链技术在体育教学中的应用为教育领域带来了一种新的可信度和透明性，这项技术可以保障学生学习数据的真实性和不可篡改性，为学生的学习进度和成果提供了更高的保障和可信度。区块链技术能将学生的每一次运动记录、成果都准确地记录在区块链上，并且无法被修改或删除。学生的学习成果将会得到更可靠的验证，不再受到人为的操控或篡改，这为学生的学习进度和成果提供了更高的透明度，学生可以凭借区块链上的数据证明自己的努力和成就。

### （五）数据分析与运动健康管理

数据分析与运动健康管理在现代体育教学中具有重要意义，通过大数据技术的应用，学生的运动数据可以被深入分析，从而为他们提供更加科学和个性化的运动建议，有助于优化他们的运动计划和锻炼效果。借助数据分析，教师和教练可以了解学生的运动习惯、强项和薄弱点，从而有针对性地指导他们的运动训练。对学生的运动数据进行监测，可以及时发现他们的进步和不足之处，为教师提供调整教学策略的依据，使教师实现更加精准的教学。数据分析还能使学生的学习兴趣和积极性得到大幅度激发，因为他们能够看到自己的进步，这增强他们的自信心。数据分析还在保障学生健康方面发挥重要作用，通过监测学生的生理指标和运动数据，可以及时发现潜在的健康问题，如过度训练、不适当的运动方式等，并能为学生提供及时的医疗建议和干预，防止运动损伤，从而促进学生的整体健康。

# 第四节　移动互联网与当代高等体育教学的整合研究

## 一、移动互联网的含义及特点

### （一）移动互联网的含义

移动互联网是在互联网技术和移动通信技术的基础上逐步演进而来的，实现了信息技术与通信技术的有机融合，为人们的日常生活和工作带来了巨大的便利。移动互联网主要由三部分组成：移动终端设备，如智能手机、平板电脑等，这是人们随时随地获取信息和服务的工具；移动通信网络，为移动终端设备提供了连接和传输的基础，使得信息可以迅速传递；网络综合服务，为用户提供了多样化的在线服务和内容。在移动互联网时代，人们不再受限于地点和时间，可以通过移动终端设备随时随地浏览网页、使用应用程序、进行在线交流等。智能手机的普及使得人们在公交车上、咖啡厅里甚至床上就能获取所需信息，丰富了人们的学习、娱乐和工作的方式。除此之外，移动互联网也为教育领域带来了新的机遇。在教育领域，移动互联网的应用为学生和教师创造了更加灵活和个性化的学习环境。学生随时可以通过移动终端设备查阅课程资料、在线学习课程、参与讨论，实现了异地教学和学习，教师随时可以通过移动终端发布课程信息、作业任务，并与学生进行及时互动和反馈。

### （二）移动互联网的特点

移动互联网作为信息技术和通信技术融合的产物，具备多重显著特点，为现代社会带来了深刻的变革，改变了人们的生活方式，也对教育领域产生了深远的影响。移动互联网的小型化趋势使得移动设备变得更加轻巧便捷，从过去的笨重设备到如今的智能手机、平板电脑，移动设备的尺寸不断减小，使人们能够随时携带，随时获取所需信息和服务。这在潜移默化中为教育领域带来了便利，学生和教师可以轻松携带并使用移动终端进行学习、教学、互动交流等活动。移动终端的智能化扩展了其功能，提升了用户体验。智能手机、智能手表等智能设备的普及，让人们不仅可以实现通信，还可以使用信息存储、位置识别、多媒体播放等功能。在教育领域，通过智能设备教师可以轻松上传课程资料，学生可以随时查阅学习资料，提升了学习的效率。即时性是移动互联网的显著特点之一，人们可以打破时空限制，随时随地进行沟通和互动，这在教育领域尤为重要，学生和教师不再受到课堂时间和地点的限制，可以在任何地方参与学习和教学活动，实现了教育的个性化和灵活化。移动互联网的便捷性使得人们的生活更加便利，学习、购物、娱乐等各个方面都得到了极大的便利，无论是在线课程学习还是在线图书购物，人们都可以在家中或者外出时轻松实现。在教育领域，学生可以通过移动互联网随时查找学习资料，参与在线讨论，这扩展了学习的边界。

## 二、移动互联网在高校体育教学中的促进作用

### （一）利于教师更加便捷地获取体育知识有关信息

近年来，移动终端设备的广泛普及，为师生提供了获取体育知识和相关信息的便捷途径。在高校体育教学中应用移动网络，师生可以随时随地获取所需的信息，从而为教育领域带来了重要的变革。在这个信息时代，移动互联网不仅极大地拓展了知识获取的范围，还在很大程度上改变了学习方式。无论是教师还是学生，都可以利用移动终端设备轻松获取丰富的体育知识。在教学中整合移动应用和互联网平台，教师可以提前准备好相关的教学资源，以微课程的形式将体育知识传送给学生，拓展了课堂内外的教学形式，为学生提供了更多的学习资源。学生可以根据自己的兴趣和需要，随时查阅相关的知识，实现自主学习。例如，在体育课程中，教师可以在移动互联网平台上上传关于运动技能、健康知识等方面的微课程，供学生在课余时间学习和掌握。此外，移动互联网还为体育教学的延伸提供了便利，由于体育课程注重实践，所以有时教师难以在有限的时间内全面讲解体育知识。针对这一问题，教师可以通过移动应用将相关知识以微课程的形式传送给学生，使他们能够在课余时间进行自主学习，这可促进学生综合素质的提升，并有效实现对课堂教学的补充。

### （二）促进教师对体育教学课程的创新与完善

在当今社会，强调团结与协作、自主与创新已成为培养人才的基本要求。基于此，教育工作者需要不断地创新教学理念和方法，以适应新时代的需求。移动互联网的现代化信息体系的构建，为促进体育教学的

创新和完善提供了新的契机。移动互联网的应用在教育领域引领了一种全新的教学模式，借助丰富多样的移动应用和互联网平台，教师可以充分发挥创新教育的力量。尤其是在移动终端设备如平板电脑和智能手机上，特别适合应用微课程，通过移动终端设备，教师可以将知识生动地传递给学生，让学生能够随时随地进行学习。在教育创新的过程中，服务理念的创新也显得尤为重要。教师可以通过新型的知识服务手段，构建一个移动知识服务体系，涵盖了移动知识使用、互动、查询等多种模式，帮助学生更加便捷地获取知识，并激发自己不断改进教学内容和方式的动力。高等体育教育中移动互联网的应用，可以使教育工作者拥有更大的创新空间，通过丰富多样的资源和工具，设计更富有趣味性和互动性的教学内容。移动互联网还可以促进教师之间的合作和交流，分享教学经验和成功案例，不断推动教育的进步。

## 三、移动互联网在高等体育教学中的实践整合途径

面对移动互联网对高校体育教学带来的深远影响，高校必须持续发展和改革体育教学模式，及时更新管理者和教师的思维。在移动互联网的理念下，应建立移动互联网的教学应用平台，以丰富体育教学模式，更好地满足学生的个性化自主学习需求。教育的改革将推动体育教育朝着更加灵活、创新的方向前进，促进学生全面素质的提升。

### （一）学校提供支持与保障

学校提供支持与保障是推动运用移动互联网技术进入体育教学的重要前提。当前，各个学校正积极探索多样化的体育教学方式，致力于丰富体育场地，并加入了各类吸引学生兴趣的器材和课程类型，而如此多元化的教学内容需要坚实的支持和保障。一方面，资金作为基础，为整个移动互联网教学应用平台的构建提供了必要的物质保障。资金投入可

以用于硬件和软件的开发，从平台的基础设施到各种技术的研发，都需要资金的支持。而引进技术培训人才也需要充足的经费支持，以确保教师和相关人员能够熟练运用移动互联网技术进行教学。另一方面，人才和技术也是支持移动互联网平台建设的重要因素。学校需要具备技术实力的团队来开发和维护平台所需的软件和硬件。这就需要高校引入高水平的技术人才，以确保平台的顺利运行和不断优化。教务等相关部门在推动移动互联网环境下的教学改革和发展方面起着支撑作用，所以其应该积极参与移动教学模式的设计和实施，为教师提供培训和指导，确保教学内容和方法的高质量，为教师提供优质和高效的服务，共同为移动教学创造更加良好的环境。

### （二）提高教师自身素质

在当今信息技术高速发展的时代，传统的教学方式已经无法满足学生多元化的学习需求。因此，教师需要适应这一变革，不断提升自己的素质，以更好地运用移动互联网技术来拓展教学的可能性。教师应努力提升自身的信息素养。在移动互联网环境下，信息涌现迅猛，教师需要具备良好的信息获取和处理能力，以便在教学过程中及时了解最新的体育知识、发展趋势和教学资源，并能够有效地筛选、整理和利用海量信息，从中获得对学生有益的内容。教师应提高运用移动互联网应用的能力，他们需要熟练掌握各类移动终端设备和应用，以便能够有效地将其融入体育教学中。教师应了解不同的移动应用工具，如在线教学平台、移动学习应用等，并学会如何根据课程需求来选择合适的工具和资源。为实现这一目标，高校体育教学需要培养一支高素质的教师队伍。要做到这一点，高校应该提供相关培训，让教师能够迅速掌握和适应移动互联网技术，从而能够更好地应用于体育教学。培训可以包括对移动应用工具的操作技能培养，教师教学方法的更新与创新以及教师个人素质的提升等方面。

### （三）积极构建移动互联网教学新模式

在体育教学的领域中，教与学的关系始终是一个核心议题。长久以来，教育界都在探索，是让教师站在舞台中心，引导整个教学流程，还是以学生为核心，由他们主导学习的方向和节奏。此种摇摆不定的焦点，使得教育的主客体关系模糊，这在一定程度上影响了教学的效果。但随着移动互联时代到来，传统的困境得到了积极的突破。移动互联网为教育界提供了一个全新的平台和工具，从而为教与学新型关系的确立提供了可能性。在这样的背景下，教师利用专业的素养和丰富的教学经验，在移动互联网这一强大工具的支持下，为学生提供有效的监督和指导。这一变革不仅仅是技术层面的革新，更是教学模式的一种深度转变。利用移动互联网，教师可以更有针对性地为每一位学生提供定制化的教学资源和指导，确保每个学生都能在最适合自己的方式下进行学习，从而充分发挥移动互联网技术的优势，同时规避可能存在的不良因素对学生的干扰。

云端技术为移动互联网教学提供了广阔的天地，传统的教学资源多为纸质或固定在某一设备上，这对于现代快节奏的生活来说，无疑增加了学习的障碍。而云端的教学资源库可以集中存储，并实时更新、共享和分发。无论教师或学生身处何地，都能实时获取所需的教学资源。更为关键的是，这种模式鼓励了教师和内容创作者持续为库中增添最新、最有价值的教学资源，构建一个生态化、开放性的学习环境。对于一些专业或课程，实地考察是必不可少的教学环节，而移动互联网设备的便携性使得学生和教师可以在实地考察时进行即时的资料查找、数据记录和信息分享，不再需要担心遗漏或忘记关键信息，移动设备因此成为现场的最佳助手。学生在完成实地考察后，可以直接通过移动设备将所学与在线资源进行对接、整合，大大提高了学习效率。考试和评估是教学中的重要环节，而移动互联网提供了一种更为灵活和即时的评估方法。传统的纸质考试方式在某种程度上限制了考试形式和内容的多样性，而移动设备上的考试可以支持多种题型，如互动题、模拟操作题等，对之加以利用可以进一步为学生提供及时的反馈，帮助他们明确自己在学习中的不足之处，从而使其进行有针对性的复习。

# 参考文献

[1] 邱天，林水秋，陈晰. 高校体育创新思维的教学与实践 [M]. 厦门：厦门大学出版社，2020.

[2] 李金玲. 现代体育教学改革与信息化管理 [M]. 北京：新华出版社，2020.

[3] 耿剑峰. 创新教育理念下的体育课程建设与教学管理研究 [M]. 北京：新华出版社，2020.

[4] 李金玲. 新时期体育教学管理探究与实务 [M]. 北京：新华出版社，2020.

[5] 朱壮志. "互联网+"体育产业生态建构与发展策略 [M]. 南京：南京大学出版社，2019.

[6] 刘鑫. 体育教育教学发展改革历程研究 [M]. 南京：南京大学出版社，2019.

[7] 马鹏涛. 高校体育教学改革创新与科学化训练研究 [M]. 北京：新华出版社，2018.

[8] 张遥，李刚. 高校体育人才培养理论与实践研究 [M]. 北京：新华出版社，2018.

[9] 朱波. 基于富技术学习空间的教育范式研究 [D]. 济南：山东师范大学，2023.

[10] 刘利红. 体育教育专业教育质量保障研究 [D]. 广州：广州大学，2023.

[11] 张派珊. 新时代高校网络文化生态现状及其优化研究 [D]. 桂林：

广西师范大学，2023.

[12] 崔银龙. 线上线下混合式体育教学在南京市高职院校中的应用策略研究 [D]. 南京：南京体育学院，2023.

[13] 范鸿雁. 我国体育影视对体育高校学生体育文化素养提升的研究 [D]. 哈尔滨：哈尔滨体育学院，2022.

[14] 任捷. 体育展示传播效果评估指标体系构建研究 [D]. 西安：西安体育学院，2022.

[15] 王振飞. 智慧体育视域下体育场馆管理信息系统构建与优化路径研究 [D]. 武汉：武汉体育学院，2022.

[16] 林铮铮. 大数据背景下我国公共体育信息服务供给体系研究 [D]. 北京：北京体育大学，2023.

[17] 薛清. 新媒体环境下高校体育文化传播促进策略研究 [D]. 哈尔滨：哈尔滨师范大学，2021.

[18] 吴昊. "互联网+"背景下高校民族传统体育课程建设研究 [J]. 武术研究，2023，8（8）：65-68.

[19] 刘建武，钟丽萍，范成文. 论数字时代我国体育新消费 [J]. 体育文化导刊，2023（8）：66-72，86.

[20] 孙国保. 智慧体育教学：功能价值、风险反思及未来方向 [J]. 体育文化导刊，2023（8）：96-103.

[21] 李家豪. 数字化时代高校教学方式变革研究 [J]. 互联网周刊，2023（16）：83-85.

[22] 孙智慧，刘壮. 高等教育信息化的发展历程及存在问题的探讨 [J]. 印刷与数字媒体技术研究，2023（4）：1-9，46.

[23] 杨辉. 虚拟现实技术在教学领域的应用现状与前景分析 [J]. 衡水学院学报，2023，25（4）：82-86.

[24] 杜显浪，薛勇，江永琴. "互联网+"背景下智慧体育教学模式

对学生健康促进价值的审视——基于 SCT 分析 [J]. 文体用品与科技，2023
（15）：175-177.

[25] 赖翠平. 教育现代化改革背景下大学体育慕课模式应用研究 [J].
当代体育科技，2023，13（21）：76-79.

[26] 钟超，李晓东，吴娜，等. 科技创新驱动体育强国建设 [N]. 光
明日报，2023-08-04（005）.

[27] 卢梦琪. 体育健身插上"数字化翅膀"[N]. 中国电子报，2023-
07-18（001）.

[28] 连晓东，卢梦琪，王信豪."智能体育"活力四射 [N]. 中国电子报，
2023-07-14（001）.

[29] 陈锦锋. 教育上云潮流涌动 引入新科技让其更聪明 [N]. 通信信
息报，2023-04-12（006）.

[30] 何亮. 硬核科技让这场体育盛宴更智能 [N]. 科技日报，2023-
08-31（008）.

[31] 刘晖. 大数据赋能全民健身 [N]. 中国社会科学报，2023-08-15
（008）.

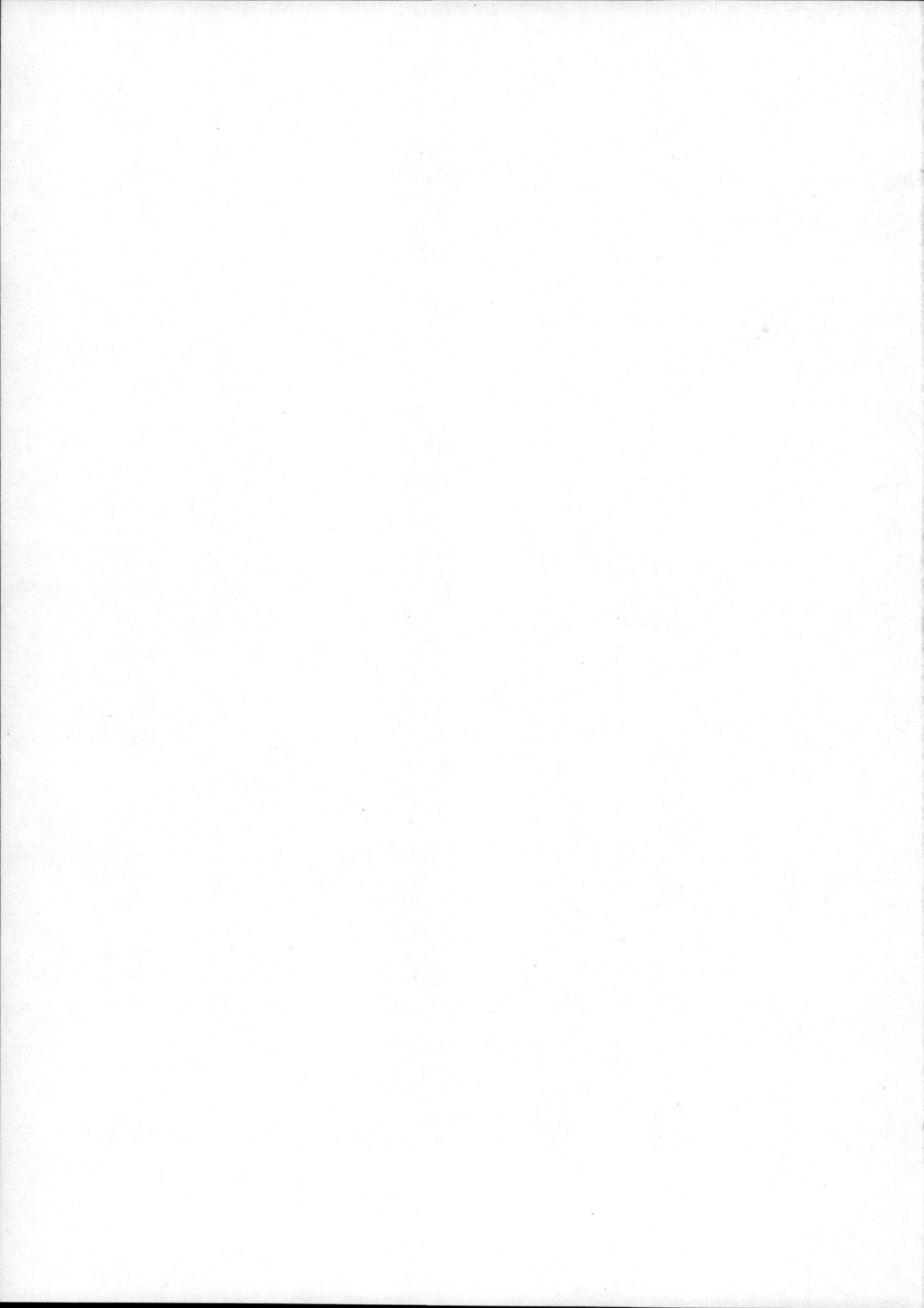